Walter Sonnleitner

STIRB BANKROTT!

Walter Sonnleitner

STIRB BANKROTT!

Lebenslange Finanzplanung, die Sie glücklich macht

ecoWIN

Walter Sonnleitner
Stirb bankrott!
Lebenslange Finanzplanung, die Sie glücklich macht

Umschlagidee und -gestaltung: **kratkys.net** ✕

© 2009 Ecowin Verlag, Salzburg
Lektorat: Dr. Arnold Klaffenböck
Gesamtherstellung: www.theiss.at
Gesetzt aus der Sabon
Printed in Austria
ISBN 978-3-902404-79-4

2 3 4 5 6 7 8 / 11 10 09

www.ecowin.at

Inhaltsverzeichnis

Vorwort

Die Idee von einer ausgeglichenen Bilanz in der Lebens-Finanzplanung hatte mich schon über viele Jahre beschäftigt, und ich habe sie auch in vielen meiner Vorträge in ganz Österreich an meine Zuhörer zu vermitteln versucht. Anfangs bin ich mit meinen Vorstellungen immer ein wenig skeptisch aufgenommen worden. Warum sollte man auch wirklich das so hart erarbeitete und fleißig zusammengesparte Geld noch zu Lebzeiten ausgeben und leichtsinnig wegverbrauchen? Die Kinder, die das Geld bekommen würden, sollten es doch später einmal besser haben als die Eltern. Und sie sollten in Dankbarkeit stets an die Eltern und ihr Geld denken!

Das war schon damals ein Missverständnis, denn es war nie meine Absicht, Menschen zur Leichtsinnigkeit im Umgang mit ihrem Geld zu verführen. Im Gegenteil: Ich wollte sie dazu auffordern, dass sie genau planen sollten, wie die Menge an Geld mit der Zeit, die sie zu leben hatten, am besten in Übereinstimmung gebracht werden kann. Möglichst reich zu sterben kann nicht das Ziel eines erfüllten Lebens sein. Viel wichtiger erscheint mir, dass man ein Gleichmaß findet zwischen dem, was man materiell erreichen will, und dem, was man davon hat. Das, was man gibt und was man sich nimmt im Leben, soll sich die Waage halten – sonst hat man am Ende nicht genug gehabt von seinem Geld, und nicht genug von seinem Leben.

Zur richtigen Planung gehört aber auch, dass Arbeiten und Geldverdienen im zeitlichen Einklang stehen mit dem lustvollen Genießen und Geldausgeben – alles zur rechten Zeit. Wer fleißig arbeitet im Leben, soll auch sein Leben genießen, sonst bleiben ihm am Ende nur die Erinnerung an Mühsal und Entbehrungen – und der Großteil seiner Ersparnisse. Und wenn sich das schon frühzeitig abzeichnet, dann sollten wir auch rechtzeitig überlegen, wie das, was übrig bleiben wird, sinnvoll verwendet werden kann. Sicher ist, dass wir nur zu Lebzeiten aktiv bestimmen können, was wir unter sinnvollem Einsatz von Geld verstehen.

Geld und Vermögen über viele Jahre nur zu horten bedeutet, dass man es dem Wirtschaftskreislauf entzieht, weil es dann nicht anderen Menschen zum Nutzen gereichen kann – und sei es nur, dass über den eigenen Konsum die Wirtschaft angekurbelt wird und Arbeitsplätze und Verdienstmöglichkeiten geschaffen werden. Noch verdienstvoller wäre es selbstverständlich, wenn man das Geld den Menschen überlässt, die es notwendig brauchen können – wenn man es zu Lebzeiten für sinnvolle Ausgaben verschenkt, an karitative Institutionen, denen man vertraut, oder meinetwegen auch an die eigenen Nachkommen. Bankrott sterben ist ein Lebensmotto. Aber es ist auch ein Auftrag, mit dem verdienten Geld und dem vorhandenen Vermögen sorgfältig umzugehen und so zu wirtschaften, dass es nicht nur für die laufenden Ausgaben des Lebens reicht, sondern dass auch Reserven für die Jahre geschaffen werden, wo das Einkommen nicht mehr so reichlich fließen kann. Das heißt auch, dass man die Ausgaben sorgfältig plant und das Ersparte möglichst gewinnbringend vermehrt – mit etwas Mut zum Risiko, aber noch mehr Vorsicht und Bedachtsamkeit. Schließlich heißt „bankrott sterben" ja auch, dass man nicht schon zwischendurch im Leben, also noch lange vor dem Ende, bankrott ist.

Leider geht der Trend der Zeit ohnedies in die Richtung, dass auch der besitzende Mittelstand, der schon über drei Generationen seit dem letzten Weltkrieg viel Erbvermögen aufgebaut und weitergegeben hat, von dieser Substanz zehren muss. Dazu kommt noch, dass in den vergangenen Jahren viele Menschen von „tüchtigen" Anlageberatern zum leichtfertigen „Zocken" mit ihrem Ersparten verführt wurden und viel Geld verloren haben. Sie werden in Zukunft sicher vorsichtiger sein und sehen auch der von vielen Experten vorausgesagten kommenden Inflationswelle mit Angst entgegen. Schließlich wollen sie ja mit ihrem Geld bis zum Ende auskommen und nicht schon vorher in die Pleite schlittern.

Trotzdem: Wer Geld und Vermögen zur Verfügung hat und damit immerhin planen kann, ist dennoch besser dran als die leider auch immer größer werdende Gruppe von Menschen im Lande, die schon zu Berufs- und Lebenszeiten mit ihrem Einkommen nicht das Auslangen finden – weil sie mit dem Leben nicht zurechtgekommen sind und trotz sparsamer und entbehrungsreicher Arbeitsjahre im Pensionsalter auf fremde Lebens- und Finanzhilfe angewiesen sind – vor allem, wenn sie dann krank und pflegebedürftig werden. Wollen wir mit Ihnen hoffen, dass Sie ja doch im Laufe Ihres Lebens vielleicht auch etwas dazu beigetragen haben, dass die Staatskassen, die öffentlichen Einrichtungen jetzt am Ende für Sie sorgen können. Also könnte bei etwas einsichtiger und milder Auslegung auch für Sie der Stichtag für den Bankrott auf das Sterbedatum verlegt werden.

Der geneigte Leser dieses Buches wird mir vielleicht am Ende vorhalten, dass ich zwar immer wieder auch Kritik am bestehenden Finanz- und Wirtschaftssystem übe, aber dann doch in meinen Ratschlägen und Anweisungen sehr genau darauf hinweise, wie man mit ebendiesem System am besten umgeht und es möglichst profitabel nützt. Das ist aber keine Inkonsequenz im Handeln und Denken, sondern entspringt einfach der Erkenntnis, dass wir zwar alle in einer grundanständigen und sauberen Welt leben wollen, dass wir uns aber trotzdem mit dem abfinden müssen, was wir nicht ändern können oder wollen. „If you can't beat us – join us", lautet die Konkurrenzformel der US-Manager.

Ich habe nach besten Kräften versucht, auch die komplizierten Prozesse und rechtlichen Bestimmungen im Finanz- und Wirtschaftsleben möglichst einfach und verständlich darzulegen. Wenn im Eifer des Vereinfachens bisweilen juristische Vergröberungen passiert sind, dann mögen die Vertreter der Jurisprudenz das dem Finanzmenschen nachsehen. Und wenn manche Gedanken mehrfach in unterschiedlichen Kapiteln auftauchen, ist das auch nicht aus Nachlässigkeit geschehen, sondern aus Rücksicht auf die Leserfreundlichkeit des Buches, das ja vielleicht doch eher kapitelweise und nicht in einem durch gelesen wird.

Dass ich meine Ideen zum Thema „Stirb bankrott!" letztlich als Buch niedergeschrieben habe, verdanke ich dem Gründer des Ecowin Verlages, Herrn Dr. Steiner, der mich dazu bei einem lockeren Gespräch in einem Wiener Kaffeehaus überredet beziehungsweise mich davon überzeugt hat. Bedanken möchte ich mich hier auch bei meinen Gesprächspartnern zum Thema Risiko-Absicherung gegen die Finanzkrise und möglicherweise aufkommende Inflationsgefahren, den Herren von der Capital-Bank, der Superfund-Gruppe und IQAM, dem Institut für quantitatives Asset-Management sowie den freundlichen Damen von der UNIQA-Versicherung, die mir ihre Leistungsberechnungen zur Verfügung gestellt haben. Mein ganz spezieller Dank gilt auch Herrn Univ.-Prof. Karl Kollmann von der Arbeiterkammer und Johannes Pundy von der Pensionsversicherungsanstalt PVA. Sie haben mir bereits über viele Jahre mit ihren Fachpublikationen wertvolle Anregungen gegeben und sind mir auch diesmal mit ihren Ratschlägen hilfreich zur Seite gestanden.

Und bedanken sollte ich mich auch bei meiner Familie und meinen Freunden, die einige Zeit lang viel Geduld mit mir haben mussten, als ich mich zum Buchschreiben wieder einmal völlig zurückgezogen hatte.

Walter Sonnleitner

P.S.: Trotz sorgfältigster Recherchen und genauer Kontrolle ist es möglich, dass sich im Text und in den Berechnungen Fehler und Ungenauigkeiten eingeschlichen haben. Wir weisen daher darauf hin, dass wir für die absolute Richtigkeit keine wie immer geartete Haftung übernehmen können.

Glücklich leben –
zufrieden sterben

Wir sind für unser Leben selbst verantwortlich

„Was werden denn Ihre Kinder dazu sagen, wenn Sie ihnen gar nichts mehr übrig lassen wollen von Ihrem Geld?" – und „ist das nicht unfair und herzlos?" waren stets die häufigsten Einwände gegen mein Lebensmotto, bankrott zu sterben. Meine Antwort war in solchen Fällen immer dieselbe: „Nein, das ist nicht herzlos, sondern nur gerecht. Wenn meine Kinder Hilfe gebraucht haben und ich sie ihnen geben konnte, dann habe ich auch geholfen. Aber ich habe immer nur dann geholfen, wenn die Hilfe auch sinnvoll und notwendig war, im Sinne von ‚eine Not wenden'. Hilfe, die nur deshalb gegeben wird, weil ich mir selber helfen will, um ruhig zu schlafen, ist schädlich für beide Teile. Und ich hoffe auch nicht, dass meine Kinder noch Hilfe brauchen werden, wenn ich einmal sterbe."

Wenn es mir wirklich gelingt, eines Tages bankrott zu sterben, dann heißt das, dass es mir gelungen ist, alles, was ich nicht mehr zum Leben gebraucht habe, rechtzeitig wegzugeben, mich rechtzeitig davon zu befreien. Es gibt so vieles in unserem Leben, das wir viel zu lange festhalten und nicht loslassen wollen – Dinge, an denen wir hängen, die uns aber gleichzeitig auch belasten.

Vermögen belastet fast immer. Oft ist es schwer wie ein Klumpen Gold. Es behindert uns beim Vorwärtskommen, nicht nur körperlich, auch unsere Seele und vielfach sogar im Vorwärtskommen in unserem Geiste. Wir sollten „Hans im Glück" beneiden, der sich im Märchen von allen Dingen befreien konnte, die ihn belastet haben. Auch wenn er sich den Klumpen Gold ehrlich verdient hatte, der ihm mitgegeben wurde – er wäre zu schwer gewesen, Hans wäre nie dort angekommen, wo er hin wollte.

Hans im Glück hat uns gelehrt, dass wir auch immer etwas weggeben oder weglegen müssen, wenn wir etwas Neues aufnehmen wollen. Und so sollten wir es auch halten. Weggeben, was wir nicht brauchen, das befreit, macht Freunde und Freude im Leben – wenn wir es richtig machen.

Bleiben wir beim Beispiel mit dem Klumpen Gold. Viele Menschen haben 2008 und 2009 so viel davon gehortet, dass sich die Banken bereits Sorgen um die Statik ihrer Tresorräume gemacht haben, weil die Böden durchzubrechen drohten – so schwer waren die dort gehorteten privaten Goldbestände der Kunden. Es ist diesen vielen von der Inflationsangst bedrängten Menschen von Herzen zu wünschen, dass sie ihren Reichtum nie physisch – also in ganzen Stücken – in Sicherheit bringen müssen, etwa weil Naturkatastrophen oder politische Ereignisse das notwendig machen. Wie werden sie ihren zentner- oder gar tonnenschweren Reichtum mit sich tragen, wenn sie flüchten? Es ist nicht meine Absicht, Angst und Besorgnis zu verbreiten, aber ich wollte nur einmal darauf hinweisen, dass wir Menschen in unserem Leben vieles nicht überall werden mit hinnehmen können – und „ganz hinüber" sicher erst recht nicht.

Noch einen anderen Gedanken zum Thema „schwerer Goldklumpen": Stellen wir uns einmal vor, wir würden plötzlich mit so einem riesigen Goldklumpen dastehen. Zum Wegtragen in einem Stück ist er viel zu schwer und ihn ohne Aufsicht allein liegen zu lassen, wäre auch zu riskant. Was kann ich damit anfangen, außer den Goldklumpen zu halten und Angst zu haben, dass ihn mir jemand wegnimmt? Es wird auch nicht viele Menschen geben, die mir dieses wertvolle Stück gegen eine andere Ware tauschen können oder wollen. Also: Ich kann mir von dem wertvollen Klumpen im Ganzen auch nichts kaufen. Wäre es da nicht wirklich sinnvoller, dass ich den riesigen Goldklumpen in viele kleine Stücke zerschneide und diese einfach verschenke, ohne dass ich lange frage, was ich dafür als Gegenleistung erhalte? Manche meiner Mitmenschen würden das

Gold vermutlich nehmen, nicht einmal danken und nicht mehr wiederkommen. Andere, und wahrscheinlich viel mehr von ihnen, werden sich darüber freuen, werden mich zu ihren Freunden machen und auch ihrerseits Geschenke bringen. Ich selbst werde mich freuen, wenn ich anderen Menschen helfen und Freude machen konnte – und werde froh sein, wenn ich dann am Ende gerade noch gerade so viel Gold übrig habe, das ich für mich selber brauche, um damit zufrieden zu leben. Ich werde frei sein, zufrieden und glücklich.

Auch wenn das hier vielleicht ein wenig sehr idealistisch klingt: Denken Sie einmal darüber nach, was es eigentlich für einen Sinn hat, Dinge aufzubewahren und zu horten, die man selber gar nicht braucht, weil man sie schon bisher nicht für sich verwendet hat und vermutlich auch in Zukunft nicht mehr verwenden wird. Weg damit, oder haben Sie mit Ihrem überflüssigen Vermögen, Ihrem gehorteten Reichtum etwas anderes vor – wollen Sie damit auf andere Menschen Eindruck oder überhaupt nur einfach Druck ausüben?

Vom Aufsparen für „bessere Zeiten"

Seit ein paar Wochen habe ich mir angewöhnt, bei mir zu Hause das „schöne" Geschirr auch an Wochentagen aufzudecken. Ich hatte es einfach satt, immer nur am schicken „Bistro"-Tischchen in der Küche zu sitzen, bloß weil ich da allein meine selbst gekochten Mahlzeiten bequem essen konnte. Meine Kinder sind längst aus dem Haus, selber berufstätig und haben teilweise schon ihre eigene Familie. Jahrelang hatte ich für sie täglich gekocht, weil ihre Mutter vorzeitig gestorben war – und da wurde dann immer im Zeremoniell am großen Esstisch im Wohnzimmer aufgedeckt und getafelt. Es war mehr als nur Essen und es waren auch häufig mehr als nur wir fünf am Tisch, weil meine Kinder regelmäßig auch Freunde mitgebracht hatten. Und manche

15

wohnten sogar bei und mit uns, wenn es ihnen zu Hause nicht gefiel, etwa weil ihre Eltern im Scheidungsstreit lebten.

Das „schöne" große und vielteilige Tafelgeschirr kam damals als großzügiges Geschenk unserer zahlreichen Freunde ins Haus, als ich zum zweiten Mal geheiratet hatte: Wir, die wir beide schwer krank waren, hatten große Freude daran. Wir liebten es, schön zu tafeln und haben auch unsere Freunde immer wieder eingeladen, um unsere Freude mit ihnen zu teilen. Nach einigen Jahren war auch diese Zeit vorbei. Nach dem Tod meiner zweiten Frau waren meine Kinder nahezu erwachsen und bereits ausgezogen. Da wurde das schöne Tafelgeschirr auch nicht mehr gebraucht. Seither wurde dieses Geschirr kaum noch wieder verwendet – auch nicht im Verlauf meiner dritten Ehe. Wir hatten nur noch selten Gäste – und außerdem hatten mir die Folgen meiner Erkrankung längst die Freude am üppigen Tafeln genommen. Seit meine dritte Frau aus beruflichen Gründen im Ausland lebt, gibt es noch viel weniger Anlässe, große Tafelrunden auszurichten. Die Familie versammelt sich höchstens noch zu den ganz großen (seltenen) Festen in meinem Haushalt, an meinem Tisch. Ich koche meine bescheidenen, aber gesundbekömmlichen Mahlzeiten für mich selber und decke auch selber meinen Tisch für mich. Seit ein paar Wochen decke ich auch wochentags meinen verkleinerten Ausziehtisch wieder in gewohnter festlicher Umgebung: schönes Tischtuch, Kerzen im Kerzenleuchter auf dem Tisch, die edlen Gläser mit einem guten Schluck erlesener Weine – und eben das „schöne Geschirr", auch wenn ich nur eine Garnitur davon benütze.

Warum sollte ich warten, bis es wieder Gelegenheit gibt, die Dinge zu gebrauchen und zu genießen, die mir doch eigentlich Freude machen – und die in Wahrheit völlig unnütz sind, wenn sie nur im Kasten verstauben? Natürlich könnte ich sagen – oder in Wahrheit mir einreden –, dass ich ja auch auf diese Gelegenheit warten könnte, auf eine Zeit, wo es sich einfach wieder von selbst ergibt, dass dieses vielteilige Speiseservice gerne und oft benützt wird. Irgendwann später hat man ja vielleicht auch wirklich mehr Zeit und Muße ...

Ich denke, dass ich mir einfach die Zeit nehmen werde, auch in Zukunft Freude an dem zu haben, was mir Freude macht – solange ich Freude habe. Ich will es nicht „aufsparen" für den Zeitpunkt, wo ich später einmal Freude haben könnte. Vielleicht kommt dieser Zeitpunkt gar nicht mehr.

Die Alternative wäre einfach: Was ich nicht mehr brauche, das belastet mich nur, ich gebe es weg, verschenke es an irgendjemanden, der damit vielleicht sogar Freude hat. In früheren Zeiten wurden solche „Schätze" immer nur mit Bedacht und oft auch unter eifersüchtiger Beobachtung der Nichtbedachten von Generation zu Generation weitergegeben. Seither haben sich die individuellen Wertvorstellungen geändert. Und die Wertschätzung solcherart bedachter Nachkommen wird sich wohl eher auf den immateriellen Andenkenwert eines solchen Geschenkes beschränken.

Wenn das Erbe zum „Macht"-Faktor wird

Bei einer meiner zahlreichen Vortragsreisen wurde ich von einer sehr erfolgreichen Unternehmerin in Innsbruck zu einem Gespräch über „sinnvolle Vermögensweitergabe" eingeladen – schließlich waren ja Erbrecht und Erbschaftsteuer das Vortragsthema gewesen. Die Frau, die immerhin eine Handelsgruppe mit mehreren Filialen im ganzen Land mit kundiger und sicher auch harter Hand führte, hatte zwei Töchter: eine ältere Tochter, die ihr „Problemkind" war, und eine jüngere Tochter, die sich sehr zur Freude ihrer Mutter zur tüchtigen Managerin entwickelt hatte. Diese ältere Tochter hatte sich ganz und gar nicht nach den Vorstellungen ihrer Eltern entwickelt. Sie war einfach nicht das, was man sich unter einer wohlerzogenen Tochter vorstellte, sie hatte „Schwierigkeiten" in der Schule und wollte partout nicht in die Rolle hineinwachsen, die man ihr zugedacht hatte – in die Rolle einer tüchtigen Jungunternehmerin und Nachfolgerin einer erfolgreichen Geschäftsfrau.

Die Eltern hatten damals in der wirtschaftlichen „Aufbauzeit" der Sechzigerjahre mit den zeitraubenden Herausforderungen einer opferbereiten Unternehmerschaft wohl nicht so viel Zeit, sich ihr intensiv durch persönliche Zuwendung zu widmen, aber als „Ausgleich" konnte sie alle materiellen Annehmlichkeiten einer „höheren" Tochter genießen. Sie durfte exklusive Reisen unternehmen und die „Welt sehen" und es wurden ihr auch die Möglichkeiten von kostspieligen Ausbildungsplätzen in teuren Schulen im Ausland geboten. Allein die „undankbare" Tochter machte sich nichts aus all dem Gebotenen. Und sie zeigte deutliche Geringschätzung für alle die teuren Geschenke. Wann immer sie größere Geldsummen für ihren exklusiven Lebenswandel bekam, ging sie extrem leichtsinnig mit dem Geld um, ja sie begann sogar, das geschenkte Geld einfach nach Belieben weiterzuverschenken.

Die Mutter machte sich nun immer mehr Sorgen, wie sie in Zukunft mit dem Erbrecht der Tochter verfahren sollte. Wie sollte sie einem Kind, das so sorglos mit dem hart erarbeiteten Vermögen ihrer Familie umging, dereinst dieses Vermögen – das Vermächtnis ihrer eigenen harten Arbeit – anvertrauen? Wenn sie nicht sicher sein konnte, dass ihre Tochter auch wirklich verantwortlich mit dem anvertrauten Erbe umgehen würde, sollte sie dann nicht dieses Kind enterben – schon im Interesse ihrer zweiten Tochter, die sich ja so tüchtig in die Firma eingearbeitet hatte, obwohl sie um so viel später auf die Welt gekommen war? Was würde mit dem so entbehrungsreich aufgebauten Firmenimperium geschehen, wenn die Eltern nicht mehr „eingreifen und lenken" konnten? Auch wenn es sie noch so hart ankam, wäre es nicht sinnvoller, die Tochter zu enterben beziehungsweise mit einem Pflichtteil abzufertigen? Was würde ich, als Außenstehender und selbst Vater von vier Kindern, raten?

Ich glaubte erkannt zu haben, dass es hier eigentlich nicht so sehr um Vermögen und Geld im eigentlichen Sinne ging, sondern um etwas ganz anderes: Die Tochter schien hier einfach ihre Ablehnung gegen das Leben ausdrücken zu wollen, das sie ohne die liebevollen menschlichen Zuwendungen ihrer arbeits-gestressten Eltern in ihrer Kindheit leben musste. Es schien wohl so zu sein, dass die Tochter eigentlich lieber die Zuwendung (und Liebe) ihrer Eltern gehabt hätte als das Geld, das ihr im „Tauschwege" so reichlich angeboten wurde. Und je mehr sie bekam, umso größer war dann ihre gezeigte Ablehnung. Geld oder Leben war da wohl die unmenschliche Alternative gewesen, für die eine wirkliche Entscheidungsmöglichkeit gefehlt hatte. Und der Gegenbeweis war auch die ganz andere Entwicklung ihrer jüngeren Schwester, die sehr wohl schon mehr Zuwendung erfahren haben dürfte, nachdem die geschäftlich erfolgreichen Eltern auch wieder zunehmend mehr Zeit für ihr Privat- und Familienleben gehabt haben.

Natürlich konnte ich auch die Beweggründe ihrer Mutter nachvollziehen, die all das in Gefahr gesehen hat, wofür sie einst ihre Zeit, ihre Mühen und sicher auch privaten Entbehrungen eingesetzt hatte. Sie konnte, ob zu Recht oder Unrecht, einfach nicht den Gedanken ertragen, dass all das leichtfertig den Bach runtergehen könnte, wenn ihre „undankbare" Tochter darüber verfügen konnte. Schließlich wollte sie ihr „Lebenswerk" auch nach ihrem Tode weiter bestehen sehen, auch wenn sie nicht mehr da war. Und schließlich lebt man ja als erfolgreicher Unternehmer gerne im guten Andenken weiter ... Ich fürchte, ich war damals nicht besonders höflich mit meinen Ratschlägen – bin heute aber froh darüber, dass ich es nicht war. Immerhin hatte ich der erfolgreichen Unternehmerin und Mutter geraten, doch ihre „unbotmäßige" Tochter zu enterben, wenn sie der Meinung war, dass ihr Vermögen bei der Tochter nicht in guten Händen sein würde. Schließlich würde sie sonst ständig mit Angst, Wut und Hass von „ihrer Wolke" heruntersehen – böse darüber, dass sie von da oben nicht mehr mitreden konnte und nicht mehr mitbestimmen, was mit dem Geld und Vermögen geschehen solle. Und wenn ihr dieses Mitbestimmen über den Tod hinaus so wichtig war, wichtiger als alles andere im Leben, dann könne sie nur so „auch im Jenseits glücklich und zufrieden" sein, was auch immer das heißen mag – und ob es so etwas auch wirklich gibt. Entscheidend war aber für mich der Rat, die gute Frau möge doch erst einmal mit ihrer Tochter über diesen Entschluss reden – und sie vor allen Dingen auch fragen, was ihr mehr Freude machen könnte als das in Aussicht stehende Geld …

Nach einiger Zeit hat sich die Tiroler Geschäftsfrau und geplagte Mutter telefonisch bei mir gemeldet. Und ihre Nachricht hat mich sehr zufrieden gestimmt: Die beiden Frauen haben begonnen, miteinander zu reden – anfangs nur zögernd und noch ein wenig gehemmt von gegenseitigem Misstrauen, aber immer öfter und ehrlicher: Tatsächlich hätte sich die Tochter mehr Liebe und Zuwendung gewünscht von den Eltern – und weniger „Ausgleich" in Geld, und letztlich konnte sie dann doch auch ein wenig Verständnis für die Eltern aufbringen, die sich so geplagt hatten für ihren geschäftlichen Erfolg. Später hat die Familie wieder so weit zueinander gefunden, dass man sich auf einen gemeinsamen Weg einigen konnte.

Und was die Moral ist von dieser Geschichte? Wer hart für seinen beruflichen oder geschäftlichen Erfolg arbeiten musste, wer also hart sein kann zu sich selber, der ist dann oft auch sehr hart zu seinen Mitmenschen, zu seiner Familie. Und solche Menschen wollen auch mit harter Hand das über den Tod hinaus verteidigen, wofür sie in ihrem Leben auf vieles verzichten mussten. Das Versprechen einer reichen Erbschaft, die man in Aussicht stellen kann, mag auf diese Weise sehr direkt zu einem Machtfaktor werden, wenn man Einfluss auf jene ausübt, die das Erbe annehmen wollen. Nur: Mit der Aussicht auf Geld und Vermögen haben wir auf diejenigen aber sicher keinen Einfluss, für die Geld nicht das Wichtigste in ihrem Leben ist. Das sind die wirklich freien Menschen.

Was erwarten wir uns vom Ersparten?

Die Motive, die uns Menschen zum Sparen – egal, ob sinnvoll oder nicht – veranlassen, sind selbstverständlich vielfältig und individuell bestimmt. Aber einige Grundmuster lassen sich doch herausarbeiten:

Für die meisten Menschen beginnt das Sparen mit dem **An-Sparen**. Sie brauchen oft viele Jahre, um das angestrebte Sparziel zu erreichen.

Was aber zumeist mit dem Sparen untrennbar verbunden ist: das **Ab-Sparen**. Um Geld und Vermögen anzusparen – jedenfalls auch mehr, als man ausgeben kann –, muss das Geld im Normalfall von den Lebensausgaben abgespart werden. Es muss Verzicht geübt werden auf Dinge, die man eigentlich schon jetzt gerne gehabt hätte, die aber für einen späteren Zeitpunkt aufgespart werden – kurz, die meisten Menschen „sparen sich etwas vom Leben" ab. Und da geht es eben um die so unbarmherzige und unmenschliche Formel „Geld oder Leben".

Das angestrebte Sparziel, das **Er-sparte**, ist die wichtigste Motivation für das An- und Absparen. Schließlich verbindet der Sparer etwas mit dem Ersparten: einen später möglichen Konsum oder einen Vermögensbestand und schließlich das Sozialprestige, das mit einem Vermögensbestand verbunden ist – und sei es nur, als reicher Erblasser dazustehen – oder später als wohlhabend im Gedenken der Nachwelt gelten zu können …

Nicht zuletzt gibt es noch die, die etwas **Auf-Sparen**, für einen späteren Zeitpunkt, zu dem sie dann das Aufgesparte brauchen werden oder sich zumindest einreden, dass sie es später vielleicht brauchen werden. Dabei ist es zunächst unerheblich, ob das Geld- oder Realvermögen ist, oder einfach ein Gegenstand, den man nicht missen möchte, oder ein materielles oder immaterielles Recht (beispielsweise ein Wohnrecht in einem Haus oder auch nur ein Abonnement in einer Opernloge).

Geld oder Leben

Wenn es um den Sinn des Lebens geht, begegnen wir sehr bald der entscheidenden Frage „arbeiten wir, um leben zu können" – „oder leben wir, um arbeiten zu können"? Hier gilt die klare Kalkulation: Wie viel gebe ich von meiner Lebenszeit her für die Arbeit und für eine ganz bestimmte Menge Geldes, die ausreicht, um mir meine Lebenswünsche zu erfüllen? Arbeite ich weniger oder weniger gut bezahlt, nehme ich mir mehr freie Zeit für mein persönliches Leben, dann kann ich mir auch weniger von meinen materiellen Wünschen erfüllen. Oder umgekehrt gedacht: Wenn ich mit weniger materiellen Wünschen auskomme, mit Dingen, die zwar einen Wert, dafür aber keinen Preis haben, dann habe ich mehr (Lebens-)Zeit, um diese Dinge zu genießen. Ganz nebenbei: Wir sollten auch daran denken, dass wir zu wenig Zeit haben könnten, unser verdientes und erspartes Geld auch richtig sinnvoll auszugeben, wenn wir zu viel Zeit aufwenden, es zu verdienen.

Diese Darstellung mag ein wenig bitter klingen, aber so sieht leider die Realität für viele Menschen aus. Selbstverständlich gibt es viele Menschen, die in ihrem Beruf und mit ihrer Arbeit Freude haben, die das tun, was sie schon immer gern tun wollten, und die auch Sinn in ihrer Arbeit finden können. Auch sie stehen aber oft vor der Herausforderung, dass sie sich genau deshalb, weil ihnen ihre Arbeit so viel Freude macht und weil sie Sinn darin finden, zu intensiv in die Arbeit vergraben oder verbeißen – und bei ihrer Lebens-Freizeit zu kurz kommen, bei der Freizeit, die sie eigentlich ihren Partnern oder ihrer Familie schenken oder widmen sollten. Möglicherweise kommen sie selbst ja nicht zu kurz bei ihren Ansprüchen an das Leben, aber sicher diejenigen, die mit ihnen leben (müssen).

Wir sollten an dieser Stelle auch an jene Mitmenschen denken, die, aus welchen Gründen immer, physisch oder psychisch nicht in der Lage sind, zu arbeiten – zumindest keine bezahlte Lohnarbeit verrichten können. Dabei wird von der Gesellschaft die körperliche oder psychische Behinderung ja noch allenfalls anerkannt. Ihnen gilt im günstigsten Falle das Mitleid oder die soziale Verantwortung ihrer Mitmenschen. Aber denken sollten wir auch an jene, die unverschuldet arbeitslos wurden, obwohl sie gerne arbeiten würden und nicht von der sozialen Vor- oder Fürsorge der Gesellschaft abhängig werden wollten.

Und noch einer anderen Gruppe sollte unsere Aufmerksamkeit gelten. Das sind jene, die keinen Sinn in der Arbeit sehen, die ihnen von der Gesellschaft geboten wird, und die daher die Arbeit in ihrer gegenwärtigen Form ablehnen. Es wäre zu einfach, sie als „Schmarotzer" abzutun: Irgendwann und irgendwie ist jeder von ihnen – selbst verschuldet oder nicht – aus der Bahn geworfen worden, weg von den geraden Geleisen, auf denen sich die Masse der arbeitenden Menschen zwangsläufig dahinbewegt. Vermutlich ist ihnen Geld und das damit verbundene Sozialprestige nicht wichtig genug. Leben (einfach nur leben) ist ihnen immer wichtiger als Geld – auch wenn dieses Leben uns anderen vielleicht nicht wirklich attraktiv genug scheint.

Zu viel Geld – zu wenig Leben – oder umgekehrt?

Wir glauben gewöhnlich, dass wir unendlich lang leben, für immer jung sind. Und obwohl die Menschen in Europa im Durchschnitt zwar fast „nur" knapp über 80 Jahre alt werden, legen sich viele einen Geld- und Vermögensvorrat an, der für das Alter von 130 Jahren reichen könnte. Und noch immer gibt es auch viele Menschen, die gar nicht an das Sterben denken wollen – die das schlicht verdrängen. Ich denke da zum Beispiel an eine meiner alten Tanten: „Für den Fall, dass mir irgendwann einmal etwas passieren sollte", hat sie Geld für das Begräbnis und die Erben auf ein Sparbuch gelegt, aber nur für den Fall ... Sie tat einfach, als ob das mit ihrem sicheren Tod eine Frage der Wahrscheinlichkeit sei, obwohl in Wahrheit nichts so sicher ist wie der Tod ...

Es ist sicher richtig und notwendig, dass für einen Ausgleich der Lücke zwischen dem Berufs- und dem Pensionseinkommen vorgesorgt wird, und es ist sicher auch nicht falsch, dass für die mögliche Pflegebedürftigkeit ein Extra-Vermögen oder eine Zuschuss-Versorgungsrente angespart wird, soweit das aufgrund der Lebensumstände möglich ist. Aber die Lebenskunst besteht einfach darin, hier einigermaßen richtig die Bedürfnisse abzuschätzen. Es genügt, wenn unsere Vorsorge bis an unser voraussichtliches Lebensende reicht.

Ich wurde im Zuge meiner Vorträge in den nachfolgenden Beratungsgesprächen immer wieder gefragt: „Wie soll ich denn wissen, wie alt ich werde – die amtliche Sterbetafel für die Durchschnittslebensdauer ist schließlich nur ein statistischer Wert?"

Meine Antwort war und ist immer dieselbe und gibt einen Spruch wieder, so wie ihn die Menschen auf dem Lande kennen: Du wirst etwa so alt, wie Dein Vater beziehungsweise Deine Mutter geworden sind, wenn Du so lebst wie sie:

„Hast Du also, lieber Mann, liebe Frau, in Deinem Leben mehr getrunken, mehr geraucht und liederlicher gelebt als Dein Vater oder Deine Mutter? Wenn ja, dann zieh halt doch zehn Jahre ab – wenn nein, dann gib ruhig zehn Jahre dazu!" Also: „Im Normalfall spare für das Alter 85 – und wenn Du Dich wirklich gesund fühlst, dann gib eben noch ein paar Spekulationsjährchen dazu. Du wirst ja spätestens ab 80 spüren, ob Du eher an der unteren oder der oberen Kante entlangschrammst!"

Wir sind Krampf-Sparer

Ob jemand viel spart oder weniger, hat meist weniger mit Vernunft zu tun – eher mit seinem Gefühlsleben. Diese Feststellung stammt nicht von mir, sondern wurde von der wissenschaftlichen Fachrichtung der Finanzpsychologie so positioniert. Ich denke da an den von mir sehr geschätzten Münchner Professor Günter

Schmölders, den Lehrer eines meiner eigenen Universitätslehrer, der in seiner „Einführung in die Geld- und Finanzpsychologie" beispielsweise zwischen den „sorglosen" Menschen einerseits und den „sparsamen" andererseits unterscheidet. Er spricht auch von deren Extremformen, dem Verschwender und dem Geizkragen, betont aber dabei sehr wohl, dass diese lieben Zeitgenossen in der reinen Erscheinungsform nur selten zu finden sind. Niemand wird allen Ernstes behaupten, dass Geld etwas absolut Unnützes sei – und es wird kaum jemand von sich behaupten wollen, dass Geld für ihn der alleinige Lebenszweck wäre. Also geht es beim Umgang mit Geld nicht gegen die Vernunft – irrational –, sondern ohne Vernunft – also a-rational – zu. Oder sagen wir es ruhig einfacher: Es können eben nicht alle Menschen gleich gut mit Geld und Vermögen umgehen. Hier ein paar interessante Ergebnisse aus einer Untersuchung von Professor Schmölders über die Selbsteinschätzung beim Umgang mit Geld:

- Sparsamkeit gehört unbedingt zu einem tadellosen Charakter – fünf von sechs Befragten äußerten sich so.
- Es gibt doppelt so viele Menschen, die sich für „sparsam" halten, als jene, die von sich aus zugeben, eher „großzügig bis verschwenderisch" mit Geld umzugehen.
- Die Sparsamen bezeichneten sich überwiegend als „genau, gründlich und sittenstreng" – nur wenige gaben zu, eigentlich „geizig" zu sein.
- Die Großzügigen und Verschwenderischen sehen sich selbst als „gesellig und nicht nachtragend", zuweilen aber doch auch als „unpünktlich und leichtsinnig".
- Unterschiede zwischen den Geschlechtern waren nicht festzustellen. Es wurde lediglich angemerkt, dass Frauen etwas ehrlicher und direkter auf die Fragen zugingen.

Anzumerken ist, dass diese empirische Untersuchung schon einige Jahrzehnte alt ist – ich denke aber, dass sich an den Aussagen nicht wirklich sehr viel geändert haben dürfte.

25

Jeder von uns kennt sicher Menschen, die eher der einen oder anderen Gruppe zuzuordnen sind – aber in der Wissenschaft hat man sie noch genauer als Gegensatzpaare mit ihren Eigenschaften beschrieben:

Verschwender	Sparsame
unbekümmert	gewissenhaft
sprunghaft	diszipliniert
extrovertiert	introvertiert

Werden wir als Geizkragen oder als Verschwender geboren?

Der entwicklungspsychologische Ansatz, den Professor Schmölders seinerzeit für die Einteilung in die beiden Verhaltenstypen bemüht hat, mag heutzutage von der – angeblich – moderneren Wissenschaft als überholt bezeichnet werden, aber er hat manches an sich, das man bei näherer Betrachtung durchaus logisch nachvollziehen kann. Professor Schmölders unterscheidet grundsätzlich zwischen „oralen Sinnesmenschen" und „analen Verstandesmenschen".

Er geht dabei davon aus, dass die grundlegenden Verhaltensweisen beim Umgang mit Vermögen und Geld zum Großteil schon in der frühkindlichen Phase des Lebens geprägt werden:

In der oralen Phase erlebt der Säugling die Befriedigung seiner vitalen Bedürfnisse vor allem über die Ernährung, also wenn er gesäugt wird. Und er erlebt seine glücklichen ersten Eindrücke über Liebkosungen – und diese Eindrücke können durchaus positiv, aber auch leidvoll sein, vor allem dann, wenn diese Zuwendungen fehlen oder überhaupt verweigert werden. Typisch für dieses Alter ist wohl, dass Säuglinge alles in den Mund stecken wollen, was ihnen in greifbare Nähe kommt. Menschenkinder, die diesen Zeitabschnitt lust- und freudvoll erleben, werden später auch eher in der Lage sein, ihrem Leben Lust und Freude abzugewinnen – oder etwas zu haben von ihrem Geld und von ihrem Leben ... So die Erklärung in der Finanzpsychologie.

Im anschließenden frühkindlichen Alter erleben die Menschen vor allem über ihre Ausscheidungsorgane, wie sie selbst frei entscheiden können, ob und wann sie Stuhl oder Urin zurückhalten oder laufen lassen. In dieser analen Phase wurde früher oft von ehrgeizigen Eltern der Fehler gemacht, die Kinder so rasch wie möglich „auf den Topf" zu zwingen. Unter Strafandrohung wurden die Kinder darin belehrt, dass man ein braver und verlässlicher Mensch ist, wenn man nicht gleich immer alles „laufen lässt", sondern sich und seine Notdurft auch „zurückhalten" kann. Es drängt sich der Schluss beziehungsweise zumindest der Verdacht auf, dass hier doch ein gewisser Zusammenhang besteht, wenn ein erfolgreicher Geldmensch wahrscheinlich schon als Kind gelernt hat, frei und unbekümmert „sein Geschäftchen zu machen". Man darf hier daran erinnern, dass wir bereits als Kinder vom „großen" und vom „kleinen Geschäftchen" gesprochen haben, und dass schon die alten Römer wussten, dass „Geld nicht stinkt".

Da stehen also die einen da, die teilweise recht unbekümmert Geld ausgeben – investieren oder spekulativ einsetzen, um dann – mit gewissen statistischen Ausnahmen – reich zu werden.

Und ihnen stehen jene gegenüber, die ein Leben lang krampfhaft alles sparen und ängstlich verstecken, was sie auf die Seite bringen konnten. Sie getrauen sich auch nicht, etwas davon auszugeben, wagen es nicht, ihr Geld loszulassen, weil sie ständig in der unbewussten Angst leben, dass sie dann, wenn es darauf ankäme, nichts mehr ab- beziehungsweise auszugeben haben. Sie werden ein Leben lang mit niedrigsten Zinsen am Sparbuch leben, sie werden sparsam sein bis ins hohe Alter – und auch dann noch sparen, wenn ihnen ihr Geld schon gar nichts mehr nützen kann. Sie haben nämlich in ihrer oralen Phase meist auch nicht gelernt, lustvoll zu genießen. So gesehen ist übertriebene Sparsamkeit auch keine Tugend – sie ist so wie Altersgeiz eher eine psychische Krankheit.

Wie verhalten sich Verschwender und Geizkragen in der wirtschaftlichen Realität?

Ob jemand sein Geld locker ausgibt, nach Gefühl, oder sich eher sparsam verhält, hat nach Meinung der Finanzpsychologen weniger mit Geschlecht, Einkommenshöhe oder Lebensalter zu tun, sondern in erster Linie mit der größeren Nähe zu der einen oder anderen individuellen und psychischen Einstellung zu Geld und Reichtum.

Die Finanzpsychologen sprechen konkret von der sogenannten „subjektiven Liquidität". Dabei kommt es weniger darauf an, über wie viel Geld jemand konkret verfügen kann, sondern ob er persönlich glaubt, dass das viel oder wenig ist. Davon zu unterscheiden ist die „objektive Liquidität" – also die Menge an Geld, die tatsächlich vorhanden ist.

Was zählt man alles zur „subjektiven Liquidität": Da ist sicher einmal alles, was an Finanzvermögen vorhanden ist, also Bargeld, Bankguthaben und Wertpapiere, dazu kommen die Beträge, die jemand zur Verfügung hätte, wenn er alle seine mobilen und immobilen Besitztümer verkaufen würde, und schließlich alle Kreditmöglichkeiten, die in Anspruch genommen werden könnten. Ob das viele – oder weniger viele – Geld auch tatsächlich existiert, ist eigentlich egal – es könnte womöglich auch nur in der Einbildung eines Menschen da sein.

In der Praxis heißt das nun aber, dass es beim konkreten Geldausgeben zwar darauf ankommt, wie reich sich jemand fühlt und was er sich von der weiteren Entwicklung seines Geldreichtums erwartet – dass aber letztlich doch die objektive Liquidität die Grenzen setzt. Und ganz konkret wäre dann der absolute Bankrott erreicht.

Sind die Reichen wirklich reich – sind die Armen wirklich arm?

Bei den schon früher zitierten empirischen Untersuchungen hat sich gezeigt, dass sich etwa ein Viertel der Befragten für reicher gehalten haben, als sie es tatsächlich waren. Ein weiteres Viertel aber hat seinen finanziellen Spielraum deutlich niedriger eingeschätzt, als das real der Fall war. Diese vorsichtigen, sparsamen Menschen haben dann in der Praxis drei Mal so viel gespart als die großzügigeren.

Hier wäre auch die Einteilung in Pessimisten und Optimisten möglich.

Die Optimisten hielten eine Geldreservehaltung von drei Monatsgehältern für ausreichend. Die Pessimisten haben Rücklagen in der Höhe von neun Monatsgehältern für erforderlich gehalten.

Auch hier muss angemerkt werden, dass es sich um eine Befragung aus einer Zeit handelt, in der Gehaltskonten mit Überziehungsmöglichkeiten noch nicht sehr verbreitet waren. Modernere Umfragen würden vermutlich ergeben, dass die Pessimisten ihr Konto nur bis zur Höhe von drei Monatsgehältern überziehen – die lebensfrohen, leichtlebigen Optimisten nehmen darüber hinaus auch noch einen Anschaffungskredit oder kaufen ihr Auto auf Leasing.

Welche Rolle hat Geld in der Wirtschaft?

Wozu wir eigentlich Geld brauchen

Beim direkten Austausch von Mensch zu Mensch auf dem Markt – Ware gegen Ware, Leistung gegen Leistung – stand man immer schon vor dem Problem, dass man zur richtigen Zeit auch den richtigen Tauschpartner haben musste, der Waren oder Leistungen im selben Wert entgegennehmen wollte, und der noch dazu genau das angeboten hat, was der Tauschpartner gerade brauchte. Und das wäre heute alles noch viel komplizierter, wo doch ein Großteil der Menschen in unserer industriellen Informationsgesellschaft gar kein konkretes Produkt anbieten kann, das er direkt auf einem Markt offerieren kann – weil man eben in einem Betrieb arbeitet und dort genau genommen nur seine Arbeitskraft (seine Zeit) gegen Geld verkauft. Was der Markt also immer schon brauchte, war ein Bindeglied zwischen den Menschen als Teilnehmern auf einem mehr oder weniger großen und offenen Markt, der das Tauschen und Austauschen leichter macht. Außerdem bedurfte man zu allen Zeiten eines Wertmaßstabes für die wirtschaftliche Kalkulation – wenn man wirtschaftlichen Nutzen vorberechnen und vor allem nachweisen wollte.

Schon beim direkten Austausch auf dem Markt hat sich herausgestellt, dass einzelne Güter wesentlich besser als Tauschmittel geeignet waren und auch lieber genommen wurden als andere. Und das waren die sogenannten marktfähigeren Güter. Hatte man diese zur Verfügung, konnte man sie im Normalfall so lange horten, bis man einen geeigneten Partner für ein ganz anderes Tauschgeschäft gefunden hatte. Und damit waren auch die weit lukrativeren indirekten Tauschgeschäfte möglich geworden. In der mehrtausendjährigen Geschichte des Handels hat es schon sehr viele solcher besonders marktfähigen Produkte gegeben: Eisen, Kupfer, Silber oder Gold, Kauri-Muscheln, große Steine, Rinder, Tabak, Salz, Kaffee, Kakao, Bohnen, exotische Federn und vieles mehr. Am besten für Tauschgeschäfte auf dem Markt geeignet, weil am marktfähigsten, ist aber noch immer Geld in seiner heute bekannten Form.

Der Wert des Geldes

Der Wert eines Zahlungs- beziehungsweise Tauschmittels bestimmt sich grundsätzlich danach, wie viel man von einem Gut im direkten Tausch dafür erhält. Und zusätzlich bekommt das Zahlungsmittel auch noch einen Extra-Wert für diese Eignung als Zahlungsmittel. Das gilt zweifelsohne für Gold, weil man aus dem Kursblatt der Tageszeitungen jederzeit ersehen kann, wie viel Liter Benzin man heute für eine Viertel Unze Gold an der Tankstelle bekommen könnte. Es wird uns kaum überraschen, wenn wir feststellen, dass sich am Benzin-Gold-Kurs schon seit Jahrzehnten nicht viel geändert hat. Etwas anders ist es beim heutigen Papiergeld. Da ist so ein Zettel Papier sicher nicht den Betrag wert, den man darauf gedruckt lesen kann. Aber nachdem die Regierung dieses Stück Papier zum Zahlungsmittel erklärt hat und dieses auch zum Zahlen von Steuern gerne entgegennimmt, ist das einfach ein per Gesetz gemachtes Geld.

Die Nachfrage nach Geld ist eine Nachfrage nach Geldvorräten

Weil niemand genau wissen kann, was auf ihn zukommt, er aber trotzdem auch in Zukunft seine Bedürfnisse sicher befriedigen können will, legt er Geldvorräte an. Natürlich könnte man genauso gut andere Vorräte anlegen, etwa Vorräte an Nahrungsmitteln oder Vorräte an Kleidern. Weil allerdings nicht sicher ist, in welcher Form sich ein zukünftiger Mangel bemerkbar machen wird, bietet ein Geldvorrat (unter dem Kopfpolster oder bei der Bank) die größtmögliche Vorsorge.

Wer beispielsweise im Keller seines Hauses große Vorräte an Lebensmitteln lagert und die Heizöltanks randvoll füllen lässt, hat sicher gegen Hungersnot und Kälte im nächsten Winter vorgesorgt. Was passiert nun aber, wenn der kommende Winter nicht sehr kalt wird und nicht viel geheizt werden muss – und wenn es tatsächlich nicht zu einer Versorgungskrise bei Lebensmitteln kommt? Dann bleibt das Heizöl ungenützt in den Tanks. Das Geld, das in den Heizölvorräten ohne Zinsen gebunden bleibt, hätte man anderswo sinnvoller ausgeben können, oder sogar gewinnbringend. Und womöglich müssen die Lebensmittelvorräte entsorgt werden, weil das Ablaufdatum überschritten wurde. Und wer weiß: Vielleicht wären die Heizölpreise bei der nächsten Einlagerung sogar wieder billiger gewesen? Hier kommt auch die Unsicherheit ins Spiel, die unser Handeln stets begleitet, weil wir niemals die volle Information zur Verfügung haben: Was man nicht vorher voraussieht, darauf kann man auch nicht immer richtig reagieren.

Die Zeit-Qualität des Geldes

Geld hat je nach der beabsichtigten „Lagerdauer" eine jeweils unterschiedliche Qualität, einen unterschiedlichen Wert.

Konkret: Geld, das ich heute zur Verfügung habe, um Güter zur Bedürfnisbefriedigung damit anzuschaffen, ist grundsätzlich immer wertvoller als zu einem späteren, aufgeschobenen Zeitpunkt. Wenn ich also meinen Geldvorrat, den ich mir für die Bedürfnisbefriedigung angelegt habe, nicht sofort dafür verwende, sondern das Geld jemand anderem zur Nutzung zur Verfügung stelle, dann hat dieser andere das Geld sofort zur Verfügung und kann damit Güter anschaffen. Daher ist das geliehene Geld für ihn mehr wert als für mich, der ich es erst später ausgeben will. Und von diesem zusätzlichen Mehrwert wird er mir auch etwas abgeben müssen – der wirtschaftliche Ausdruck dafür heißt Zinsen.

Wie passen Real- und Geld-Wirtschaft zusammen?

Der griechische Philosoph Aristoteles (384–322 v. Chr.) verstand in seinen Schriften die Wirtschaft als einen Teil einer umfassenden Philosophie, zu der neben der reinen Ökonomie auch die Ethik und die Politik gehören. Und Aristoteles unterscheidet mehrere verschiedene Arten des Wirtschaftens:

Die „oikonomiké" – die Verwendung der materiellen Mittel für das gute Leben. Dazu gehörte alles, was die Menschen in der reinen Hauswirtschaft zur Herstellung und Beschaffung der lebensnotwendigen Güter brauchten, also Ernährung, Schaffung und Erhaltung des Wohnraumes und Kleidung.

Davon trennte Aristoteles schon begrifflich die „chreatidtiké", den Erwerb dieser Mittel. Darunter war im Wesentlichen die Geldwirtschaft im heutigen Sinne zu verstehen, eine Form der „Bereicherungs-Wirtschaft", der neben ihren positiven eben auch die negativen Eigenschaften anhaften. Geld hat nach der Lehre des Aristoteles drei Funktionen:

- Geld als Tauschmittel
- Geld zur Wertaufbewahrung
- Geld als Wertmaßstab

Schon Aristoteles erkannte dabei, dass der Stoff- oder Eigenwert des Geldes unmaßgeblich sei und nebensächlich. Geld entsteht und bekommt seinen Wert durch die bloße Übereinkunft der Geldverwender. Im Mittelpunkt dieser Theorien stand aber doch vor allem die Realwirtschaft, die Wirtschaft zur persönlichen Versorgung der Menschen.

Die „Bereicherung mit und über Geld", die virtuelle Geld-wirtschaft, wurde begrifflich stets getrennt betrachtet. Als Aristo-teles schon vor langer Zeit vor einer Vermengung von Real- und Geldwirtschaft warnte, hat er vielleicht schon einiges von dem geahnt, was wir weltweit zuletzt in der Finanz- und Wirtschafts-krise über uns ergehen lassen und in Kauf nehmen mussten.

Die totale Entfremdung des Geldes vom realen Wert der Gü-ter hat das Geld erst durch die willkürliche Festsetzung von Gel-deswert durch die jeweiligen Herrscher eines Landes erfahren. Der Herrscher, der das Monopol auf Ausgabe von Geld hatte und auch sein Konterfei auf die Münzen prägen ließ, bestimmte selbst, wie viel dieses Geld wert sein sollte, wobei die Differenz zwischen dem Materialwert und dem festgelegten Wert schon damals zur Bereicherung des Geld-Ausgebers diente. Von da an bis zur Aus-gabe von Papier ohne Materialwert dauerte es zwar noch ein paar hundert Jahre, aber am System hat sich bis heute nicht viel geän-dert. Johann Wolfgang von Goethe hat in seinem „Faust II" die teuflische Täuschung der Menschen durch die (staatliche und wirtschaftliche) Allmacht der Herrschenden nur allzu deutlich abgehandelt. Zynische Banker hatten während der Finanzkrise 2008 den grimmigen Spruch geprägt, wonach viele Wert-Papiere von früher jetzt nur noch Papier-Wert hätten.

Mit Geld Geld verdienen

Seit es den definierten Geldwert gab, konnte man auch außerhalb der Realwirtschaft mit Geld Geld verdienen – indem man es jeman-dem zur Verfügung stellte, der dieses Geld dringend brauchte, um damit seinen eigenen Brot- und Gelderwerb in der Realwirtschaft zu beginnen oder zu erweitern. Ein Beispiel: Wenn ein Bauer zu-sätzliches Land kaufen wollte, auf dem er zusätzliches Getreide an-bauen und damit zusätzliches Einkommen erzielen konnte, dann hätte er vermutlich einige Jahre hart sparen müssen, bis er das nötige Geld dafür zusammengetragen hätte. Konnte er aber nun das Geld geliehen bekommen, das er zur Anschaffung der zusätzlichen Felder brauchte, so konnte er schon ein paar Jahre früher zusätzliches Einkommen erzielen. Dass er dafür einen Teil seiner zusätzlichen Einnahmen an den Geldverleiher abgeben sollte, ist logisch und real nachvollziehbar. Dass allerdings die dafür kassierten (Wucher-)Zinsen regelmäßig weit mehr ausmachten, als mit den Erträgen des geliehenen Geldes zu erzielen war – und folglich zum Ruin der Schuldner führten –, fand nicht zuletzt auch seinen Niederschlag im sogenannten kanonischen Zinsverbot der katholischen Kirche im Mittelalter. Dass die Geldverleiher der Neuzeit, die Banken, nicht nur Zinsen, sondern auch Zinsen von den Zinsen kassieren, die Zinseszinsen, war vermutlich auch der Anfang der Auswüchse, die durch die totale Liberalisierung und Globalisierung im internationalen Geld- und Kapitalverkehr – mit schweren Finanz- und Wirtschaftskrisen – ihren Höhepunkt fanden.

Das Geld im biologischen Kreislauf der Menschen

Dass nicht die Menschen als reine Objekte, Opfer und Betroffene des Geld- und Wirtschaftskreislaufes gesehen werden müssen, sondern umgekehrt das Geld in seiner Funktion durch den biologischen Kreislauf der Menschen-Generationen bestimmt wird, kann recht schlüssig von der Anthroposophie abgeleitet werden. Ihr Begründer und geistiger Vater, Rudolf Steiner, hat in seinem umfassenden Lehrgebäude drei wesentliche Funktionen des Geldes definiert: das Kauf-Geld, das Leih-Geld und das Schenk-Geld.

Das Kauf-Geld

Unter Kauf-Geld im Sinne der Anthroposophie ist alles Geld zu verstehen, das wir für unsere täglichen Bedürfnisse ausgeben beziehungsweise auch verdienen und heranschaffen müssen. Dabei spielt es zunächst keine Rolle, ob wir dafür arbeiten oder das Geld von privaten Wohltätern geschenkt oder vom Staat zugewiesen bekommen. Wir brauchen einfach Geld, um dafür das zu kaufen, was wir zum Leben benötigen.

Das Leih-Geld

Es liegt im natürlichen biologischen Ablauf eines Menschenlebens begründet, dass er zeitweise mehr Geld verdienen kann, als er zum Leben braucht und zu anderen Zeiten auf Zuwendungen der Gesellschaft oder seiner Familie angewiesen ist. Wer mehr Geld einnimmt, als er für seinen Lebensunterhalt ausgeben muss oder will, schafft damit automatisch einen Geldvorrat. Dieses überflüssige Geld kann aber nur dann als sinnvoll erarbeitet und erworben betrachtet werden, wenn es für eine ganz konkrete spätere Verwendung bestimmt ist. Oder ganz konkret: Lebenszeit, die zum Erwerb von Geld verwendet wird, das nicht definitiv zum Verbrauch bestimmt ist, kann demnach eigentlich als verlorene Zeit betrachtet werden. In jedem Falle aber ist das Geld, das im Augenblick eingenommen, aber erst später verbraucht werden soll, begrifflich – im Sinne Rudolf Steiners – sogenanntes „Leih-Geld". Es kann und soll in diesem Zeitraum, in dem es nicht gebraucht und daher nicht ausgegeben wird, anderen Menschen zur sinnvollen wirtschaftlichen Verwendung zur Verfügung gestellt, also geliehen werden. Wenn mit diesem geliehenen Geld Investitionen getätigt werden, die jemandem ein zusätzliches Einkommen verschaffen können, ist es auch gerechtfertigt, dass bei der Rückzahlung des Geldes auch ein gewisser Anteil am Zusatzertrag – als Zinsen oder Gewinnbeteiligung – an den Geldverleiher zurückfließt. Das kann sein, muss aber nicht sein, zumindest theoretisch. In der Praxis gibt es kaum Institutionen, die Geld zinsenfrei verleihen.

Wie kommt das Leih-Geld zu denen, die etwas damit anfangen können? Das kann im Zuge einer Bank-Einlage, einer Beteiligung an einem Unternehmen über Aktien oder Anleihen oder aber über ein privates Darlehen geschehen. Die Bank verteilt dabei die kurz- und längerfristigen, aber auch kleineren und größeren Einlagen der Sparer als kurz- und langfristige Kredite, kassiert dafür die entsprechenden Zinsen und Gebühren von den Schuldnern und gibt davon einen – geringen – Anteil an die Sparer und Einleger weiter.

Das Schenk-Geld

In vielen Fällen stellt der private Geldverleiher dann in der Folge fest, dass er das angesammelte Geld, das übermäßig vermehrte Vermögen, bis an sein Lebensende nicht mehr wird ausgeben können. Spätestens dann sollte er sein überflüssiges Geld als „Schenk-Geld" einsetzen. Dabei geht es darum, dass diese Geldmittel, die ja dem natürlichen Geld- und Wirtschaftskreislauf entzogen wurden, wieder – in möglichst sinnvoller Weise – dorthin zurückgeführt werden. Dort, wo es sich um riesige Vermögen handelt, könnten dann auch entsprechend großzügige gesellschaftsdienliche Einrichtungen ins Leben gerufen oder gefördert werden – eben durch die Schaffung von Stiftungen für Stipendien oder Schulprojekte, für karitative Zwecke oder die Förderung von kulturellen Institutionen wie Bibliotheken, Museen und Theater oder den Konfessionen und Kirchen. Die Möglichkeiten scheinen hier schier unbegrenzt zu sein. Manche Superreiche, die auch im Mittelpunkt des öffentlichen Interesses stehen, wie etwa der erfolgreiche Spekulant George Soros, der Wirtschafts-Tycoon Warren Buffett oder der Microsoft-Gründer Bill Gates, haben hier bereits respektable Beispiele gesetzt – mit entsprechender Medienwirkung, die ihnen aber vergönnt sei. Viel mehr Respekt verdienen aber wohl jene meist auch nur mittelreichen

Menschen, die schon zu Lebzeiten, aber in der Regel völlig anonym, große Beträge für humanitäre Projekte zur Verfügung stellen. Dazu gehören auch die unerkannten Kleinspender, die aus ihren weniger üppigen Einnahmen und Ersparnissen laufend Beträge auf die Konten von Hilfsorganisationen einzahlen.

Wichtig daran ist stets, dass es sich um die sinnvolle Verwendung von angesparten Beträgen handelt, für die der An-Sparer selbst keine konkrete Verwendung für seinen Lebensunterhalt hat. Auch die eigenen Kinder könnten in manchen Fällen Aufbauhilfe brauchen, die aber nur so lange Sinn hat, als diese noch nicht selbst genug Wirtschaftskraft haben, um sich selbst gut über die Runden zu bringen. Zu viel Obsorge kann nämlich auch schädlich sein, weil sie die Selbsthilfekraft der überversorgten Nachkommenschaft schwächt. „Unter einer Eiche wachsen eben leider nur Schwammerl", hat mein Großvater aus der Steiermark immer gesagt. Aber die Nachkommen würden sicher mit Geld-Geschenken mehr anzufangen wissen, solange sie selber noch für ihre eigenen Kinder sorgen müssen, als wenn sie dann Geld aus einem allfälligen Erbe bekommen – im Alter von 65, wenn sie hoffentlich selber schon genug Geld angesammelt haben.

Eines ist jedenfalls sicher: Das Geld, das nicht zu Lebzeiten einer sinnvollen Verwendung durch Schenkung zugeführt, also in den natürlichen Geld- und Wirtschaftskreislauf eingespeist wird, verwandelt sich spätestens dann automatisch in Schenk-Geld, wenn es „auf dem biologischen Wege" als Erbschaft an die Nachwelt weiterfließt. Und dann wird es hoffentlich schon bald wieder zu Kauf-Geld für sinnvolle Lebensausgaben der Erben. Möglicherweise aber behandeln auch diese das Geld wieder als Leih-Geld, das aus Angst vor Armut im Alter sinnlos bei der Bank deponiert wird. Es ist nur zu hoffen, dass künftige neue Generationen den Kreislauf der Geldhortung unterbrechen und aus relativ sinnlosem Leih-Geld Schenk-Geld machen, das dann endlich wieder als Kauf-Geld der Realwirtschaft zur Verfügung steht.

Wie viel Geld brauchen wir zum Glück?

Wer ist reich?

Reich ist eigentlich jeder Mensch, der mehr Geld einnehmen kann, als er zunächst für seinen Lebensunterhalt ausgeben muss oder will.

Wer so reich ist, dass er nicht mehr in der Lage ist, sein Geld so rasch auszugeben, wie sich sein Reichtum ständig vermehrt, ist dazu verdammt, ständig noch reicher zu werden, ohne dass er sich dagegen wehren kann. Viele von diesen Zeitgenossen – etwa die Eigentümerfamilien und Hauptaktionäre der großen Industriekonzerne – wissen gar nicht mehr, wie groß ihr Vermögen ist. Es interessiert sie auch gar nicht mehr die Menge in Euro oder Dollar, weil sie es ja doch nicht brauchen, sondern nur noch die jährliche Zuwachsrate in Prozent. Und das läuft so ab wie bei einem Sportbewerb: „Waren es heuer nur 12 Prozent Plus, dann werden sich unsere Manager aber anstrengen müssen im nächsten Jahr, da müssen es dann mindestens 15 Prozent sein – auch wenn sie dafür 15.000 Mitarbeiter in den Betrieben auf die Straße setzen müssen!" Damit ist nicht gesagt, dass diese Superreichen ihr Vermögen nicht auch verschenken. Sie schenken es der Einfachheit halber an die eigenen Familienmitglieder – zumindest den Teil, der jährlich zuwächst, und der dem ganzen Familienclan ein angenehmes Leben beschert.

Menschen, die nicht reich sind – vor allem nicht so reich, dass sie nicht in der Lage wären, ihr Geld locker im Laufe ihres Lebens auch wieder auszugeben –, wollen selbstverständlich auch mehr Geld zur Verfügung haben. Und sie sind aus diesem Grunde sogar bereit, weniger von ihrem Geld als Kauf-Geld zu verwenden – einzig und allein, um die Menge an Leih-Geld zu vermehren. Es ist richtig, auch für den Lebensabend vorzusorgen. Wer seine Lebens-Finanzplanung richtig anlegt, wird einen Ausgleich finden in dem, was er zeitlebens ausgeben will, und dem, was er dafür erarbeiten und ersparen muss.

Wer ist also wirklich reich, und wer ist reicher als reich?

Reich ist wohl der, der sich alle seine Wünsche an das Leben mühelos erfüllen kann, ohne dass er auf große Dinge verzichten muss. Reicher als reich ist demnach der, der nicht in der Lage ist, im Laufe seines Lebens so viel Geld auszugeben, als er dazuverdient, und bei dem sich Geld und Vermögen vermehren, ohne dass er es ernsthaft verhindern kann.

Und was folgt daraus: Wenn wir also selber bestimmen können, wie groß unsere materiellen Bedürfnisse sind und ob wir auf Luxus-Ausgaben verzichten können oder wollen, dann bestimmen wir auch selber, ob wir reich sind oder nicht! Reich ist aber demnach auch nur der, der zufrieden ist mit dem, was er zum Leben ausgibt.

Und ob wir schließlich reicher sind als reich, ergibt sich daraus eigentlich von selbst: Wir wurden reicher als reich, weil wir mit dem Reichsein nicht zufrieden waren. Erst dann konnten wir anfangen, zu verzichten. Aber Achtung: Verzichten und verschenken kann leider nur der, der etwas zu verschenken hat.

Bankrott sterben – ein Ansatz mit Methode

Finanzplanung ist Lebensplanung

Stellen Sie sich vor, Sie hätten heute sechs Richtige im Lotto gehabt. Oder, um es ganz krass zu formulieren, Sie hätten 15 Millionen Euro im Euro-Lotto gewonnen – auch das ist ja zumindest theoretisch möglich – vorausgesetzt, Sie zahlen dort wirklich regelmäßig Geld als „Idioten-Steuer" ein. Sie würden sich wundern, in welche psychische Stress-Situationen Sie plötzlich mit einem Großgewinn kommen könnten. Wieder angenommen, Sie sind verheiratet und haben Familie: Würden Sie es Ihren Lieben zu Hause sofort mitteilen, dass Sie plötzlich reich sind, oder wie es in der Werbung heißt, „reicher als reich"?

Aus der Schilderung von Vermögensberatern und Psychologen weiß ich, dass für viele dieser „Glückspilze" dann eine sehr unglückliche Situation entsteht. Kann ich meinem Lebenspartner wirklich anvertrauen, dass wir beide jetzt plötzlich über viel Geld verfügen, wo wir es doch im Falle einer Scheidung sofort teilen müssten – oder soll ich nicht doch versuchen, es vor einem eventuellen Zugriff für mich allein zu retten? Es könnte ja sein, dass es in letzter Zeit vermehrt zu Streitigkeiten gekommen und eine Scheidung durchaus zu befürchten oder erwarten ist. Dann würde es auch berechtigt sein, im Sinne einer „Vermögens-Rettung" das Geld auf die „sichere Seite" zu bringen, wie immer das dann auch praktisch durchzuführen wäre. Stellen Sie sich weiter vor, Sie würden tatsächlich den plötzlichen Reichtum verschweigen und ihn erst einige Zeit später trotzdem reumütig eingestehen, weil Sie zur Einsicht gelangen, dass eine Scheidung doch keine Lösung wäre und Sie gerne mit dem Partner weiter zusammenleben wollen. Was würde dann geschehen, wenn der vorerst betrogene Partner den Vertrauensbruch zu „verdauen" hätte? Auch wenn es sich hier um ein Extrembeispiel handelt, werden Sie zugeben müssen, dass Finanzplanung ohne Lebensplanung in der Praxis nicht wirklich möglich ist.

Dabei muss es sich im Normalfall gar nicht unbedingt um Extremsituationen handeln. Schon die offiziellen Scheidungsstatistiken zeigen, dass auch in ganz herkömmlichen Partnerschafts-Verhältnissen die Lebensplanung mit Lebensabschnittspartnern letztlich auf eine Vertrauensfrage hinauslaufen kann. Was erwarte ich mir vom Verlauf der nächsten Jahre – wie plane ich meine Altersvorsorge, wenn ich nach dieser Partnerschaft vielleicht noch zwei oder drei nachfolgende Partnerschaften materiell zu organisieren habe? Wie plane ich meine Karriere und wie die Versorgung meiner Nachkommenschaft, so ich an eine solche überhaupt denke? Wohin gehen meine Planungen für mein Alter? Werde ich als Single enden oder in einer ehelichen DINKS-(double-income-no-kids-)Partnerschaft? Finanzplanung ist Lebensplanung!

Wenn die Lebensplanung zur Finanzplanung wird

Es geht natürlich auch umgekehrt: Kommen wir noch einmal zurück zu unserem Beispiel mit dem Gewinn im Euro-Lotto: Da hätten Sie nun von einem Tag auf den anderen 15 oder womöglich sogar 28 Millionen Euro auf dem Konto! Können Sie sich diesem Druck wirklich entziehen, der da plötzlich auf Sie einwirkt, abgesehen von der Angst, das Geld zu verlieren oder zum Opfer einer Erpressung zu werden? Wer so viele Millionen besitzt, muss ja auch Verantwortung tragen – und das ist gar nicht so leicht, das würden Sie vermutlich bald herausfinden.

Selbstverständlich könnten Sie das Problem mit einem Schlag lösen, indem Sie das Geld einer karitativen Organisation schenken. Dann plagt Sie höchstens noch der Zweifel, ob diese Menschen das Geld auch richtig verwenden und nicht etwa für persönliche Vergnügungen ausgeben. Und Sie könnten das Geld einer Ihnen nahestehenden Person schenken oder Ihren Kindern – dann haben diese dasselbe Problem, das Sie eben losgeworden sind. Denken Sie an die Fabel vom „Hans im Glück" – es kann wirklich ein Glück sein, gar nichts zu besitzen als sich selbst und seine Freude am Leben!

Ich gehe davon aus, dass Sie es nicht schaffen, die 15 Millionen einfach so in einem wegzuschenken – also werden Sie wohl etwas damit unternehmen müssen. Und wer so viel Geld hat, will es auch selber in die Hand nehmen und verwalten. Schließlich ist es Ihr Geld und Sie sind ja auch dafür verantwortlich und tragen das Risiko, wenn etwas Schlimmes damit passiert. Zuerst kommt sicher die Frage, ob Sie das Geld ganz allein für sich selber verwalten oder es aufteilen beziehungsweise Partner und Familie gleich in die Nutzung mit einbeziehen wollen. Das Management für den neuen Reichtum wird es sicher auch zeitlich nicht mehr erlauben, dass Sie weiterhin täglich zu Ihrer Arbeitsstelle pendeln und wertvolle Zeit in der Werkstätte oder im Büro verbummeln. Und wer lässt sich als Multimillionär schließlich von einem unfähigen und dummen Vorgesetzten drangsalieren. Also werden Sie kündigen und damit dem Leben eines Lohnabhängigen Adieu sagen. Und irgendwie werden Sie ja jetzt in Ihrer Altersversorgung auch nicht mehr von der staatlichen Rente abhängig sein!

Ja, aber was werden Sie jetzt täglich tun – nur Millionär spielen und täglich feiern, dafür langen leider nicht einmal 15 Millionen – obwohl die meisten von uns 15 Millionen niemals in ihrem ganzen restlichen Berufsleben würden verdienen können. Millionäre können als Privat-Aktionäre leben, die täglich im Kaffeehaus brav ihre Zeitungen lesen und eifrig die Kursblätter studieren. Eine andere Chance könnte darin liegen, dass sich Herr oder Frau Millionärin in eine Firma einkaufen und dort den interessierten Kompagnon abgeben, der immer mit Rat und Tat zur Verfügung steht – auch wenn man auf Rat und Tat lieber verzichten würde.

Ganz konkret: Sie würden als Neo-Millionär einfach ihren Lebenshorizont ändern müssen, neue Schwerpunkte suchen und neue Ziele setzen. So oder so, auch Ihr Tagesablauf würde sich relativ drastisch ändern, weil Sie ihn Ihren neuen Aufgaben anpassen müssten. Und – Hand aufs Herz – könnten Sie es jetzt noch fertig bringen, einfach bankrott zu sterben und Ihre Nachkommen leer ausgehen zu lassen? Was könnten Sie tun, schon jetzt, zu Lebzeiten, um etwas Sinnvolles mit dem gewonnenen Geld anzufangen, sonst ist es vielleicht schon bald zerronnenes Geld! Und glauben Sie mir: Unerwartete Finanzplanung könnte – und kann – Ihre Lebensplanung im Ernstfall auch ganz schön durcheinanderbringen!

Wir scheitern normalerweise nicht an der Finanzplanung, sondern an der Lebensplanung

Die Basis für jede Lebens-Finanzplanung ist stets in der Lebensplanung zu sehen. Wenn wir wissen, was wir uns vom Leben erwarten, was wir wann und wie erreichen wollen, wird sich – rein technisch – sicher eine passende Finanzlösung finden lassen. Dafür gibt es viele gute Experten, die uns dabei zur Seite stehen und gute Tipps geben können. Allerdings müssen wir ihnen vorher die Rahmenbedingungen für diese Lösungen vorgeben können. Auf das, was wir uns vom Leben wünschen und erwarten, müssen wir freilich erst selber draufkommen. Und glauben Sie mir: Eine gesicherte Pension und ein ruhiger Lebensabend sind noch lange nicht genug. Es kommt nicht nur auf das Ziel an, sondern viel mehr auf den Weg, wie wir dort hinkommen. Wir wollen schließlich „etwas gehabt haben" von unserem Leben – und das besteht sicher nicht nur aus Lebensabend …

Wie ist das mit dem Weg und dem Ziel?

Wenn wir Menschen für unser Alter vorsorgen und uns ein Leben lang Geld absparen oder auf Lebensgenuss verzichten, dann setzen wir uns ein Ziel, das uns als Motivation – oder Ausrede – dienen soll.

Ein Beispiel – denken wir an das Paradies!

Viele Menschen leben ein Leben lang völlig entbehrungsreich, brav und enthaltsam. Sie wollen schließlich in den Himmel kommen – ins Paradies, das man ihnen verheißen hat. Und so verzichten sie auch auf so manche Sünde – selbst wenn die Verlockung noch so groß ist: auf den Seitensprung mit der sündhaft-schönen Sekretärin oder auf die durchaus mögliche Affäre mit dem knackig-frischen neuen Nachbarn – bloß weil sie an das sonst verlorene Paradies denken müssen ...

Nun stellen Sie sich nur einmal vor, dass die Geschichte mit dem Paradies gar nicht so stimmen würde – und man verzeihe mir diesen für viele vielleicht blasphemischen Gedanken –, dann wäre das wohl ganz schön blöd gelaufen mit Ihrem schmerzlichen Verzicht auf Dinge, die Sie sich so schön hätten vorstellen können!

Sehen Sie – genauso verhält es sich mit Ihren Vorstellungen von einem sorgenfreien und wunderschönen Lebensabend, für den Sie ein Leben lang auf so viele schöne, aber leider auch kostspielige Abenteuer und Erlebnisse verzichten sollten. Wie wäre es, wenn Sie diese Zeit vielleicht gar nicht erleben – oder nicht so, wie Sie es sich gewünscht hätten – wenn Sie Ihr zusammengespartes Vermögen gar nicht mehr genießen und Ihr Geld gar nicht mehr ausgeben können? Manch einer würde jetzt sagen: dumm gelaufen ...!

Wollen Sie wirklich nur reich sterben – ist das der Sinn des Lebens?

Natürlich wollen die meisten Menschen nicht einfach reich sterben – weil sie am liebsten überhaupt nicht sterben wollen. Aber sie wollen vor allem auch nicht arm sterben – das wäre noch schlimmer. Und daher wollen sie ihr Geld bei sich behalten und es nicht ausgeben – solange sie leben. Ihr Lebens-Prinzip lautet: Sicherheit geht über alles!

Während meiner Berufstätigkeit als Wirtschafts- und Finanzanalyst im österreichischen Fernsehen wurde ich regelmäßig auch immer mit den Fragen nach der richtigen Verwendung von Geld und Vermögen bei Geldanlage- und Erbschaftsfragen konfrontiert. Interessanterweise haben sich vor allem Menschen bei mir gemeldet, die eher zu viel als zu wenig Geld gehabt haben, und auch große Angst, es zu verlieren. Und es wird nicht überraschen, dass es sich vor allem um wohlbestallte Witwen im „besten Alter" gehandelt hat. Auch das ist nicht ungewöhnlich: Die meisten wohlhabenden Männer heiraten deutlich jüngere Frauen. Das viele Geld macht auch sie sexy – aber sie sterben eben zu einer Zeit, wo ihre Frauen noch sehr attraktiv aussehen – und dann über sehr viel Geld verfügen, mit dem sie früher ja nicht umgehen mussten und auch nicht viel Erfahrung darin hatten.

Geld allein macht nicht glücklich – vor allem, wenn man allein lebt

Eines Tages kam nun auch eine sehr attraktive – und sehr begüterte – Witwe zu einem Gesprächstermin in eine Cafeteria. Sie erschien in Begleitung ihrer erwachsenen Tochter und es ging darum, wie sie das nicht unbeträchtliche geerbte Vermögen möglichst steuergünstig und praktisch an ihre Tochter übertragen sollte. Beide Damen waren sehr vornehm, aber viel zu konservativ, also ein wenig unansehnlich gekleidet. Vor allem die Tochter schien sehr zurückgezogen und nicht wirklich gesellschaftssüchtig zu sein. Jedenfalls war sie zu diesem Zeitpunkt auch selber schon sehr gut materiell versorgt und hatte in Wahrheit gar keinen Bedarf an zusätzlichem Geld. Ich versuchte nun der attraktiven Witwe zunächst einmal den Gedanken an ein etwas „flotteres" Leben näher zu bringen, das sie sich ja nun angesichts ihres Geldsegens und ohne die Belastung durch den schon etwas altersgebrechlichen Gatten hätte leisten können. Daher empfahl ich ihr, doch zunächst einmal – nach angemessener Trauerzeit – eine neue Partnerbeziehung anzustreben, die ihr Leben ja sicher auch angenehmer gestalten würde. Sie möge sich also um einen gut aussehenden Mittdreißiger umsehen, ihn flott anziehen, in einen Sportwagen setzen und mit ihm schöne Reisen unternehmen. Diese Reisen, so schaltete sich sofort die Tochter ein, könne die Mutter doch auch mit ihr unternehmen, sie hätte genug Zeit und Lust dazu … Und die Mutter ergänzte diese Überlegungen mit der Feststellung, dass in der kleinen Stadt, in der sie lebten, so eine Beziehung mit einem jüngeren Partner sofort zum Stadtgespräch und Ärgernis bei ihren Freundinnen führen würde. Hier konnte ich sie beruhigen, dass es sich in diesem Falle wohl nur um die Auswüchse von aktivem Sexualneid ihrer Freundinnen handeln würde, und den könne man ruhig in Kauf nehmen …

Ein paar Tipps für die optimale Veranlagung der Gelder mit der Chance auf steuergünstige Vererbung beziehungsweise Schenkung habe ich den Damen trotzdem mit auf den Weg gegeben. Erst nach einiger Zeit hat sich die vorsichtige Witwe dann wieder bei mir gemeldet: „Das war wirklich eine großartige Sache mit Ihren Tipps. Ich habe jetzt genau so einen feschen jungen Mann gefunden, wie Sie ihn mir empfohlen haben, und ich finde es super, wie schön das läuft …" Sie hatte verstanden, was ich ihr sagen wollte – dass man das Leben auch leben muss – und genießen. Und ich habe diesen und ähnliche Ratschläge in der Folge auch immer wieder anderen Damen und Herren in dieser Situation gegeben.

Zu meiner Ehrenrettung darf ich aber sagen, dass ich – ob-
wohl selber zweimal und über mehrere Jahre Witwer – nie einen
Zweifel daran gelassen habe, dass es selbstverständlich nicht um
mich ging, der da ausgesucht werden sollte. Das war übrigens
auch nicht so schwer, denn ich war ja schließlich auch nicht mehr
dreißig. Aber so manche von ihnen wäre schon sehr attraktiv ge-
wesen, auch ohne Geld. Einmal, da war ich schon wieder verhei-
ratet und mit meiner Frau unterwegs, ist mir im Anschluss an ein
Kammerkonzert im Schloss eine Dame aus dem Publikum fröh-
lich um den Hals gefallen und hat mich heftig „abgebusselt" (ös-
terreichisch für geküsst) – sie war mit ihrem jungen neuen Part-
ner wirklich glücklich geworden und wollte ihn sogar heiraten.

Heiraten ist keine Ideallösung

Das mit dem Heiraten war aber nicht unbedingt die Absicht aller
dieser „Lustigen Witwen". Einige von ihnen waren sogenannte
Scheidungswitwen und zumeist in den frühen oder mittleren Vier-
zigern angesiedelt. Sie hielten es doch deutlich anders mit ihren
neuen Partnerschaften, brauchten hierzu auch keinen Rat – sondern eher nur für den Umgang mit dem Geld, das sie jetzt doch
sehr reichlich zur Verfügung hatten.

Manche von diesen jungen Witwen lebten nun zumindest
beruflich mit einem gleichaltrigen Geschäftspartner zusammen.
Nach Todesfällen war das manchmal der Ex-Gesellschafter des
Mannes, andernfalls wiederum der Kollege, mit dem man zusammen ein Anwaltsbüro oder eine Arztpraxis betrieben hat. Es
fiel auf, dass sich die Frauen diese gleichaltrigen Männer sehr
bewusst „vom Leib gehalten" haben, sosehr man sich auch beruflich nahe und näher war. „Wenn ich den bei mir einziehen
lasse, will er da den Chef spielen – im Betrieb lasse ich mir das
sowieso nicht gefallen." Dort, wo sie es sich leisten konnten,
hatten diese Damen nämlich in Wahrheit mindestens drei Part-

ner, soweit ich das aus ihren freiwilligen Erzählungen mitbekommen habe.

Da war zumeist ein 25-jähriger Student, der zu Hause auf die Blumen und – so vorhanden – auf die Katzen aufpassen musste. Über diese Partnerschaft wurde meines Wissens nur gesprochen, wenn Frauen unter sich waren. Ich konnte nur Vermutungen anstellen. Den jungen Herren schien es zu gefallen. Dann war da noch der bereits erwähnte Vierziger oder Mittvierziger, mit dem Probleme gewälzt und Erfahrungen ausgetauscht wurden – aber nicht mehr. Mit ihm konnte man trotzdem zu Veranstaltungen unter Kollegen und zu Partys gehen – mit Aussicht auf neue Bekanntschaften. Und schließlich gab es dann noch den Doyen, den gut situierten, und vor allem gesellschaftlich gut verankerten feinen Herrn, mit dem man Eingang in Kreise finden konnte, in die man normalerweise nicht so leicht kommt, vor allem nicht in Begleitung eines 25- oder eines 40-Jährigen, der noch Karriere machen muss. Herren dieses fortgeschrittenen Alters sind meistens nicht nur sehr charmant, sondern auch sehr großzügig.

Die Partnerschaften mit den drei einzelnen Herren waren in jedem Fall eine sogenannte Win-win-Situation, alle zeigten sich zufrieden – und eine Heirat, mit welchem der Herren immer, wäre vermutlich keine echte Lösung gewesen, weshalb sie meiner Beobachtung nach auch immer unterblieben ist. Probleme hat es nur in einigen Fällen dann gegeben, wenn die Damen ihre Studenten von Zeit zu Zeit untereinander austauschen wollten oder ausgetauscht haben. Manchmal hat die eine Witwe den Studenten ihrer Freundin schon übernommen, bevor ihn diese freigegeben hat. Dann durfte ich im „Außerstreit-Verfahren" sogar einige Male vermitteln. Das hatte allerdings nichts mehr mit Finanzberatung zu tun, denn um Geld ging es hier sicherlich nicht. Eine Einschränkung wäre hier vielleicht noch fällig: Für ein Witwenleben mit drei Lebenspartnern ist nicht nur viel Lebensfreude, sondern doch auch einiges an Einkommen und Vermögen notwendig.

49

Das ideale Lebensrezept lautet also:

- Mit viel Bedacht und ohne Ungeduld ein Vermögen aufbauen.
- Das Geld im Laufe des ganzen Lebens mit Lust ausgeben.
- Und den trotzdem übrig gebliebenen Rest mit Liebe verschenken.

Das Leben ist ein „Running Sushi"

Für Ihre Lebensplanung sind Sie ganz allein und selber zuständig. Und reden Sie sich bitte niemals auf das Schicksal aus, das Ihr Leben völlig bestimmt. Für dieses „Schicksal" sind Sie größtenteils selbst verantwortlich. Denken Sie an das Essen beim „Running Sushi": Dort kommen auf einem Laufband die ganze Zeit Tellerchen mit den unterschiedlichsten Köstlichkeiten vorbei, aber auch solche, die Ihnen nicht wirklich schmecken werden. Denken Sie daran: Die Reihenfolge der Teller, so wie sie daherkommen, bestimmt der Koch – und nicht Sie. Aber die Entscheidung, ob und bei welchem Tellerchen Sie zugreifen werden, treffen Sie selber, ganz allein. Da nützt es gar nichts, wenn Sie vor lauter Hunger gleich am Anfang nach allen Verführungen langen und dann nicht mehr essen können oder wollen, wenn Ihre Lieblingsspeisen endlich kommen. Und Sie sind auch selber daran schuld, wenn Sie nach so manchem greifen, das Ihnen dann gar nicht so schmeckt, wie Sie es erwartet haben. Auch wenn Sie – vorsichtig wie Sie sind – gleich ein paar der Köstlichkeiten an sich vorbeiziehen lassen, in der Hoffnung, dass diese später noch einmal vorbeikommen – es kann passieren, dass sich die nach Ihnen kommenden Gäste diese Wunschteller wegschnappen und Sie vergeblich darauf warten, dass Sie noch einmal Ihre Chance haben werden. Denken Sie daran – für Ihr Glück und Unglück sind Sie in den meisten Fällen selber schuld. Sie haben immer wieder die Wahl, aber Sie müssen auch aus-

wählen, müssen selbst entscheiden, was für Sie gut ist oder un-
genießbar! Irgendwann ist es zu spät.

Also noch einmal:

- Wenn jemand an seiner Lebens-Finanzplanung scheitert,
  dann scheitert er in der Regel an der persönlichen Lebensplanung.
- Für die technische Finanzplanung können Sie stets professio-
  nelle Hilfe annehmen.
- Auf Ihre Lebenswünsche müssen Sie selber draufkommen!

Und noch etwas:

- Vorsorge und Vermögensbildung dürfen kein Selbstzweck
  sein.
- Sie müssen das, was Sie sich ein Leben lang absparen, rechtzeitig und genussvoll ausgeben.
- Sie müssen nicht reich sterben – das ist der falsche Wettbe-
  werb.
- Es geht eben insgesamt um den Ausgleich, um das Gleichge-
  wicht zwischen Geldverdienen und Geldausgeben – Geld oder
  Leben.

Wer mehr von seinem Geld gehabt hat, hat mehr gehabt vom Leben. Und Sie haben – leider – nur eines!

Der Finanzausgleich in der praktischen Lebensplanung

Spätestens hier ist es angebracht, einige einschränkende Bemerkungen zu den vorher getroffenen Feststellungen über Lebensformen und ethische Lebenseinstellungen anzubringen, so wie ich sie in idealisierender Form beschrieben habe. Selbstverständlich wollen viele von uns in der besten aller Welten leben, in der es menschlich, gerecht und ehrlich zugeht. Nur, und das sagte schon Bert Brecht, „die Verhältnisse, die sind nicht so" …

Wenn wir also unsere Planungen angehen für ein optimales und finanziell ausgewogenes Leben, dann müssen wir uns mit den Gesetzmäßigkeiten in der aktuellen Finanz- und Wirtschaftswelt zunächst einmal abfinden, müssen akzeptieren, wie die Politik arbeitet, wie die Gesetze durch-„gesetzt" werden und wie die Menschen miteinander umgehen. Das bietet aber auch Chancen: Wir können lernen, wie man geschäftliche Abläufe auch lenken kann – manche sagen manipulieren –, sodass sie zu unserem Nutzen wirken – oder zum Nutzen unserer Mitmenschen. Und dabei können wir die Lehren der Volks- und Betriebswirtschaftslehre, die wir so perfekt in den Betrieben und öffentlichen Einrichtungen umsetzen, selbstverständlich auch im privaten Haushalt anwenden.

Wie wir dabei vorgehen, bleibt uns überlassen, solange wir die objektiv geltenden Gesetze einhalten – und es kommt bei Weitem nicht immer darauf an, was wir tun, sondern immer öfter darauf, was wir nicht tun, was wir unterlassen, obwohl wir es eigentlich tun sollten.

Die Wirtschaft – und hier vor allem die Marktwirtschaft – ist weder gut noch schlecht, sie ist, wie sie ist: wie das Wetter, das der Bauer gerade als gut empfindet, wenn er auf Regen gewartet hat und über das der Urlauber schimpft, weil es ihm den Tag im Freien vermiest. So wie das Wetter keine Rücksicht nimmt auf die Menschen, tut das auch nicht die Wirtschaft. Sie ist nur ein System, das so funktioniert, wie es von den Menschen, für Menschen und mit Menschen gestaltet wird. „Der Markt ist auf dem sozialen Auge blind", sagte der deutsche Wirtschaftsprofessor Hans-Werner Sinn im Frühling 2009 in einem Interview. Er wollte damit wohl sagen, dass es an jedem Einzelnen von uns liegt, die Augen offen zu halten. Und es geht dabei auch überhaupt nicht um gut oder böse – um gut oder schlecht – es geht letztlich um die Verantwortung für andere und um unser aller Nutzen.

Die Konto-Methode

Als Vorbild und Grundmodell unserer Finanz-Lebensplanung sollte uns stets das Konto dienen, das wir aus der Buchhaltung kennen: Es hat zwei Seiten – auf der einen Seite erscheint alles, was im Laufe unseres Lebens an Geld und Vermögen hereinkommt, auf der anderen Seite finden sich die Ausgänge.

DAS LEBENS-FINANZ-MODELL

AUSGÄNGE

EINGÄNGE

SALDO

Grundsätzlich soll es im Verlauf unserer Lebensspanne einen Ausgleich geben zwischen dem, was wir – aus welchen Quellen auch immer – einnehmen, und dem, was wir – wofür auch immer – ausgeben.

Ganz punktgenau wird das in der Praxis wohl nie gelingen, und damit wird sich dann ein Saldo ergeben, der im Idealfall nicht allzu groß, aber des Öfteren auch nicht wirklich klein sein wird. Beim Saldo unserer Lebens-Finanzplanung kommt es allerdings auch darauf an, auf welcher Seite dieser Saldo steht – wir kennen das als „Gesetz der Salden-Mechanik".

Auf welcher Seite des Kontos steht der Saldo?

Steht der Saldo auf der Ausgabenseite, bedeutet das, dass mehr eingenommen wurde als ausgegeben. Es verbleibt also ein Restvermögen nach dem Tode. Das freut zwar die Hinterbliebenen, zeichnet den Sammler dieses Vermögens aber nicht unbedingt als großen Lebens- (Finanz-)Künstler aus. Ergibt sich aber ein Saldo, also ein rechnerischer Rest auf der Eingangsseite, waren offensichtlich die Ausgaben im Verlauf des Lebens größer als die Einnahmen. In diesem Falle hinterlässt der Mensch nach seinem Lebensende Schulden. Und das lässt auch nicht wirklich auf eine gelungene Lebens-Finanzplanung schließen, obwohl dieser Mensch aber möglicherweise immerhin ein Lebenskünstler war. Im theoretischen wie im praktischen Idealfall unseres Konto-Salden-Modells ergibt sich kein oder kein nennenswerter Saldo. Es sind beide Seiten ausgeglichen, es ist nichts übrig geblieben. Dieser Mensch stirbt dann wirklich bankrott – ganz im Sinne unseres Buchtitels –, man könnte ihn taxfrei zum Überlebenskünstler ernennen.

Zwischen-Bilanz und Schluss-Bilanz

Wie bei jedem Konto kann man im Verlauf seines Lebens natürlich immer wieder auch Zwischenbilanz ziehen, im Sinne einer
Kontenkontrolle, wenn man merkt, dass etwas vielleicht nicht
ganz richtig läuft und man Korrekturen vornehmen will im Fi-
nanzverhalten. Es wird schließlich immer Zeiten geben, in denen
es Probleme mit der Höhe der Einnahmen gibt, im Falle von Arbeitslosigkeit und Krankheit beispielsweise. Aber auch bei den
Ausgaben kommt es immer wieder zu Ausnahmeerscheinungen,
etwa im Zuge der Wohnraumbeschaffung oder erhöhter Ausgaben in der Zeit des Studiums der Kinder. Hier können die
Zwischenbilanzen mehrfach recht ungünstig ausfallen – sie sind
aber eher für die Finanzkontrolle von Lebensabschnitten nütz-
lich. Worauf es wirklich ankommt, das sind die Bilanzen zu den
Hauptabschluss-Terminen.

Der wichtigste aller Hauptabschluss-Termine ist sicherlich der
Zeitpunkt, zu dem die berufliche Laufbahn aufgegeben werden
muss, zum Zeitpunkt der Pensionierung, wenn der regelmäßige
Einkommensfluss in der Regel erheblich dünner wird und auch
Zusatzeinnahmen nicht mehr regelmäßig da sind. Andererseits
sind zu diesem Zeitpunkt die großen Lebensausgaben meist schon
getätigt und abgeschlossen. Die Kinder sind (endlich) mit der Berufsausbildung fertig und haben bereits ein eigenes Einkommen
und die Hypothek für das viel zu große Haus ist auch schon abgezahlt. Wenn dann noch eine mehr oder weniger attraktive Abfertigung ins Haus kommt, ist das die richtige Zeit für den großen
„Kassasturz". Nun kann noch einmal richtig gerechnet werden,
und der Saldo darf dann ruhig auch realistisch eingeschätzt werden. Mindestens genauso realistisch sollten auch die künftigen
kleineren Einnahmen den künftigen Ausgaben gegenübergestellt
werden, die notwendigerweise auch entsprechend niedriger angesetzt werden sollten – zumindest wenn es erforderlich ist, denn
theoretisch könnte ja der bisherige Lebens-Finanzsaldo womög-

lich enorm groß sein. Es wird dann später ja doch noch einmal einen Kontoabschluss geben – aber das ist die Endbilanz – und die machen nicht Sie, sondern der Nachlassverwalter!

Rechnen wir mit Brutto- und Netto-Vermögen

Spätestens an dieser Stelle muss ich aber rasch einem sonst leicht möglichen Irrtum vorbeugen: Der Vorsatz, bankrott zu sterben, sollte dann nur sehr eingeschränkt gelten, wenn der betreffende Mensch nicht schon zu Beginn oder im Laufe seines Lebens ein Erbvermögen übertragen bekommen hat, das innerhalb seiner Familie womöglich schon in mehreren Generationen immer wieder an die nächste weitergegeben wurde. Wer ein Erbe samt Verantwortung übernommen hat, sollte sich verpflichtet fühlen, damit bedächtig umzugehen und am Ende mindestens so viel an Vermögenswerten an die Nachfolger weiterzugeben, wie er selbst übernommen hat. Oft schaffen es die Enkel leider spielend, mit Leichtsinn oder liederlichem Lebenswandel das in kürzester Zeit kaputt zu machen, was ihre Väter, Großväter und Urgroßväter in einer langen und stolzen Familientradition aufgebaut hatten. Dem liederlichen Verschwender soll in diesem Lebensmodell jedenfalls nicht das Wort geredet werden – auch wenn solche Menschen oft sehr charmante Zeitgenossen sein können!

Erst der Partner darf bankrott sterben

Und da ist noch eine andere, noch wichtigere Einschränkung: Wer nicht allein, sondern in einer Partnerschaft lebt, wird diese Partnerschaft wohl auch über seinen Tod hinaus materiell aufrechterhalten wollen. Schließlich gilt ja das Prinzip der Altersversorgung für beide. Wenn der eine stirbt, soll für den überlebenden Partner trotzdem gesorgt sein. Wenn die beiden in ihrem Lebensalter sehr weit auseinander liegen, sollte ja einigermaßen klar sein, wer als Erster stirbt und wer überleben dürfte – obwohl es auch da Überraschungen geben könnte, mit gefährlichen Unfällen beispielsweise. Aber wenn beide Partner in etwa gleich alt sind, weiß man ja nie genau, wen von beiden es zuerst treffen wird. Und damit ist die Partnerversorgung nach dem Tode des einen auch ein relativ offenes Match. Jeder von beiden sollte daran interessiert sein, dass etwas beziehungsweise dass vorerst genügend übrig bleibt.

Das Leben auf der Waage

Das Lebensfinanz-Ausgleichsmodell lässt sich in seiner praktischen Erscheinungsform sogar noch besser in der Form einer Waage darstellen, die ja vom Prinzip her das System des Gleichgewichts zum Ausdruck bringt – und Ungleichheiten noch leichter erkennen lässt.

Auch hier kommt es wieder darauf an, dass Zuflüsse und Abflüsse auf beiden Seiten der Waage ihren Niederschlag finden und je nach Überwiegen der einen Seite auch die Ungleichgewichte sofort sichtbar werden.

DAS LEBENS-FINANZ-MODELL

Zufluss

Saldo-Vortrag
Arbeits-Einnahmen
Glück

Abfluss

Lebens-Ausgaben
Unglück

Lebens-Saldo

Einnahmen   =   Ausgaben

Die Einnahmen-Seite unserer Lebens-Waage

Der Lebens-Vorschuss

Schon beim Eintritt in dieses Leben bringt jeder Mensch einen gewissen Lebens-Vorschuss mit, der – abhängig vom Vermögen der Familie – entsprechend groß oder klein sein wird. Es ist eben nicht egal, ob jemand in einem Schloss, in einer Villa oder in einer Substandardwohnung aufwächst. Und der Unterschied ergibt sich auch daraus, ob der junge Erdenbürger seine Aussichten auf ein späteres Erbe in einem bescheidenen Sparbuch oder einem beträchtlichen Aktienpaket sehen darf. Es ergeben sich bestimmt sehr unterschiedliche Aspekte für das künftige Berufsleben, wenn jemand sich später als Junior-Chef(in) eines Familienunternehmens, einer Fabrik, einer Privatbank oder eines Gewerbebetriebes sehen darf – oder aber als Lehrling in einem beliebigen Unternehmen starten wird. Von Bedeutung für das spätere Leben wird sicher auch sein, welche Berufsausbildung die Eltern ihrem Kind bieten können. Es ist evident, dass die Ausbildung an einer Elite-Universität später größere Einkommens- und Karrierechancen bieten kann als eine einfache Lehre.

Die Einnahmen aus dem Berufsleben

Für eine erfolgreiche Karriere mit besten Einkommens-Aussichten gehören neben den idealen Startvoraussetzungen immer auch eine positive Motivation, Ausdauer und Fleiß sowie eine leichte Portion von dem, was man je nach Einstellung als Networking oder Protektion bezeichnen kann. Wer als Junior-Chef in sein Unternehmen einsteigen kann, wird gewaltige Startvorteile haben und entsprechende Verdiensterwartungen. Und im Normalfall werden Berufskarrieren in Großunternehmen – und erst recht in politnahen Institutionen flotter verlaufen, wenn man als Sekretär eines Ministers dann später gleich als Vorstands-Assistent in die Wirtschaft wechseln kann, während andere sich erst mühsam hochdienen müssen. Trotzdem gibt es auch außerhalb dieser traditionellen Normen auch immer wieder Beispiele dafür, dass jemand seine Karriere blitzschnell und schier unaufhaltsam gestalten kann. Zwar bestehen auch hier manchmal Zusammenhänge mit Mitgliedschaften in mehr oder weniger öffentlich bekannten Organisationen und „Seilschaften", aber wirkliche „Selfmademen" sind vermutlich doch eher die Ausnahme als die Regel. Das gilt auch für erfolgreiche Unternehmer, die oft scheinbar aus dem Nichts aufsteigen und innerhalb kürzester Zeit sagenhaft reich werden. Manche von ihnen landen später auf den Titelseiten der Magazine und im Gefängnis, aber angeblich gibt es noch immer Beispiele, wo das Märchen vom Aufstieg des Tellerwäschers (oder Barpianisten) zum Milliardär Wahrheit werden konnte. Irgendwie hatte ich allerdings immer schon ein wenig Zweifel am Wahrheitsgehalt solcher Märchen – eingedenk der Formel meines Großvaters: „aus nix wird nix ..." Und rein mathematisch ist das ja auch irgendwie nachvollziehbar. Wenn ich mit 100 Millionen starte, dann genügt schon ein Gewinn von einem Prozent für die nächste Million. Wenn ich aber nur 10.000 am Anfang zur Verfügung habe, dann muss ich mein Anfangskapital schon verhundertfachen, um auch nur diese erste zusätzliche Million zu schaffen. Mathematische Gesetze sind eben unbarmherzig – wie die reale Wirtschaft ...

Das Glück mit dem unverhofften Geld

So wie die Gesundheit als Grundvoraussetzung brauchen wir immer auch ein Quäntchen Glück beim Geldverdienen – je mehr, desto besser.

Glück hat am ehesten der Tüchtige, heißt es. Wenn tüchtige und dynamische Menschen gute Geschäftsideen haben, Erfindungen machen oder solche rechtzeitig als Marktchancen erkennen, dann ist das Glück hier sicher nur das Tüpfelchen auf dem i, das noch gefehlt hat. Glück braucht man auch bei der Auswahl der richtigen Partner – und das gilt nicht nur für die Lebenspartner, die uns als moralische Stütze zur Seite stehen, das gilt vor allem auch für unsere Berufs- und Geschäftspartner. Auf ihre Ehrlichkeit und ihre Bereitschaft zum vollen Einsatz in der Firma kommt es immer wieder in hohem Ausmaß an. Untreue und Verrat bedeuten immer das Gegenteil von Glück. Glück beim Spekulieren ist ebenso wie das Glück im Spiel eine Frage von Zufällen und Wahrscheinlichkeiten – oder eben die Frage, ob man solche Wahrscheinlichkeiten rechtzeitig und richtig einschätzen kann. Und Glück kann man als Mensch zuweilen auch als Empfänger von unerwarteten Erbschaften machen, die uns nicht unbedingt aufgrund von erbrechtlichen Gegebenheiten in den Schoß fallen.

Er-Heiraten, Er-Scheiden, Er-Erben: ein Exkurs

Einige Ereignisse der besonderen Art möchte ich aber nur bedingt als absolute Glücksfälle durchgehen lassen:

Wer Geld er-heiratet, wird wohl davon ausgehen müssen, dass es immer auch Gegenleistungen gibt im Leben – es wird uns meist nichts geschenkt. Wer Geld erheiratet, wird in den meisten Fällen bestimmte „leichte Mängel" bei seinem Lebenspartner in Kauf nehmen müssen. Meist sind es ja nur einfache Altersunterschiede, die hier den Ausschlag geben. Die „Nachteile" können nun körperlicher oder auch nur rein psychischer Natur sein – begründet in besonderen, nicht immer angenehmen Verhaltensweisen, die das Zusammenleben mit solchen Partnern oft nicht zum reinen Vergnügen machen. Und hier wird derjenige, der Geld er-heiratet, irgendwann bemerken, dass er, wenn überhaupt, das erheiratete Geld nur zusammen, also in der Gesellschaft mit dem

*zuweilen unangenehmen Partner, ausgeben kann. Dann macht
das Geld vielleicht doch weniger Freude.*

*Geld er-scheiden kann zuweilen sehr einträglich sein, ist aber
meistens auch sehr anstrengend und erfordert außerdem ein ge-
wisses Maß an Unanständigkeit. Hier habe ich selbst im Kreise
meiner Freunde Fälle erlebt, wo die Ehepartner(innen) es praktisch aktiv auf eine Scheidung angelegt haben, um auf solche
Weise in Besitz eines ansehnlichen Vermögens zu gelangen, das sie
dem Partner mithilfe tüchtiger Anwälte ab-prozessieren konnten.
Solcherart ist eine Scheidung in jedem Fall ein gutes Geschäft für
weibliche Ehepartner.*

*Er-Erben ist vom Real-Begriff her immer mit Ver-Sterben ver-
bunden. Voraussetzung dafür ist im Regelfall ein bestehender
Altersunterschied zwischen den Partnern, der mit dem Vermö-
gensunterschied einhergeht. Hier konnten in den letzten Jahren
auch immer mehr jüngere Männer in den Genuss solcher – wenn
auch nicht ganz unverhoffter – Erbschaften kommen, während
beim Er-Scheiden Frauen automatisch die besseren Voraussetzungen erwarten dürfen.*

Der Ehevertrag beseitigt subjektive Ungerechtigkeiten

Überall dort, wo es deutliche Vermögensunterschiede zwischen
zukünftigen Ehepartnern gibt, raten die (Scheidungs-)Anwälte
bereits im Vorfeld – also noch vor einer Heirat, nach der es kein
(kostenfreies) Zurück mehr gibt – zu einem Ehevertrag. Dieser
hält schon zu Beginn ganz genau fest, was jeder von beiden an
Vermögen in die Ehe einbringt und was er nach deren Beendigung auch wieder mitnehmen darf. Ähnlich wie in Manager-
Verträgen wird auch festgelegt, wie viel der vermögendere Partner dem anderen bei einer vorzeitigen Auflösung der Ehe als Ab-
fertigungssumme zu bezahlen hat. Und damit ist praktisch
schon vor Beginn der Ehe der erste Schriftsatz für den Schei-

dungsakt bei Gericht vorgegeben – es ist alles nur noch eine Formsache, wenn man sich schnell einem neuen Partner zuwenden will.

Was bedeutet das nun aber für die Chancen derjenigen, die ihren Alters-, Aussehens- oder Charme-Unterschied dafür einsetzen wollen, sich rechtzeitig Geld zu er-heiraten, zu er-scheiden oder zu er-erben? Hier wäre ein logisches Kalkül angebracht: Wer heutzutage heiratet, mehr Vermögen hat als sein künftiger Partner und dann keinen Ehevertrag vor der Heirat verlangt, der ist eigentlich ganz schön dumm. Und das schreckt mögliche Partner sicher auch ab: Alt und/oder hässlich, das mag ja noch angehen, aber wer will schon wirklich einen dummen Partner?

Die Ausgaben-Seite unserer Lebens-Waage

Die Ausgaben für den Lebensunterhalt

Hier beginnen die Unterschiede für die einzelnen Menschen groß und größer zu werden, denn hier setzt die persönliche Lebensplanung die Maßstäbe. Genügt es uns, allein als Single zu leben und das Leben über wechselnde Beziehungen – kurz oder länger dauernd – zu organisieren, und vor allem: Leben wir freiwillig als Single oder wurden wir durch Unglücksschläge in diese Rolle gedrängt? In diese Kategorie von Lebensformen sind auch die vielen alleinstehenden Frauen mit Kindern einzuordnen, die als Alleinerzieherinnen für ein oder mehrere Kinder zu sorgen haben – egal, ob sie durch Alimentationsleistungen der Väter mehr oder weniger gut unterstützt werden. Am häufigsten anzutreffen ist aber noch immer die Organisationsform einer ehelichen oder unehelichen Partnerschaft mit Kindern.

Im Mittelpunkt der Ausgabenplanung in einer Familie stehen naturgemäß die Ausgaben für die Grundbedürfnisse des täglichen

Lebens: Ernährung, Wohnen und Bekleidung, dazu kommen Ausgaben für die Aufrechterhaltung des Haushalts, Anschaffung und Erhaltung von Kraftfahrzeugen, Bildung und Ausbildung der Kinder und Jugendlichen, Weiterbildung für die Erwachsenen sowie Ausgaben für Urlaub und Unterhaltung und selbstverständlich auch für kulturelle Aktivitäten. Während die Ausgaben für den täglichen Bedarf ausschließlich der kurzfristigen Planung unterliegen, müssen Ersatzbeschaffungen bei Haushaltsgeräten, Fahrzeugen und die Organisation von größeren Urlauben stets auch mittelfristig vorfinanziert werden. Den anteilsmäßig größten Ausgabenblock stellen die Finanzierung der Wohnung und die Schul- und Berufsausbildung der Kinder dar. Hier sind in der Regel langfristige Kreditverpflichtungen notwendig, die oft über Zeiträume von 20 bis 25 Jahren eingegangen und durchgehalten werden müssen. Sehr häufig sind Eltern erst in einem Alter von etwa 50 Jahren wirklich in der Lage, nach Beendigung der Studien ihrer Kinder und dem Auslaufen der Hypotheken-Abzahlung auch für sich selbst noch Gelder für die Altersvorsorge zurückzulegen und Reserven zu schaffen, die dann zuweilen unzureichend ausfallen.

Entscheidend ist aber auf alle Fälle, dass die Ausgaben nicht nur insgesamt auf die Lebensdauer gerechnet, sondern auch innerhalb der Lebens-Teilabschnitte realistisch gestaltet werden. Es scheint wirklich nicht besonders glückhaft zu sein, wenn Eltern für das alleinige Ziel eines attraktiven und protzigen Eigenheimes über viele Jahre hindurch sich und auch ihren Kindern andere Ausgaben versagen, nur um die Kreditraten zahlen zu können. Auch der Hinweis ihrer Eltern, dass sie dieses Haus einmal erben würden, wird möglicherweise nicht verhindern können, dass sie dieses Haus letztlich hassen, weil es ihnen die Kindheit vermiest hat und außerdem ohnedies nicht ihrem Geschmack entspricht. Manchmal fallen dem ungezügelten Streben der Eltern nach Sozialprestige sogar die Ausbildungschancen ihrer Kinder zum Opfer.

Verluste durch Unglück im Leben

Selbst verschuldetes Unglück geht in vielen Fällen auf die Unvorsichtigkeit und Sorglosigkeit bei der Einschätzung von Risiken im Berufsleben zurück. Selbst verschuldet sind sicher auch Verluste aus verunglückten Spekulationen mit Geld und Vermögensgeschäften. Selbst verschuldet sind normalerweise auch Unglücksfälle, die aus Unvorsichtigkeit im Straßenverkehr und im Sport passieren und dann zum Ausfall der Arbeitskraft durch Krankheit und Invalidität führen – und zum Einkommensverlust. Auch unverschuldetes Unglück ist leider aus dem Leben der Menschen nicht wegzudenken.

Wohin neigt sich die Waage?

So wie schon früher bei der Betrachtung des Lebenskontos tritt auch bei der Lebenswaage irgendwann der Zeitpunkt ein, an dem man auf die Ausgewogenheit in der Lebens-Finanzplanung achten muss. Jetzt kommt es darauf an festzustellen, wohin sich die Waage neigt – ob eher die Ausgabenseite schwerer gewogen hat, oder der Waagebalken doch auf die Einnahmenseite hin ausschlägt. Je nachdem, welche Seite schwerer belastet ist, müssen wir von einem Verlust oder einem Gewinn ausgehen, der zumindest in der Finanzkategorie unser Leben bestimmt hat. Und damit entscheidet sich, ob wir in unseren letzten Lebensabschnitt mit Schulden eintreten oder noch einen Polster haben, auf dem wir uns ausruhen können.

Zum Zeitpunkt des Eintritts in die Pension wäre es jedenfalls sehr wichtig, dass die Einnahmen überwiegen und wir in den nächsten Jahren noch etwas auf der Ausgabenseite drauflegen können. Trotzdem sollten wir vorsichtig sein beim Umgang mit diesem positiven Rest unseres Finanzlebens. Wer dann allzu laut in der Familie hinausposaunt, wie viel an Geld jetzt noch auf seinen Konten liegt, der wird sehr rasch feststellen, dass auch seine

Kinder und Verwandten eine ganze Reihe von Verwendungsmöglichkeiten für dieses Geld aufzählen könnten. Vor allem die Kinder kommen dann gerne mit dem Wunsch nach unverzinslichen (und in Wahrheit nicht rückzahlbaren) Darlehen zur Anschaffung eines neuen Autos oder einer neuen Wohnung, und oft fällt es den Eltern wirklich schwer, ihren Kindern diese Wünsche abzuschlagen. Hier ist jedenfalls größte Zurückhaltung angebracht, sonst ist der Lebens-Finanzpolster schon vorzeitig weg und aufgebraucht – man ist bankrott, noch bevor man gestorben ist!

Die zwei Hauptrisiken in unserem Leben

In Wahrheit müssen wir uns in unserer Lebens-Finanzplanung nur vor zwei grundsätzlichen Hauptrisiken fürchten und vorsehen:

- Das Geld, das wir ein Leben lang zusammengetragen und auch schon teilweise ausgegeben haben, reicht nicht bis an unser Lebensende. Das ist sehr unangenehm – unser Lebensabend könnte stark in seiner Qualität beeinträchtigt werden.
- Von dem Geld, das wir so erfolgreich anhäufen konnten und von dem wir viel zu wenig ausgegeben haben, werden wir auch bis zu unserem Lebensende nicht mehr ausgeben können. Es bleibt viel zu viel davon übrig – das ist schade, denn wir hätten dann viel mehr gehabt von unserem Geld und unserem Leben.

Also fassen wir zusammen:

- Kalkulieren wir rechtzeitig – nicht zu großzügig, aber auch nicht zu ängstlich.
- Schämen wir uns auch nicht für das bisschen Egoismus, der manchmal dabei notwendig ist.
- Es ist schließlich mein Geld, das ich hart erarbeiten musste.
- Und es ist mein Leben.

Mit dem vorläufigen Lebenssaldo richtig umgehen

Braucht man im Alter weniger Geld – oder mehr?

Es ist leider nicht Sparsamkeit, wenn Menschen behaupten, sie würden im Alter weniger Geld brauchen, es ist dies schlicht Naivität, die aus diesen Menschen spricht. Lassen Sie mich Ihnen nur einige Beispiele geben.

Höhere Ansprüche beim Reisen

sind letztlich nur eine Antwort auf realistische Rücksichtnahmen im Alter. So gern Sie seinerzeit mit Ihren Freunden oder mit der Familie Camping-Urlaub im Zelt gemacht haben – es wird Ihnen vermutlich jetzt nicht mehr so viel Spaß machen wie im Hotel. Überhaupt werden Sie bei der Auswahl von Hotelzimmern nun doch lieber ein Mehrstern-Hotel mit entsprechendem Komfort-Angebot wählen – auch wenn es Ihnen in Ihrer jugendlichen Unruhezeit im YMCA ganz gut gefallen hat. Mehr Komfort werden Sie später im Pensionsalter auch zu schätzen wissen, wenn Sie auf Langstreckenflügen an Ihr Urlaubsziel unterwegs sind. Ganz nebenbei sollten Sie immer daran denken, dass Ihre Erben – gut versorgt mit dem von Ihnen sinnlos gesparten Geld – sicher nicht in der Economy Class reisen werden: Die fliegen dann gerne in der Business Class und denken bestenfalls an die „geizigen Alten", die sich solches zu Lebzeiten nie vergönnen wollten. Ja, und weil Sie Ihr schweres Gepäck ja auch nicht mehr so leicht tragen können, werden Sie dann vermutlich auch nicht mit dem Zubringerbus zum Airport fahren, wo Sie selber die Koffer schleppen müssen, sondern einen Taxifahrer damit beschäftigen. Denken Sie aber auch daran, dass vielleicht einmal die Zeit kommt, wo Sie überhaupt jemanden brauchen, der mit Ihnen verreist, weil Sie alleinstehend sind. Dann müssen Sie auch für die Reisekosten Ihrer Begleitung aufkommen. Kurzum: Reisen im Alter ist zwar meist komfortabler – aber auch wesentlich teurer.

Mobilität gibt es nicht umsonst

Wer nicht mehr so ganz flott und vor allem nicht sicher auf den Beinen ist, wird sich genau überlegen müssen, ob er sich die Fahrt in die nahe Stadt, für die Kontrolluntersuchung in der Klinik oder beim Arzt, für den Besuch bei den Kindern und Enkeln oder zu einer Theateraufführung auch allein zutrauen kann. Solange noch das eigene Auto zur Verfügung stand, ging es ja noch leichter – mit den öffentlichen Verkehrsmitteln gibt es da doch beträchtliche Einschränkungen.

Wer nicht mehr allein Autofahren kann und beim Einsteigen in Bus und Bahn Schwierigkeiten hat, braucht eine Reisebegleitung. Wenn diese Reisebegleitung von Familienmitgliedern oder guten Freunden geleistet wird, dann können sich die Kosten ja auf die Ticketpreise für die Bahn oder das Theater beschränken, muss jemand aber fremde Hilfe auch für die Mobilitätsbegleitung in Anspruch nehmen, kostet das schon wesentlich mehr. Abgesehen davon sollten Sie des Öfteren auch Ihren privaten Helfern zwischendurch immer wieder kleine Geschenke machen, sonst könnten die auf Dauer vielleicht dann doch nicht immer „Zeit haben".

Das Leben im Rollstuhl

Viele Menschen brauchen früher oder später plötzlich einen Rollstuhl zur Fortbewegung. Das ist stets ein gewaltiger Einschnitt im Leben und erfordert umfangreiche Umstellungsmaßnahmen auch für die Partner oder die Mitbewohner in der Großfamilie. Nicht überall war ein Umbau in eine rollstuhlgerechte Wohnumgebung möglich und ein totaler Haus- oder Wohnungswechsel kam einfach aus materiellen Gründen nicht in Frage. Die moderne Technik hat hier schon vieles erleichtert: Haus-Liftanlagen, „Treppen-Lifter" oder Badezimmer-Hebegeräte ermöglichen ohne Weiteres auch komplizierte Pflegevorgänge. Wenn nicht immer Familienmitglieder bereitstehen, die mit speziell umgebauten Kraftfahrzeugen die Transporte der Rollstuhl-Bedürftigen übernehmen können, müssen private oder öffentliche Hilfseinrichtungen für die Transporte in Anspruch genommen werden. So oder so – ohne ein gutes Trinkgeld wird die Fröhlichkeit bei unseren Pflegern vielleicht wieder „nachlassen".

Kann Geld alles regeln?
Ein Exkurs über Grund- und Zusatznutzen

An dieser Stelle möchte ich mich gerne an einen Vortrag im Volkswirtschaftslehre-Seminar zu Beginn meines Wirtschaftsstudiums erinnern. Da versuchte uns der Herr Professor, der immer gern mit Gleichnissen arbeitete, die relative Gültigkeit von individuellen Nutzenschätzungen für eine objektive Beurteilung von Grund- und Zusatznutzen näherzubringen.

„Stellen Sie sich vor, Sie haben einen neuen Porsche geschenkt bekommen. Und Sie sind ein total flotter Bursche – oder eine attraktive junge Dame mit allen menschlich-körperlichen Vorzügen: Dann liegt der Grundnutzen dieses Sportwagens darin, dass Sie mit dem Auto rasch von A nach B fahren können. Und der Zusatznutzen dieses kraftvollen und eleganten Flitzers beschert Ihnen dann stets eine nette Beifahrerin oder einen netten Kollegen auf dem Beifahrersitz." Es geht aber auch anders:

„Nehmen wir nun einmal an, Sie wären ein hässlicher Langweiler und hätten Mundgeruch. Dann wird es wohl sehr bald so sein, dass der Grundnutzen des Super-Brummers darin besteht,

dass Sie jetzt zumeist eine nette Begleitung im Auto haben – auf die Sie früher leider immer verzichten mussten. Und der Zusatz-nutzen reduziert sich logischerweise darauf, dass Sie mit dem Auto auch noch auf die Uni fahren können."

Und was sollten wir daraus lernen?

- Auch materielle Werte sind in ihrer individuellen Nutzen-Schätzung immer nur relativ. Wenn man jung, stark und gesund ist, geht vieles leichter auch ohne viel Geld.
- Wenn man einmal älter ist, hat man meistens auch mehr Geld – aber vieles macht einfach nicht mehr so viel Spaß wie früher …
- Trotzdem: Für vieles braucht man im Alter einfach mehr Geld – und nicht nur fürs Porsche-Fahren!

Mehr Restgeld fürs Alter – mehr Freundlichkeit von den Freunden

Wenn wir uns jetzt noch einmal an den Zwischensaldo in unserer Lebens-Finanzrechnung nach dem Pensionsantritt erinnern, dann gilt also für die Planung des Restbetrages das Gesetz genauer Planung und möglichst großer Disziplin bei der Einhaltung der Pläne.

Vor allem aber wollen wir uns noch einmal in Erinnerung ru-fen, dass von diesem Geld, das wir für unser Alter auf die Seite ge-legt haben, möglichst nichts verschenkt werden sollte – zumindest nichts von dem Geld, das wir nach unseren Berechnungen auf alle Fälle brauchen werden.

Denken Sie immer daran: Geschenkt ist geschenkt – und was geschenkt ist, ist weg. Geschenke kann man nicht mehr zurück-verlangen. Sollte wirklich genug Geld da sein – mehr vielleicht, als Sie noch ausgeben wollen – könnte Folgendes ratsam sein: Sie machen ein Testament, in dem Sie Menschen Ihrer Wahl zu Erben Ihres Vermögens machen – und Sie teilen das den lieben Erben

69

auch persönlich mit – Sie werden sehen, wie freundlich und hilfs-
bereit man plötzlich zu Ihnen ist!

Sie können aber auch so vorgehen, dass Sie nicht sagen, wer
die Begünstigten sind – das wäre die harte und „gemeine" Tour,
die bei allzu gierigen und schäbigen Erben aber manchmal leider
auch notwendig ist. Dazusagen sollten Sie aber wohl, dass man
ein Testament bis kurz vor dem Tode noch ändern kann. Je nach
Größe des zu erwartenden Vermögens werden Sie einer Welle von
Freundlichkeit begegnen, die aber vermutlich nur gespielt und
vorgetäuscht ist. Zugegebenermaßen ist es nicht die feine Art,
wenn ältere Menschen ihre möglichen Erben solcherart an der
Nase herumführen. Oft ist das aber auch nur Notwehr. Man kann
sich aussuchen, wer zu einem nett und freundlich ist – und wenn
man ein wenig Glück hat, dann sind es sogar die eigenen Kinder!

Finanz- und Lebensplanung als Wege zum Glück

Der Vermögensaufbau: Mit Mut zum Risiko – aber zum sicheren Gewinn

Als Ziel unserer Lebens-Finanzplanung möchte ich die Schaffung eines – vorläufigen – Finanzsaldos definieren, der uns mit Eintritt in das Pensionsalter zur Verfügung stehen sollte, um einen möglichst sorgen- und problemfreien Lebensabend abzusichern. Der Lebens-Finanzsaldo, der mit Eintritt in das Pensionsleben vorhanden sein sollte, besteht im Normalfall aus:

- Geldvermögen – das sind liquide Mittel in Form von Bank- und Sparguthaben.
- Finanzvermögen – das sind im Wesentlichen Wertpapiere wie Anleihen, Aktien oder Fondspapiere. In diese Kategorie fallen aber auch beispielsweise Anwartschaften auf Lebensversicherungs-Polizzen, die im Zeitraum nach dem Übertritt in den Ruhestand noch zur Auszahlung anstehen.
- Realvermögen – das sind alle Arten von Eigentums- und Besitzrechten, die durch Verkauf zu Geld gemacht werden könnten. Dazu zählen Grundstücke, Häuser und Eigentumswohnungen, Firmen und Firmenanteile oder land- und forstwirtschaftlicher Besitz.
- Nutzungs- und Genussrechte – sie gehören aber begrifflich ebenfalls in den Bestand des Lebens-Finanzsaldos, auch wenn die Finanzmittel daraus erst in kommenden Jahren fließen werden. Zu nennen wären hier beispielsweise Pacht- oder Mietrechte, Nutzungsrechte aus Patenten, Genussrechte aus

Leibrentenverträgen oder Tantiemen aus Literatur-Autoren-
oder Musik-Komponisten-Rechten.

• Anwartschaften auf laufende Zusatzpensionen, sei es aus
staatlichen oder privaten Quellen, können und sollen in
diesem Zusammenhang aber genauso angeführt werden,
wenn es um die finanzielle Absicherung des Lebensunter-
halts nach Eintritt in die Pension geht. Üblicherweise handelt es sich hier um staatlich geförderte, aber privat eingezahlte Zusatzpensionen, private Firmenpensionen aus Ar-
beits- oder Managementverträgen, Zusatzpensionen aus
Pensionskassen oder schließlich ganz normale regelmäßige
Leistungen aus Lebensversicherungsverträgen, deren Kapitalsumme als Rente und in der Regel lebenslänglich ausgezahlt wird.

Der Lebenssaldo füllt die Pensionslücke

Als Pensionslücke bezeichnen wir den Unterschied, der nach
dem Eintritt in das Pensionsleben zwischen dem bisherigen aktiven Berufseinkommen und der späteren staatlichen Versor-
gungsrente bestehen bleibt. Konkrete Rechenbeispiele findet
man praktischerweise auf den Internetseiten der großen Lebens-
versicherungs-Konzerne. Dabei wird von einem derzeit festgestellten Netto-Einkommen aus der Berufstätigkeit auf das
Netto-Einkommen zum Zeitpunkt des Pensionsantritts hochge-
rechnet. Selbstverständlich können dabei nicht außergewöhnlich positive Karriereentwicklungen oder ein längerer Zeitraum
mit Arbeitslosigkeit oder Krankheit berücksichtigt werden.
Auch bei der Hochrechnung der später zu erwartenden Pension
können zukünftige Reformschritte nicht schon jetzt vorwegge-
nommen werden. Es handelt sich eben um Hochrechnungen auf
der Basis der derzeit bekannten und verfügbaren Rahmenbedingungen.

Es wurde das Beispiel eines männlichen Angestellten gewählt, der im Sommer 2009 gerade 30 Jahre alt geworden und bereits 10 Jahre berufstätig ist. Er wird voraussichtlich erst in 35 Jahren das Regel-Pensionsalter erreichen. Verglichen werden hier also das 2044 zu erwartende Netto-Gehalt des Mannes und die Netto-Pension, die er dann erwarten darf. Die voraussichtliche Pensionslücke ergibt sich aus der Differenz.

Es zeigt sich in der Hochrechnung, dass die Pensionslücke bei kleineren Einkommen auch prozentuell relativ gering ausfällt, dass sie aber mit steigendem Einkommen überproportional ansteigt. Das liegt daran, dass die Bemessungsgrundlage für die Pensionsversicherung nach oben hin begrenzt ist und ab einer gewissen Einkommenshöhe nicht mehr mitwächst. Wer derzeit 3.500 Euro netto verdient, wird in 35 Jahren einen Netto-Einkommensverlust von mehr als 50 Prozent hinnehmen müssen. Besonders drastisch fällt die Pensionslücke aber bei den Groß- und Besserverdienern aus. Wer mehr verdient, müsste auch mehr für das Alter vorsorgen, wenn er seinen Lebensstandard wenigstens annähernd halten will.

PENSION UND PENSIONSLÜCKE

Mann, 30 Jahre, Pensionsantritt 2044
■ Pension ■ Lücke

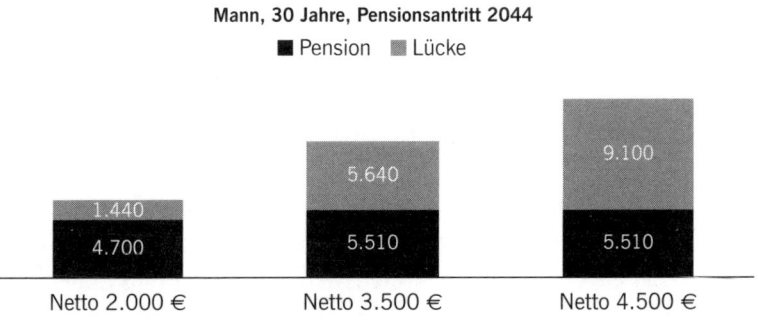

| Netto 2.000 € | Netto 3.500 € | Netto 4.500 € |

Quelle: UNIQA-Versicherungs AG

Wir haben die Berechnung der Pensionslücke auch für eine gleichaltrige weibliche Angestellte durchgeführt, die in Österreich derzeit allerdings schon mit 62 das früheste Pensionsalter erreicht. Sie wird drei Jahre kürzer im Beruf stehen und mit entsprechend weniger Gehaltserhöhungen rechnen können. Beim Vergleich mit dem männlichen Angestellten zeigt sich, dass die Pensionslücke bei der Frau bis zu einem Netto von 2.000 Euro höher ausfällt als beim Mann, sich danach aber den Werten für den Mann angleicht.

PENSIONSLÜCKE

Mann, 30 Jahre, Pensionsantritt 2044
Frau, 30, Pensionsantritt 2041

■ Mann ■ Frau

	9.100	9.000
5.640	5.900	
1.440	2.000	
Netto 2.000 €	Netto 3.500 €	Netto 4.500 €

Quelle: UNIQA-Versicherungs-AG

Hier sind allerdings einige Einschränkungen – aber auch Ergänzungen – notwendig: In der praktischen Berufswelt verdienen gleichaltrige Männer zugegebenermaßen meist mehr als Frauen – ich kenne allerdings auch genügend Gegenbeispiele. Aber es geht hier nicht um Gender-Politik, sondern um Zahlen, nämlich um die rein finanzmathematische Berechnung der „Pensionslücke" bei gegebener Einkommens-Ausgangslage und angenommener Rest-Versicherungszeit. Ein Mann-Frau-Vergleich hat daher nur bei der Annahme identischer Netto-Einkommensangaben seine Aussagekraft. Einschränkend ist auch festzustellen, dass hier der Einfachheit halber Netto-Einkommensgrößen verwendet wurden, die einmal eher niedrig, zum anderen aber doch in überdurchschnittlicher Höhe liegen. Es geht aber auch hier um die demonstrative Aussage in Zahlen.

Die Pensionslücke im internationalen Vergleich

Österreich gehört zu den OECD-Ländern mit den kleinsten Pensionslücken. Griechenland liegt mit einer Ersatzrate bei den Brutto-Einkommen von unvorstellbaren 96 Prozent an der Spitze, gefolgt von Luxemburg, den Niederlanden und Spanien, aber schon auf Platz fünf folgt Österreich mit einer Brutto-Ersatzrate von 80,1 Prozent. Der Durchschnitt lag laut dem OECD-Bericht aus 2007 in den OECD-Ländern bei 58,7 Prozent.

Knapp unter diesem OECD-Durchschnittswert liegt die Schweiz mit ihren 58,4 Prozent, ziemlich weit dahinter kommt Deutschland mit gerade noch 39,9 Prozent und das absolute Schlusslicht gibt Großbritannien ab, mit gerade etwas mehr als 30 Prozent des Berufseinkommens, die durch eine staatliche Pension abgedeckt werden.

Der Teufel liegt aber wie immer im Detail: Die Einkommens-Ersatzraten sind in den meisten Ländern sozial gestaffelt – die Pensionslücke ist bei den kleineren Einkommen geringer als bei den mittleren und hohen Einkommen. Nicht so in Deutschland, dort hat man mit der letzten Rentenreform die Brutto-Ersatzrate von vorher 48,7 auf 39,9 Prozent gesenkt und damit die Pensionslücke gewaltig vergrößert – aber für alle Einkommensgruppen gleichzeitig. Das ist eine gewaltige sozialpolitische Herausforderung an das Transfersystem, denn mag eine Radikalkürzung des Einkommens auf 40 Prozent schon für einen Besserverdiener eine harte Sache sein, für jemanden, der schon früher im Beruf wenig verdient hat, können die 40 Prozent doch sehr leicht schon unter dem Existenzminimum liegen.

Hier ein OECD-interner Vergleich von Brutto-Ersatzraten –
nach dem Verhältnis zum jeweiligen Durchschnittseinkommen des
Landes. Einschränkend sollte aber festgehalten werden, dass es sich
hier um Brutto-Ersatzraten handelt, die automatisch niedriger sein
müssen als die jeweiligen Netto-Ersatzraten, die ja letztlich aus-
schlaggebend sind, weil wir ja immer nur Netto-Bezüge ausbezahlt
bekommen. Und wer ein höheres Brutto-Einkommen hat, zahlt bei
einer progressiven Steuertabelle auch mehr Lohn- oder Einkommensteuer – sprich, erhält weniger Netto-Prozente. Bei der Pensionsleistung fallen prozentuell weniger Steuern und Sozialabgaben
an – man erhält prozentuell mehr. Und damit steigt die Netto-
Ersatzrate und schrumpft automatisch die Pensionslücke.

Durchschnittseinkommen

	davon 50 Prozent	100 Prozent	davon 150 Prozent
Brutto-Ersatzrate in Prozent			
OECD	73	58,7	49,2
Österreich	80,1	80,1	78,5
Schweiz	62,5	58,4	40,7
Deutschland	39,9	39,9	39,9

Grundsätzlich existieren in den OECD-Staaten drei Methoden,
wie man der Pensionslücke begegnet:

• In elf Ländern wurden private Pflichtversicherungen eingeführt, die das Fehlen von Leistungen aus der staatlichen Pensionsversicherung ersetzen oder ausgleichen sollen.
• Zwei Länder haben zusätzliche private Pflichtversicherungen
 eingeführt zur Ergänzung der gesetzlichen staatlichen Pen-
 sionsversicherungen.
• Und viele Länder haben einfach ihre staatliche Pensionsversorgung kräftig gekürzt, um mehr Raum für die private Pensionsversorgung zu schaffen.

Was können wir gegen die Pensionslücke tun?

Die Drei-Säulen-Theorie

Die Altersvorsorge baut in der Mehrzahl der westlichen Industriestaaten grundsätzlich auf drei Säulen auf:

- die staatliche Pensions- beziehungsweise Rentenversicherung,
- die Zusatz-Versorgung über Beiträge der Arbeitgeber,
- die privaten Spar- und Vorsorgepläne, die teilweise auch durch staatliche Prämienzuschüsse oder steuerlich gefördert werden.

Der Anteil dieser drei Grundelemente an der Gesamtversorgung weicht allerdings im internationalen Vergleich sehr stark voneinander ab. Hier existiert eine Bandbreite, die von einer überwiegend staatlich organisierten Pensions- oder Rentenversicherung mit beitrags- und steuerfinanziertem Aufkommen bis hin zu überwiegend aus privaten Mitteln zusammengetragenen Absicherungsformen reicht. Unterschiedlich ist auch der Beitrag der einzelnen sozialen Gruppen zum Aufkommen der Pensionsversorgung: Während etwa in den anglikanischen Staaten die Arbeitgeber nur ganz minimal, wenn überhaupt, in die Pensionssysteme einzahlen, werden die Unternehmer in den eher sozialdemokratisch orientierten Staaten wie Deutschland, Österreich und in Skandinavien ungleich stärker zur Finanzierung der Altersversorgung herangezogen.

Das beliebte „Cappuccino"-Modell

Bei der Suche nach einem allgemein anerkannten Vorsorge-Gesamtsystem hat sich im Zuge der Pensionsharmonisierung das Modell der Niederländer als das meist akzeptierte herausgestellt. Es lässt sich am besten über das Rezept für den beliebten „Cappuccino", den Lieblingskaffee der Italiener, erklären.

Der starke Espresso-Bodensatz in der großen Tasse wird durch die Grundversorgung der staatlichen Alterspension beziehungsweise der Rentenversicherung geboten. Quantitativ ist das nur ein geringer Anteil – der aber wegen seiner fixen Sicherheitsgarantie einen hohen Qualitätsfaktor bietet.

Die heiße Milch zum Strecken der Menge kann die Pensionszuschüsse aus den betrieblichen Mitteln der Arbeitgeber darstellen.

Das Sahnehäubchen, das vorzugsweise von staatlich geförderten privaten Zusatzpensions-Verträgen kommt, gibt dem Cappuccino seinen Nährwert.

Der Schokostreusel, der ganz oben noch draufkommt und von jedem einzelnen Pensionisten persönlich bei einer privaten Institution angespart wurde, macht schließlich dieses Lieblingsgetränk erst so richtig schmackhaft und delikat.

Die gesetzliche Pensions- oder Rentenversicherung

Die staatlich organisierte Pensions- oder Rentenversicherung ist zuletzt immer mehr an Finanzierungsgrenzen gestoßen. Die Probleme der staatlichen Rentenversicherung nehmen rasch zu: Immer mehr Pensionisten bleiben länger am Leben und beziehen länger Pension. Zur gleichen Zeit wachsen weniger aktive Beitragszahler heran, die aufgrund längerer Studien- und Ausbildungszeiten sogar noch kürzer arbeiten und Beiträge zahlen.

Die Lösungen sind in jedem Fall mit schmerzlichen Folgen für die gesamte Bevölkerung verbunden:

Ein Einfrieren der Pensionen oder gar deren Kürzung würde in vielen Fällen dazu führen, dass wegen des Absturzes vieler Pensionisten unter die Armutsgrenze andere Sozialtöpfe herangezogen werden müssten. Wegen des hohen Anteils der Rentner und Pensionisten in der Wählerschaft scheidet eine offene Kürzung der Staatszuschüsse zur Pensionsversicherung schon aus politischen Gründen weitgehend aus.

Eine Anhebung der Beiträge zur Pensions- und Rentenversicherung würde ausschließlich die jungen und aktiv berufstätigen Menschen im Lande treffen und deren Leistungsmotivation massiv verschlechtern.

Möglich und auch durchaus denkbar ist die Heranziehung neuer und zusätzlicher Bemessungsgrundlagen – etwa Einkommen der Steuerzahler, für die bisher keine Sozialversicherungsbeiträge gezahlt werden mussten, wie Einkünfte aus Vermietung und Verpachtung oder andere. Und nachdem in den letzten Jahrzehnten immer mehr Arbeitskräfte durch Maschinen, also durch Kapital ersetzt wurden, gibt es nach wie vor die Forderung nach Einhebung sogenannter „Maschinensteuern", um mehr soziale Gerechtigkeit zwischen den Interessen der arbeitenden Menschen und den Arbeitgebern herzustellen.

Was immer wieder auch andiskutiert wird, das ist eine heimliche Pensionskürzung durch die „formal-rechnerische Hintertür". Man müsse einfach das Pensionsalter erhöhen, hört man in gewohnter Regelmäßigkeit von den Experten. Aber was heißt das für die Versicherten? Auch wenn das Rentenalter theoretisch per Gesetz angehoben wird, bedeutet das noch lange nicht, dass die Unternehmer aufhören werden, Menschen mit 60 Jahren oder schon deutlich davor auf die Straße zu setzen beziehungsweise in die (Zwangs-)Frühpension zu schicken. Und weil jeder, der vor dem gesetzlichen Pensions- beziehungsweise Rentenalter in Pension gehen muss, auch durch entsprechende Abschläge „für sein Verhalten bestraft" wird, bedeutet das automatisch erhebliche Pensionskürzungen für jeden Betroffenen. Der Vorteil für die Arbeitgebervertreter ist darin zu sehen, dass sie Menschen mit höheren Gehältern vorzeitig loswerden können, und die Politiker müssen nicht offen über eine Pensionskürzung sprechen.

Die Mitarbeiter-Vorsorgekassen der Unternehmer in Österreich –
„Abfertigung neu"

In Österreich wurde seit Anfang 2003 die Verpflichtung der
Arbeitgeber zur Zahlung von Abfertigungsgeldern beim Aus-
scheiden aus dem Arbeitsverhältnis in die ebenfalls gesetzliche
Verpflichtung zur Einzahlung von Beiträgen in eine Mitarbeiter-
Vorsorgekasse umgewandelt. Mit dieser „Abfertigung neu"
wurde eine zusätzliche Pensionsvorsorge geschaffen, die allen
Beschäftigten in gleicher Weise zugute kommen sollte.

Seit der „Abfertigung neu" müssen die Arbeitgeber monatlich 1,53 Prozent der Lohnsumme in eine Mitarbeiter-Vorsor-
gekasse einzahlen, die dort für den einzelnen Arbeitnehmer
hinterlegt sind und von diesem auch bei einem Wechsel des
Arbeitsplatzes wie ein „Rucksack" mitgenommen werden können. Die solcherart angesparten Beträge werden allerdings nicht
als Kapitalbetrag, sondern als laufende kleine Zusatzpension
ausgezahlt, sobald das jeweilige gesetzliche Rentenalter erreicht
wurde.

Die staatlich geförderte private Alters- und Zukunftsvorsorge

Der privaten Altersvorsorge sind theoretisch keine Grenzen gesetzt,
es bestehen aber in der Praxis sehr wohl Grenzen, die das jeweilige
Haushaltsbudget eines jeden einzelnen Menschen vorgibt.

Die staatlich „geförderte Zukunftsvorsorge" in Österreich

Die private Altersvorsorge wird in Österreich auch ganz konkret vom Staat gefördert – in der „prämiengeförderten Zukunftsvorsorge", für die auch steuerliche Anreize geschaffen
wurden. So sind etwa die Veranlagungs-Erträge in der Anspar-

phase steuerfrei – außerdem gibt es auch eine staatliche Prämie, die zwischen 8,5 und 13,5 Prozent liegen kann (2009 waren es 9,5 Prozent). Diese Anreize sind an die vertragliche Verpflichtung gebunden, dass die angesparten Kapitalien als Zusatzpension ausgezahlt werden. Es ist zwar möglich, dass man nach einer Mindestbindungsdauer von zehn Jahren bereits über das gesparte Geld verfügen kann, jedoch muss dann die nachgelassene Kapitalertragsteuer nachgezahlt werden – die Prämien müssen zumindest zur Hälfte zurückgezahlt werden. Dies gilt aber nur dann, wenn die Ansparperson zu diesem Zeitpunkt das 40. Lebensjahr noch nicht erreicht hat. Ab dem 40. Lebensjahr kann auch bereits eine „Frühpension" beantragt werden. Wer in diese Zukunftsvorsorge einzahlt, dem wird eine hundertprozentige Kapitalgarantie geboten. Die österreichischen Lebensversicherungsgesellschaften haben diese geförderten Vorsorge-Einrichtungen noch zusätzlich mit einer ganzen Reihe von praktischen Zusatzleistungen ergänzt und zu Service-Paketen zusammengefasst.

Die Institutionen bieten hier sehr unterschiedliche und maßgeschneiderte Leistungspakete an, mit denen auf die individuellen Kundenbedürfnisse punktgenau eingegangen werden kann. Hier ein Angebots-Beispiel aus der marktführenden Versicherungsgruppe, das einerseits die flexible Umschichtung des Pensionskapitals – samt Zinsvorteil und Ertragsabsicherung –, aber andererseits auch die Möglichkeit einer Auszahlung des Geldes als Überbrückungspension bis zur Erreichung des gesetzlichen Pensionsalters ermöglicht:

Ein Versicherter, Geburtsdatum 1. Juni 1979, also 30 Jahre alt, Versicherungsbeginn am 1. Jänner 2009, Versicherungsende am 1. Jänner 2044, zum Alter von 65 Jahren.

Einzahlung von 1.000 Euro jährlich, Prämie im Durchschnitt 9,5 Prozent.

Am 1. Jänner 2020 könnte der Versicherte erstmals das angesparte Geld beheben.

Ansparleistung per 1. 1. 2020, also nach zehn Jahren Bindung:

Angenommener Ertrag	7 % p.a.	6 % p.a.	5 % p.a.	3 % p.a.
Garantierter Kapitalwert	17.284	16.254	15.289	13.539

Diese garantierten Kapitalwerte, die allerdings noch die erhaltenen staatlichen Prämien enthalten, stehen selbstverständlich auch einer genau gleichaltrigen Frau zur Verfügung.

Zum gesetzlichen Pensions-Antrittsalter von 65 Jahren, also nach 35 Jahren Anspardauer für den Mann, und zum Pensions-antrittsalter von 60 Jahren für die Frau, also nach 30 Jahren Anspardauer, steht eine Kapitalsumme zur Verfügung, die eine entsprechende Monatsrente bis zum Lebensende ermöglicht. Selbstverständlich hängen diese Beträge davon ab, wie erfolgreich das eingezahlte Geld von der Versicherung verwaltet werden konnte. Es gibt auch hier Zusatz-Vereinbarungen, wonach zumindest eine Performance von 2,5 Prozent für die Pension garantiert werden kann.

Die doch sehr deutlichen Unterschiede für die Kapitalsummen und die Monatsrenten bei Mann und Frau ergeben sich daraus, dass einmal 35 Jahre und einmal nur 30 Jahre angespart wurde.

Ansparleistung und mögliche Monatspension in Euro
für den Mann per 1. 1. 2044 – nach 35 Jahren,
für die Frau per 1. 1. 2039 – nach 30 Jahren.

Angenommener Ertrag	7 % p. a.	6 % p. a.	5 % p. a.	3 % p. a.
Kapital				
Mann, 65 Jahre	153.094	122.444	98.456	64.855
Frau, 60 Jahre	104.756	86.993	72.534	51.117
Monatsrente				
Mann, 65 Jahre	747	598	481	317
Frau, 60 Jahre	449	373	311	219

Sollte nun beispielsweise der Mann schon zum Alter von 62 Jahren von seinem Unternehmen gekündigt beziehungsweise frühpensioniert worden sein, dann könnte er für die restlichen drei Jahre bis 65 eine sogenannte „Bridging-Rente" beziehen, die ihm für die Übergangszeit ein Einkommen und Auskommen sichert.

Bridging-Rente ab dem 1. 1. 2041 beim Mann,
also zum Alter von 62 Jahren:

Angenommener Ertrag	7 % p. a.	6 % p. a.	5 % p. a.	3 % p. a.
Bridging-Rente auf drei Jahre	3.474	2.841	2.334	1.600

Selbstverständlich kann die Bridging-Rente auch an eine Frau ausbezahlt werden. Sie wird vermutlich auch hier geringer ausfallen, wenn der Pensionsantritt früher anfällt und die Ansparzeit kürzer ausfällt.

Das Drei-Säulen-Modell der Altersversorgung in Deutschland

Auch in Deutschland ist die Altersversorgung grundsätzlich auf die drei bekannten Säulen aufgebaut: die gesetzliche Rentenversicherung (GRV), die staatlich geförderte Zusatz- (die Riester-)Rente und die ganz private Vorsorge. Die Systeme in Deutschland und Österreich weisen eine ganze Reihe von Gemeinsamkeiten auf, vor allem bei den staatlich geförderten privaten Vorsorgeprogrammen. Teilweise waren hier ja auch dieselben Experten an deren Ausarbeitung beteiligt, wie Prof. Bert Rürup.
   Die Teilnahme am Umlageverfahren, die das System zur Alterssicherung der abhängig Beschäftigten finanzieren soll, ist per Gesetz vorgeschrieben. Beiträge sind aufgrund einer Versiche-

rungspflicht oder einer freiwilligen Versicherung möglich und schaffen einen Anspruch auf eine eigene Rente. Grundlage für die Leistung aus der GRV ist das Versicherungskonto des einzelnen Leistungsberechtigten, das die rentenrechtlichen Zeiten festhält.

Grundsätzlich gibt es einerseits Versichertenrenten in Form von Altersrenten und Erwerbsminderungsrenten, andererseits Hinterbliebenenrenten.

Die Regelaltersgrenze von 65 Jahren soll bis 2029 stufenweise auf 67 Jahre angehoben werden. Unabhängig davon sollen aber Arbeitnehmer, die bereits 45 Jahre ihre Beiträge in die Rentenversicherung eingezahlt haben, auch weiterhin ohne Abschläge mit 65 in Rente gehen können. Wer vorher in Rente geht, muss Abschläge hinnehmen, wer länger bleibt und einzahlen kann, bekommt Zuschläge. Neben der Altersrente gibt es auch den Begriff der Erwerbsminderungsrente, von der zuletzt ein Sechstel der deutschen Rentner betroffen war.

Witwer- und Witwenrenten sind seit 1985 gleichgestellt.

Die Witwen-/Witwerrente gibt es für überlebende Ehepartner, aber auch für die überlebenden Lebenspartner aus einer gleichgeschlechtlichen Partnerschaft. Eine „große" Witwen-/Witwerrente gibt es dann, wenn der Partner

- das 45. Lebensjahr vollendet hat,
- eine Erwerbsminderung nachweisen kann,
- mindestens ein waisenberechtigtes Kind aus der Ehe stammt
- und keine „Versorgungs-Ehe" vorliegt (Ehedauer unter einem Jahr).

Diese Rente beträgt 55 Prozent der bisher gezahlten Leistung. Hier werden die eigenen Einkommen, die über dem Freibetrag liegen, aber (zu 40 Prozent) abgerechnet. Bei Nichterfüllen der obigen Bedingungen gibt es nur 25 Prozent Witwen-/Witwerpension und 60 Prozent Abzüge der eigenen Einkommen über dem Freibetrag.

Bei der Waisenrente erhalten Halbwaisen ein Zehntel, Vollwaisen ein Fünftel der bisherigen Leistung. Eigene Einkommen werden bis zum 18. Lebensjahr nicht angerechnet. Bei Schul- oder Studienausbildung wird die Rente bis zum 27. Geburtstag weiter bezahlt. Eigene Einkommen werden aber angerechnet.

Die Riester-Rente

Walter Riester, der frühere Bundesminister für Arbeit und Sozial- ordnung, hat nach der Reform der gesetzlichen Rentenversiche- rung 2000/2001 die Förderung der privaten Altersvorsorge durch eine staatliche Altersvorsorgezulage vorgeschlagen. Seither wird in Deutschland fleißig „geriestert". Neben der Förderung durch die Zulage können die eingezahlten Beiträge auch bei den Sonderaus- gaben im Rahmen der Einkommensteuer berücksichtigt werden.

Anspruch auf die Altersvorsorgezulage haben unselbstständig und selbstständig Erwerbstätige, Kindererziehende, Bezieher von Arbeitslosen- und Krankengeld, Beamte, Richter und Soldaten sowie Amtsträger. Keinen Anspruch haben logischerweise Rent- ner, die schon Rente beziehen, Selbstständige und Anspruchsbe- rechtigte auf eine berufsständische Versorgung wie Ärzte, Apo- theker und Architekten.

Seit 2005 werden auch die sogenannten „Rürup"-Renten, be- nannt nach dem deutschen Pensionsexperten, der auch in Öster- reich tätig war, sowie die „Eichel"-Renten, ebenfalls benannt nach einem der früher tätigen Sozialminister, durch Steuervorteile während der Ansparphase gefördert.

Die „Eichel"-Renten sind eigene Formen einer gemischt privaten und betrieblichen Vorsorge, wie es sie auch in Öster- reich gibt – beispielsweise in der „Abfertigung neu", wo eine Entgeltumwandlung in Pensionsansprüche stattfindet. In der „Rürup"-Rente sind auch nicht-Zulagen-berechtigte Personen förderfähig.

Die Bedingungen:

- Die Riester-Rente kann nur als lebenslange Leibrente ausgezahlt werden.
- Eine bis zu 30-prozentige Teilauszahlung ist bei Rentenbeginn möglich, ohne dass die Zulagen und Steuerbegünstigungen zurückgezahlt werden müssen.
- Möglich ist auch eine zinsenlose Entnahme von angespartem Geld zum Erwerb von selbst genutztem Wohnungseigentum. Das Geld muss aber nach zwei Jahren in Raten zurückgezahlt werden.
- Bei Tod des versicherten Sparers vor Rentenantritt sind die Zuschüsse und Steuervorteile von den Erben zurückzuzahlen, es sei denn, sie treten in den Pensionsvertrag persönlich ein.
- Förderfähig sind seit 2008 auch Einzahlungen auf Bausparverträge sowie Tilgungsleistungen auf Wohnbaukredite.
- Extra-Prämien gibt es für Berufseinsteiger(innen), die bis zum 25. Lebensjahr einen Riester-Vertrag abschließen.
- 2008 wurden die Kinderzulagen neuerlich angepasst.
- Ein Riester-Vertrag kann nicht ver-, aber auch nicht gepfändet werden.

Als förderfähige Sparformen gelten:

- Banksparpläne, die in eine Rentenversicherung umgewandelt werden
- Klassische private Rentenversicherungen
- Fondsgebundene Rentenversicherungen
- Fondssparpläne
- Einzahlungen in Pensionskassen, Pensionsfonds und eventuell auch in Direktversicherungen

Das Drei-Säulen-Modell der Altersvorsorge in der Schweiz

In der Schweiz wurde das inzwischen in Europa weitgehend voll anerkannte Drei-Säulen-Modell der Altersvorsorge bereits 1972 in der Verfassung verankert.

Die AHV – die eidgenössische Alters-, Hinterlassenen- und Invalidenversicherung – wurde zur obligatorischen Einrichtung für die Bevölkerung, die den Existenzbedarf angemessen abdecken sollte. Für die Beitragspflicht gibt es keine Deckelung nach oben, daher gibt es im Umlageverfahren eine deutlich stärkere Beteiligung der Besserverdiener am Aufkommen. Grundsätzlich zahlt jeder Versicherte für sich nach seinem Berufseinkommen, für die Arbeitnehmer muss der Arbeitgeber die Hälfte der Beiträge mitzahlen. Die Subventionen der öffentlichen Hand sind limitiert. Knapp ein Fünftel der Aufwendungen der AHV kommt aus öffentlichen Mitteln.

Die berufliche Vorsorge hatte in der Schweiz schon immer traditionelle Wurzeln gehabt und war in früheren Zeiten, vor Einbindung der Altersvorsorge in die Verfassung, eigentlich die tonangebende Versorgungseinrichtung. Sie wurde ab 1972 von der Freiwilligkeit zum Obligatorium. Ab 1985 wurde der Einfluss der Unternehmen auf die von ihnen finanzierten beruflichen Vorsorgeinstitutionen weitgehend ausgeschaltet. Aus der Betriebsvorsorge wurde eine Berufsvorsorge. Die bisher privaten Pensionskassen wurden im „Gesetz über die Berufliche Vorsorge" in das sozialpartnerschaftliche Gesamtsystem der Altersvorsorge eingegliedert und fortan paritätisch in eigenen Stiftungen verwaltet. Die berufliche Vorsorge erhält keine Stützungen von der öffentlichen Hand – sie wird ausschließlich von den Arbeitgebern und Arbeitnehmern je zur Hälfte gemeinsam finanziert.

Die beiden Säulen AHV und berufliche Altersvorsorge sind in der Verfassung aneinander als gleichwertig gebunden. Grundsätzlich sollten die beiden Säulen der Altersvorsorge

60 Prozent der Erwerbseinkommen ersetzen können. Aufgrund der extremen Solidaritäts-Komponente, wonach die Höchstrenten sehr niedrig, die unbeschränkt kassierten Beiträge aber sehr hoch waren, fielen die Renten der Menschen mit kleinen Einkommen deutlich besser aus als angestrebt, während die Besserverdiener von den 60 Prozent immer nur träumen konnten. Sie mussten schließlich auf die dritte Säule, die steuerbegünstigte Selbstvorsorge, verwiesen werden.

Die ganz privaten Zukunfts-Vorsorge-Modelle

Ein Gutteil der finanziellen Vorsorge wird in Österreich traditionsgemäß über die Banken und Sparkassen organisiert. Sparbücher und Sparverträge sind schon allein wegen ihrer staatlichen Kapitalgarantien gefragt und beliebt. Eine direkte Förderung über Prämien gibt es praktisch nur beim Bausparen. Steuerliche Begünstigungen können beim Kauf von Wohnbau-Anleihen in Anspruch genommen werden.

Eine hohe Akzeptanz genießen in Österreich auch die Lebensversicherungen, für die es unter Einhaltung von Auflagen ebenfalls steuerliche Erleichterungen gibt. Verträge mit Auszahlung als Rente werden ebenfalls staatlich begünstigt.

Als Alternative zu risikoreicheren Direkt-Anlagen in Anleihen und Aktien werden vermehrt auch Investmentfonds gekauft, die im Zuge der internationalen Finanzkrise ab 2007 aber stark in der Publikumsgunst verloren haben.

Ebenfalls stark umstritten sind in Österreich die Versorgungsverträge über Pensionskassen, weil deren Performance schon vor Beginn der Finanzkrise schlecht war und bei den Pensionsbegünstigten zu schweren Verlusten geführt hatte.

Für die Zukunft vorsorgen heißt Sicherheit schaffen

Regelmäßige Fix-Bezüge mit der Aussicht auf laufende dynamische Anpassung stellen in jedem Fall eine sichere Versorgungsbasis dar. Daneben sollten wir aber zu jeder Zeit auch auf flüssige Mittel zurückgreifen können. Diese Aushilfs-Liquidität bewahrt ältere Menschen davor, dass sie unvermutet auftauchende Chancen zur Verbesserung ihrer Lebensqualität aus Geldmangel nicht wahrnehmen können. Oft ist es erforderlich, neben der staatlichen Gesundheitsversorgung auch private medizinische Hilfe in Anspruch zu nehmen, Reisen oder Kuraufenthalte zu buchen, die von den Kassen nicht unterstützt werden – oder qualifizierte private Pflege zu bezahlen. Zusatzgeld braucht man häufig auch für Extras, die das Leben leichter machen, wie beispielsweise Sondereinbauten im Auto – und schließlich sollte man nicht außer Acht lassen, dass auch im fortgeschrittenen Alter zuweilen eine neue Partnerschaft möglich ist. Und wer wollte da nicht gerne ein wenig großzügig sein – das ist besonders wichtig, wenn es sich um einen jüngeren Partner handelt …

Zusatz-Liquidität ist für Pensionisten schon deshalb dringend notwendig, weil sie im Normalfall kaum noch Kredite bekommen. Die Bank kann nicht sicher sein, ob der Kreditkunde wirklich lange genug lebt, um seinen Kredit mit der Pension noch zurückzahlen zu können – und ob von der Pension auch genug Geld übrig bleibt, um davon Raten zu zahlen.

Bei der Zusatz-Liquidität sollte es sich allerdings wirklich um sehr liquides Geld- oder Finanzvermögen handeln. Wer sein Geld am Sparbuch auf Jahre hinaus bindet, bekommt zwar mehr Zinsen, aber wenn er das Geld plötzlich und unvermutet braucht, ist das nicht immer so günstig – und zumindest mit Vorschuss-Zinsen verbunden. Zumindest ein kleinerer Teil – eine Art „Notgroschen" – sollte unbedingt „täglich fällig" zur Verfügung stehen. Nur das Geld, das man längerfristig zur Vorsorge braucht – weil es auch noch in zehn Jahren zur Verfügung stehen soll –, wird sinnvollerweise ertragsgünstiger in Finanzvermögen angelegt.

Auch hier müsste aber darauf geachtet werden, dass bei der Veranlagung von Reservegeld für Bedarfszeiten keine Formen gewählt werden, bei denen es zu größeren Schwankungen im Kurswert kommen kann. Stellen Sie sich nur vor, Sie haben plötzlich einen Geldbedarf, aber leider sind Ihre Aktien im Moment überhaupt nur noch einen Bruchteil wert. Dann müssen Sie entweder warten, bis die Aktien wieder im Wert gestiegen sind – oder Sie nehmen in Kauf, dass Sie sich weniger leisten können. Es empfiehlt sich daher, jenes Geld, das für den zeitlich nahe liegenden Verbrauch gedacht ist, rechtzeitig in Sicherheit zu bringen – also flüssig zu machen.

Immobilienvermögen eignet sich für die Zukunfts- und Altersvorsorge nur dann, wenn beispielsweise schon im jüngeren Alter ein passendes Haus oder eine Eigentumswohnung in praktischer Lage und in guter Infrastruktur angeschafft wird, damit man später im fortgeschrittenen Alter, wenn das Einkommen knapper ist, nicht auch noch Miete zahlen muss. Darüber hinaus ist Immobilienvermögen auch keine wirklich praktische Vorsorge für das Pensionsalter. Eine Immobilie schwankt zwar nicht so sehr im Wert wie eine Aktie und verliert im Normalfall auch nicht an Wert. Trotzdem gibt es – konjunkturabhängig – immer wieder Zeiten mit sehr schwachen Immobilienpreisen, und außerdem dauert es im Ernstfall vielleicht Jahre, bis eine Immobilie mit Gewinn gut verkauft werden kann. Das gilt im Besonderen bei sehr wertvollen Immobilien, wo die Käufer nicht so dicht gesät sind. Und es ist schließlich auch nicht der Weisheit letzter Schluss, eine wertvolle Geldanlage billig zu verscherbeln, nur weil man dringend bares Geld braucht.

Der Idealfall: sichere Pension – sicheres Geldvermögen

Wer in seinem Lebensabend möglichst problemlos auf der sicheren Seite stehen will, wird eine Kombination anstreben: eine gesicherte regelmäßige Fix-Pension und dazu ein ausreichendes Geld-

vermögen, das bis zum voraussehbaren beziehungsweise ange-
strebten Lebensende ausreicht.

Ein regelmäßiger monatlicher Fixbetrag allein kann die wech-
selhaften Abläufe unseres Lebens auch nicht sicher abdecken –
wer sich nur über ein liquides Geldvermögen abgesichert hat,
wird damit auch nicht immer problemlos – weil ohne Planungs-
ängste – leben können. Es sei denn, dass jemand über so viel Vermögen verfügen kann, dass er nicht rechnen und planen muss –
aber dann hat er ohnedies zu viel vorgesorgt und hat sich womöglich auch viel zu viele Sorgen um sein Geld gemacht.

*Was tun, wenn man vor lauter Geldsorgen nicht mehr schlafen
kann?*

*Während meiner Tätigkeit als Wirtschafts- und Finanzanalyst im
Fernsehen wurde ich auch privat immer wieder von Menschen
um Rat gefragt, die Angst um ihr Geld hatten und sicher auch
noch weiter haben werden. Oft wurde ich sogar sonntags um
halb acht Uhr morgens zu Hause angerufen, weil ich da meist
auch sicher zu erreichen war. Besonders schlimm war es nach Beginn der letzten Finanzkrise ab 2007. Da wurde mir häufig sogar
in hysterischer Ängstlichkeit geschildert, dass man kaum noch
schlafen könnte, weil man sich so große Sorgen um das so mühsam angesparte Geld machte. Dass die europäischen Regierungen
Garantien für die Sicherheit der Bankeinlagen abgegeben haben,
konnte viele der Sparbuch-Besitzer einigermaßen beruhigen, aber
sie zitterten schon damals der Zeit entgegen, wo diese Garantien
wieder gelockert oder im Höchstbetrag reduziert werden sollten.
Die Gelder, um die es da ging und die den ruhigen Lebensabend
absichern sollten, waren schließlich oft sehr beträchtlich. Wenn
jemand überhaupt nicht auf meine beruhigenden Argumente
hören wollte, musste ich zuweilen zu einem sehr drastischen
Mittel greifen. Ich habe den total verängstigten Menschen gera-*

ten, ihr Geld doch einfach beim Fenster hinauszuwerfen oder es zu verschenken, dann hätten sie keine Sorgen mehr mit dem Geld und könnten endlich wieder ruhig schlafen. Die Wirkung stellte sich fast immer ein: Die Rat und Hilfe suchenden Menschen fingen an zu lachen, zu lachen über sich selbst, weil sie erkannt haben, wie lächerlich eigentlich ihre Ängste waren, angesichts der großen Probleme, die andere Menschen deswegen hatten, weil sie über gar kein Geld verfügten, oder weil sie wegen der Krise um ihren Arbeitsplatz zittern mussten. Wer lacht, entspannt dabei schon körperlich seine Bauchmuskeln – und psychisch sich selbst. Plötzlich konnte man mit diesen hysterisch gestimmten Menschen wieder ganz normal und ernsthaft reden und ihnen einige vernünftige Verhaltensweisen vorschlagen.

Den Trick mit dem erzwungenen Lachen hatte ich in meinen NLP-Kursen gelernt. Wenn es mir wieder einmal nicht besonders gut ging, wenn ich traurig oder niedergeschlagen war, habe ich, so wie ich es gelernt hatte, meine Arme zum Himmel gestreckt und laut ausgerufen: „O Gott, wie geht es mir schlecht!" Die Reaktion war voraussehbar: Ich habe erkannt, dass mein Jammern eigentlich lächerlich war, und dass es viele Menschen gab, denen es noch viel schlechter ging als mir, und habe laut über mich selber gelacht. Und nach dieser Entspannungsübung war mir dann immer gleich viel besser zumute. Ein neuer schöner Tag konnte beginnen ...

Das Vermögen sinnvoll nutzen – das Geld lustvoll ausgeben

Viel Geld zu verdienen ist nicht leicht, und ein Vermögen anzusparen ist meist noch weniger leicht. Aber das ersparte Geld lustvoll auszugeben und das Vermögen sinnvoll zu nutzen, das ist für die meisten Menschen das Allerschwierigste. Das beginnt mit der Angst, man könnte zu sorglos mit dem Geld umgehen und eines Tages nicht mehr genug davon haben, wenn man es wirklich braucht. Der „Altersgeiz" mancher Menschen macht sie zu sehr unangenehmen Zeitgenossen. Sie, die eigentlich genug Geld hätten, um auch mit größtem Komfort zu leben, sparen schon fast fanatisch bei ihren Ausgaben, gönnen sich keine Freude und „sitzen" auf dem Geld, das sie in Wahrheit gar nicht brauchen würden. Keine Frage, es gibt aber auch viele jüngere „Krampf-Sparer".

Sparsam zu leben heißt nicht automatisch, dass man nicht in der Lage ist, sein Leben lustvoll zu genießen. Ich kenne viele Menschen, die beispielsweise ein Abendessen mit zwei gekochten Kartoffeln, dazu etwas Butter oder Saure Sahne, mit ein paar knackigen Salatblättern und einem guten Gläschen Wein als Festmahl genießen können. Ich weiß aber auch, dass genau diese Menschen bei anderer Gelegenheit auch nicht auf den Preis sehen, wenn sie sich zum späten Frühstück am Wiener „Naschmarkt" ein halbes Dutzend französischer Austern bestellen und diese samt frischem Baguette mit zwei Gläsern vom fruchtigen Chablis hinunterspülen. Ich bekenne – ich gehöre auch dazu. Darum geht es: Sparen und Genießen – aber alles zu seiner Zeit und mit Maß und Freude, denn die sollte das Ziel sein in unserem Leben.

Vermögens-Nutzung oder Vermögens-Abbau

Die Frage, die wir uns dabei stellen, lautet grundsätzlich:

- Können wir das vorhandene zusammengesparte Geld im Verlauf der noch verbleibenden Lebenszeit ausgeben und wegverbrauchen –
- oder wollen wir es vorerst einmal nur als Zinsenbringer nutzen und später zur Gänze unserer Nachkommenschaft hinterlassen?
- Für welches Lebensalter muss mein Geld reichen?
- Und vor allem: Wie viel Geld habe ich überhaupt zur Verfügung?

Die Frage nach dem Wunschalter möge sich jeder selber beantworten. Die Antwort ist klar: Wir wollen möglichst lange leben – wir wollen aber natürlich nicht alt werden – und wir glauben an die Formel „für immer jung", auch wenn es nur eine Illusion ist. Die offizielle Sterbetafel, die von den Behörden, aber auch von den Versicherungen zur Bestimmung unseres wahrscheinlichen Todeszeitpunkts beziehungsweise des möglichen Lebensalters verwendet wird, spricht von einem Durchschnitt, der auch in Mitteleuropa schon deutlich über der 80-Jahres-Marke liegt, Tendenz steigend. Die Frage nach dem Geldbetrag, der uns zum Stichtag des Eintritts in die Pension zur Verfügung stehen wird, ist leicht mit einem Blick auf die Kontoauszüge der Bank zu beantworten. Je nachdem, wie hoch dann der Betrag tatsächlich ist, lautet die Diagnose:

- Kapitalverzehr
- oder „Ewige Rente"

Der Kapitalverzehr

In diesem Modell gehen wir davon aus, dass der zur Verfügung stehende Geld- oder Vermögensbetrag bis zum Lebensende restlos aufgezehrt werden kann und soll.

- Angenommen, es stehen 250.000 € zur Verfügung und ein 60-Jähriger rechnet mit einem Lebensalter von 85 Jahren.
- Wir rechnen dann mit einem Verbrauchszeitraum von 25 Jahren und kommen auf einen jährlich möglichen Verbrauchsanteil von 10.000 €.
- Wenn 10.000 € pro Jahr zur Verfügung stehen, können diese wahlweise auf einmal ausgegeben werden oder in Form einer monatlichen Zusatzrente von 833 € – für den Zeitraum der ganzen 25 Jahre.

Diese Zahlen gelten für den Idealfall, dass jemand nur genau diese 10.000 Euro jährlich von seinem angesparten Kapital abzieht. Werden in einem Jahr mehr als die 10.000 Euro ausgegeben, dann verringern sich die möglichen Abhebungen für die nächsten Jahre. Wird weniger Geld gebraucht, bleibt mehr für die kommenden Jahre.

Zu berücksichtigen ist weiter, dass spätestens ab dem 70. Lebensjahr die Auszahlungen deutlich steigen könnten, weil ja das noch nicht verbrauchte Geld inzwischen Zins- und Zinseszinsen getragen hat. Damit sollte die inzwischen fortgeschrittene Inflation weitgehend ausgeglichen werden.

Die „Ewige Rente"

Das Modell der „Ewigen Rente" baut darauf auf, dass der für die Altersvorsorge angesparte Betrag – auch über unseren Todeszeitpunkt hinaus – erhalten bleibt und wir nur aus den Zinserträgen eine Zusatzpension kassieren.

- Angenommen, es stehen auch hier 250.000 € zur Verfügung, und ein 60-jähriger Mensch rechnet mit einem Sterbealter von 85 Jahren.
- 250.000 € ergeben bei einer Brutto-Rendite von 5 Prozent 12.500 € jährlich an Zinsen.
    9.375 € verbleiben dann netto nach Abzug von 25 Prozent Kapitalertragsteuer (KESt) in Österreich.
- 781,25 € könnten monatlich als Zusatzrente bezogen werden.

In diesem Fall darf das Basis-Kapital von 250.000 Euro während der gesamten Laufzeit nicht angegriffen werden. Nur dann kann bei gleichbleibender Brutto-Rendite von 5 Prozent die monatliche Zusatzrente in ihrer berechneten Höhe garantiert werden. Niedrigere Renditen bei der Veranlagung führen automatisch zu niedrigeren monatlichen Auszahlungen. Kann mit einer Zusatzrente von 781 Euro nicht das Auslangen gefunden werden, weil die Pensionslücke größer ausgefallen ist, wird sich wohl eher das Modell der Kapitalnutzung anbieten. Das dürfte auch dann der Fall sein, wenn der angesparte Kapitalbetrag deutlich niedriger ist oder die Renditen auf Dauer eher schmal ausfallen.

Wird die Alters-Pensionsvorsorge aber ganz konkret nach dem Modell der „Ewigen Rente" organisiert, so entspricht sie eigentlich nicht wirklich dem Motto von „Stirb bankrott", das im Titel dieses Buches formuliert wird. Aber es wird viele Menschen geben, die das Risiko nicht eingehen wollen, dass sie ihr Lebensalter – und die Geldreserven – nicht richtig einschätzen und sie dann mittellos dastehen. Davor, und vor schlaflosen Nächten, schützt sie die Konstruktion einer „Ewigen Rente". Trotzdem könnte man eine Kompromisslösung darin finden, dass man das Rentenkapital schon zu Lebzeiten – über eine Schenkung auf den Todesfall – einer ethisch sinnvollen Verwendung zuführt.

Das Prinzip der Fristen-Kongruenz in der Lebens-Finanzplanung
oder:
PALM – „Private Asset-Liability Matching"

Das Geld, das während der gesamten aktiven Berufslaufbahn für die Altersvorsorge angespart wird, weist bis zum angepeilten Pensionsantritt naturgemäß unterschiedliche Ansparzeiten auf. Ansparverträge, die ab dem 30. Lebensjahr zu laufen beginnen, haben beispielsweise bis zum 60. Lebensjahr eine 30-jährige Laufzeit, jene Verträge, die ab dem 40. Lebensjahr zu laufen beginnen, bestehen über 20 Jahre – und die ab dem 50. Lebensjahr nur noch 10 Jahre.

Wer nun alle diese Ansparverträge zum 60. Lebensjahr auslaufen lässt, weil ja nachher kaum noch die Möglichkeit für weitere Einzahlungen besteht, hat dann plötzlich auf einmal alle Kapitalendbeträge auf dem Konto und muss sie gleich wieder neu veranlagen, weil das gesamte Geld nicht auf einmal verbraucht werden soll. Das könnte zu einem ungesunden Entscheidungsstress bei der richtigen Veranlagung und vermutlich auch zu zusätzlichen Kosten führen. Zu überlegen wäre hier, ob nicht durch eine bessere Vertragsgestaltung das Abreifen der einzelnen Ansparposten dem Verbrauchszeitraum angepasst werden soll. Dieses Prinzip ist in der Betriebswirtschaft als „Asset-Liability Matching" – ALM – bekannt und kann natürlich auch in der privaten Lebens-Finanzplanung angewendet werden.

Zu beachten ist jedenfalls, dass mit unterschiedlichen Veranlagungszeiten auch Einfluss auf die Veranlagungserträge genommen werden kann, weil das Geld, das erst ab dem 70. Lebensjahr verbraucht werden soll, ja nach dem Alter von 60 Jahren noch zehn Jahre lang ertragreicher veranlagt bleiben kann.

Altersgelder schwankungsfrei und risikolos veranlagen

Eine sehr wichtige Bedingung muss auch hier trotzdem erfüllt werden: Jene Gelder, die ab einem bestimmten Lebensalter, ab einer festgelegten Frist zum Verbrauch bestimmt sind, müssen rechtzeitig vor diesem Datum in eine Anlageform übergeführt werden, die nicht von Kurs- und Wertschwankungen betroffen werden kann. Beispielsweise sollte bei Veranlagung in einem gemischten Anleihe- und Aktienfonds der Aktienanteil in den Jahren vor dem beabsichtigten Verbrauch schrittweise auf null reduziert werden. Überhaupt wäre es ratsam, schon ein paar Jahre vor dem Ablaufdatum das Kapital in einer geldmarktnahen Form, also am besten auf einem Sparbuch anzulegen. Auf diese Weise können die Anforderungen an eine möglichst hohe Rendite und höchste Kapital-Sicherheit in optimaler Form kombiniert werden.

Flexibilität ist Trumpf

Es sollte nicht außer Acht gelassen werden, dass die Bedarfsentwicklung beim Geld leider nie so genau geplant werden kann wie die Ansparplanung. Es können – bedingt durch außergewöhnliche Ereignisse – Geldanforderungen auftreten, die nicht von vornherein in die Planung miteinbezogen werden konnten.

Es kann plötzlicher Finanzbedarf auftreten, weil beispielsweise aufgrund von schweren Krankheiten zusätzliche Ärzte- oder Klinikkosten anfallen, oder weil nach einem schweren Unfall erhöhter Pflegebedarf entsteht. Ganz besonders tragisch wird es, wenn plötzlich der Lebens-Horizont in einem völlig neuen Licht erscheint, weil eine schwere und unheilbare Krankheit einen baldigen Todeszeitpunkt erkennen lässt. So mancher Betroffene würde sich dann vielleicht noch den einen oder anderen bisher nicht ausgesprochenen Wunsch erfüllen wollen – und dazu rasch mehr Geld brauchen, das er sonst ohnedies nicht mehr aus-

*geben würde. Es könnte aber auch durchaus möglich sein, dass
eine Veränderung in der Partnerschaft zusätzlich größere Ausgaben wünschenswert und sinnvoll erscheinen lässt – etwa weil der
(jüngere) neue Lebenspartner mit Geschenken verwöhnt werden
sollte. In all diesen Fällen ist es günstig, wenn die Veranlagung der
Gelder auch Spielraum für Flexibilität beim Ausgeben und vorzeitigen Verbrauch zulässt.*

Probleme bei der Auszahlung des angesparten Geldes als Kapitalsumme

Viele Menschen, die ein Leben lang ihr Geld in monatlichen Ge-
haltsbeträgen ausbezahlt bekommen haben, möchten sich auch
später nicht mehr in ihren Gewohnheiten umstellen müssen. Sie
bevorzugen auch bei ihren angesparten Vorsorgegeldern eine
regelmäßige monatliche Auszahlung in Rentenform. So ist auch
die Beliebtheit der Einmal-Erlags-Lebensversicherung mit Ren-
tenauszahlung zu erklären.

Wer das Geld für seine Alters-Zusatzversorgung in Form von
Wertpapier-Kapital angespart und angelegt hat, wird seinen
Extra-Verbrauch über die sukzessive Auflösung von Wertpapier-
depots und bedarfsgerechte Abhebungen vom Konto organisieren
müssen. Das könnte immerhin einige Probleme mit sich bringen,
mit denen sich die Nutzer solcher Vermögensbestände rechtzeitig
vertraut machen oder sich einen guten Berater suchen sollten:

- Beim Abheben vom Konto geht es um die Abschätzung der jeweils richtigen Höhe und die Einteilung über den gesamten zu
erwartenden Zeitraum.
- Bei der lebenslänglichen Auszahlung durch eine Lebensversicherung beispielsweise entfällt diese Entscheidung – die Versicherung zahlt, solange man lebt, und das Risiko, dass man
zu viel oder zu wenig verbraucht, entfällt.

- Die regelmäßige Auszahlung als Monatsrente erspart das Einteilen, aber es werden immer nur gleichbleibende Beträge ausgezahlt – auch wenn man einmal mehr brauchen sollte.
- Ideal ist daher in jedem Fall die Kombination aus fixem Rentenbetrag und einem Kapital zur freien Verfügung. Die Rente ist berechenbar, das Kapital bietet Flexibilität beim Verbrauch.

Die Kombination der Renten-Zusatzversorgung mit einem freien Kapitalbetrag bietet darüber hinaus auch besondere Sicherheit in speziellen Angelegenheiten. Sollte beispielsweise ein neuer Partner, in den viel Geld „investiert" wurde, plötzlich wieder verschwinden, dann hat er sich schlimmstenfalls mit dem vorhandenen Geld aus dem Staube gemacht. Die fixe regelmäßige Rente bleibt, die konnte er/sie nicht mitnehmen!

Geldverdienen ist schon schwer – Geldausgeben noch viel mehr

Praktische Anleitungen für die private Haushaltsführung

Geldausgeben im privaten Haushalt

Wer seine Lebens-Finanzplanung so konkret gestalten will, dass er am Ende wirklich bankrott sterben kann, der muss seine Lebensfinanzen besonders sorgfältig und vor allem realistisch planen. „Stirb bankrott" als Lebensvorsatz kann nur Wunschdenken bleiben, wenn nicht genau geplant und konsequent danach gehandelt wird. Dass uns das Leben dann oft trotzdem noch mit Unwägbarkeiten überrascht, müssen wir in Kauf nehmen. Aber wir wollen dennoch alles tun, um unsere Vorsätze möglichst plangemäß umzusetzen.

Und denken Sie bitte immer daran: Unser Lebensvorsatz lautet ja: „Stirb bankrott". Das heißt, dass Sie zumindest bis zu Ihrem Lebensende mit Ihrem Geld und Vermögen auskommen sollen. Wenn Sie nicht schon vorher in den Bankrott schlittern wollen, dann sollten Sie eben doch sorgfältig planen und die hier angeführten Budget-Ratschläge wenigstens teilweise befolgen!

Gläserne Kassen als Kostenstellen

Meine Großmutter hatte in ihrer Küchenkredenz eine ganze Regalreihe mit Einsiedegläsern, von denen jedes eine eigene Aufschrift trug, welche die Verwendung ihres Inhalts angeben sollte. Da gab es Etiketten wie „Essen", „Reinigung", „Kaputt" oder „Extra", und in jedem dieser Gläser war Geld. Dieses Geld hat sie vom Großvater bekommen, zu Monatsanfang, und das war ihr Wirtschaftsgeld für die laufenden Ausgaben im Haushalt. Das Geld war vorher genau ausverhandelt und eingeteilt worden und musste dann auch bis zum Monatsende oder länger reichen. Meist blieb beim Essen sogar etwas übrig, weil die Großmutter sehr sparsam war und manchmal den Küchenplan etwas einfacher gehalten hat, als dem Großvater und uns Kindern lieb war, oder mehr „Schicht"-Seife zum Wäschewaschen verwendet hat als Waschpulver. Und wenn wir Glück hatten, ist auch nichts kaputt gegangen im Haushalt, das dann etwa hätte nachgekauft werden müssen, wie etwa Geschirr oder Küchengeräte. Am genauesten beobachtet wurde immer der Inhalt im Glas „Extra", denn davon wurden die Geschenke gekauft – zu den Geburtstagen und vor allem zu Weihnachten. War das Glas im Spätherbst gut gefüllt, dann durften wir Kinder uns zu Recht auf den Heiligen Abend freuen.

Für die großen Ausgaben war der Großvater selber zuständig. Die hat er aus seiner großen Brieftasche aus Schweinsleder bezahlt, die er zwischendurch immer wieder auffüllen konnte, wenn er Holz oder Äpfel verkauft hat. Er hat immer viel Geld in seiner Brieftasche bei sich getragen, denn – und das hat er mir mit auf den Weg gegeben, als ich noch ein kleiner Bub war – „man muss immer so viel Geld einstecken haben, dass man leicht ein paar Klafter Holz oder eine Kuh kaufen kann". Wer billig einkauft, kann beim Weiterverkaufen dann auch ein wenig Gewinn mitnehmen – das habe ich frühzeitig gelernt. Und ich zahle noch immer am liebsten meine Ausgaben in bar. Damit bekomme ich öfter einen Spezial-Rabatt und bin auch sonst ein gern gesehener Gast und Kunde.

Die Großmutter hat jedenfalls streng darauf geachtet, dass das Geld aus jedem Glas auch wirklich nur für die Sachen ausgegeben wurde, für die es laut Aufschrift bestimmt war. Und wenn das Geld im „Essen"-Glas knapp wurde, musste eben „Schmalhans" Küchenmeister sein. Aus einem leeren Glas konnte man einfach auch nichts herausnehmen. Praktisch hätte man natürlich das Geld auch aus einem anderen Glas nehmen können – sozusagen ausborgen –, aber Ordnung ist ein klares Prinzip. Und schließlich waren ja alle auch daran interessiert, dass am Ende immer etwas für das Glas „Extra" übrig geblieben ist.

Das Prinzip der „gläsernen Kassen" mit seiner Transparenz-Wirkung wäre heutzutage sicher so manchem privaten Haushalt dringend zu empfehlen. Es könnte sehr deutlich das Grundprinzip der fristenkongruenten Budget-Gestaltung aufzeigen:

- Jenes Geld, das für kurzfristig planbare Ausgaben vorgesehen ist, kann bei dringendem Bedarf auch für längerfristig angesparte Zwecke verwendet werden – aber nie umgekehrt!
- Wenn man Geld aus dem Glas für Ersatzbeschaffungen oder Geschenke genommen hätte, nur weil das Glas für Essen zu rasch leer war und das Haushaltsgeld nicht gereicht hat, dann wären diese Gläser für besondere Zwecke wohl nie gefüllt worden.
- Aus einem leeren Geldtopf kann man kein Geld nehmen. Weniger als Nichts gibt es nicht in einer Kassa.

Die modernen Menschen von heute werden vermutlich nicht viel Verständnis aufbringen für die scheinbar naiven Probleme von damals. Wenn heute am Ende des Geldes noch zu viel Monat übrig geblieben ist, wird einfach das Konto überzogen. Und wenn das auch nicht mehr geht, weil die Bank sonst die Bankkarte einzieht, kauft man zur Not mit der Kreditkarte ein. Und eine ständig steigende Anzahl von Zeitgenossen schlittert auf diese Art unaufhaltsam in die Privatinsolvenz.

Wenn alles Geld, das wir zur Verfügung haben, über ein einziges Gehaltskonto abgewickelt wird, gibt es eben auch wirklich wenig Transparenz und Kontrolle. Außerdem ist es ohnedies zu spät, wenn wir erst im Nachhinein bemerken, dass wir hoffnungslos überschuldet sind.

Das Kassen-Journal als Haushalts-Tagebuch

Das, was die Hausfrau am Inhalt ihrer Glas-Kassen ablesen konnte, können wir in einem Kassen-Journal besonders deutlich sichtbar machen. Notwendig ist hier die Einrichtung von Spalten für jede einzelne Art von Ausgaben, die wir getrennt erfassen und kontrollieren wollen. Im modernen privaten Haushalt wird man daher viel mehr Einzel-Spalten haben als früher, wo man in den Gläsern immer gleich mehrere Ausgabenarten zusammengefasst hat. Es empfiehlt sich dabei, vor allem jene Ausgaben extra zu erfassen, bei denen man den Eindruck hat, dass hier gespart werden kann, weil hier zu viel Geld ausgegeben wird – und das sind eher die Ausgaben, die laufend anfallen und auch sehr kurzfristig neu gestaltet werden können. Die seltener anfallenden Ausgaben mit Langfrist-Wirkung können hingegen leichter in Gruppen zusammengefasst werden.

Kurzfrist-Ausgaben

- Nahrungsmittel
- Wohnungsmiete
- Telekommunikation (inkl. TV)
- Energie
- laufende Ausgaben für Verkehrsmittel (Pkw und Öffis)
- Reinigungsmittel
- Körperpflege
- Kosmetik
- Wellness
- Gesundheit
- Sport
- Bildung
- Unterhaltung
- Privatausgaben
- alkoholische Getränke …

Als eigene Kategorie sollten auf jeden Fall Spalten für die Privatausgaben eines jeden einzelnen Familienmitgliedes eingerichtet
werden. Hier sind Ausgaben zu erfassen, die jeder für sich zu
verantworten hat und die nicht dem gesamten Familienhaushalt
zugerechnet werden sollen. Beispiele dafür sind das Rauchen,
Mitgliedsbeiträge für Clubs oder Ausgaben für spezielle Hobbys. Dabei müssen die Ausgaben auch nicht einzeln angeführt
werden – es genügt, wenn jene Beträge in einer Gesamtsumme
aufgeschrieben werden, die jedes Familienmitglied wöchentlich
oder monatlich aus dem Budget entnehmen darf. Jeder ist für
den Gesamtbetrag verantwortlich und muss nicht für die Einzel-
ausgabe Rechnung legen – so wie das auch beim Taschengeld
der Kinder gehandhabt werden soll. Wichtig ist nur, dass man
weiß, wie viel jeder für den ganz persönlichen Bedarf insgesamt
im Monat oder im Jahr für sich in Anspruch nimmt, und dass
dann auch beurteilt werden kann, ob das wenig, viel oder zu viel
war. Das gilt auch für die alkoholischen Getränke, die beim
Nahrungsmittel-Einkauf besorgt werden, aber hier nicht anzurechnen sind.

Mittel- und Langfrist-Ausgaben

- Neuanschaffungen
- Ersatzbeschaffung
- Reparaturen
- Bekleidung
- Sportausrüstung
- Urlaub
- Sach- und Personenversicherungen
- Ansparverträge
- Beiträge
- Spenden ...

Kostenkontrolle braucht Zwischenergebnisse

Während die Mittel- und Langfrist-Ausgaben jeweils für längere Zeiträume getätigt werden – die Kleider und Anzüge trägt man hoffentlich auch noch im nächsten Jahr und die neue Waschmaschine wird sicher auch mehrere Jahre halten –, sollten die Kurzfrist-Ausgaben jeweils monatlich zusammengerechnet werden. Das erlaubt jeweils den Vergleich zum Vormonat, und was als Ausgaben- und Teuerungs-Indikator besonders wichtig ist: So können wir auch einen Vergleich zum Vorjahresmonat anstellen.

Wer solcherart ein möglichst genaues Haushaltsbuch führt, hat auch bereits die Voraussetzung für eine realistische Ausgaben-Beurteilung und nachfolgende Kostenkontrolle geschaffen. Wenn schwarz auf weiß feststeht, wohin das Geld geflossen ist, können auch Entscheidungen darüber getroffen werden, bei welchen Ausgaben gespart werden muss, was bleiben kann und wo allenfalls noch Spielräume offen bleiben.

Dort, wo es schriftliche Nachweise gibt, kann man auch Festlegungen leichter argumentieren und durchziehen. Wer aufgrund schlechter Finanzdaten sich nur vornimmt, in Zukunft zu sparen, der kann sich das ruhig sparen, denn nur das, was schwarz auf weiß aufgeschrieben steht, wird auch ernst genommen und kann nicht wieder durch Ausreden wegdiskutiert werden.

Das Familienbudget und die Basisdemokratie

Im Gegensatz zum Budgetansatz unserer staatlichen Finanzminister sollte das Familienbudget nicht von vornherein von einem Defizit, also von Ausgaben ausgehen, die größer sind als die Einnahmen. Ein ganz normaler Familienhaushalt tut gut daran, wenn er schon im Vorhinein, bei der Budgetplanung den Sparstift bei den Ausgaben ansetzt, denn das erspart Extra-Kosten für die Kreditzinsen und Extra-Sparmaßnahmen wegen der Kreditraten.

„Raten sind wie Ratten – sie fressen unser Geld auf", hat mein schlauer Großvater immer zu uns Kindern gesagt.

Im Gegensatz zum Staat und zum Finanzminister kann ja der Familienvorstand auch nicht in der nächsten Periode mehr Beiträge von den Familienmitgliedern verlangen, wenn das Budget überzogen wurde. Möglich ist dann nur ein Sparpaket – und das tut allen weh.

Für die Einhaltung der Budgetvorgaben sind in einer Familie alle gemeinsam – und jeder für sich – verantwortlich. Wer zu viel für sich selbst beansprucht, nimmt den anderen etwas weg. Budgetgestaltung sollte daher ein möglichst demokratischer Prozess sein in der Familie.

Budgetgestaltung in der Familie kann man auch als basisdemokratischen Prozess gestalten. Mir ist das seinerzeit mit meinen vier Kindern gelungen, mit denen ich nach dem frühen Tod ihrer Mutter, meiner ersten Frau, allein zusammengelebt habe. Zunächst habe ich den Kindern – sie waren damals zwischen neun und fünfzehn Jahren alt – meine Einkünfte und meine Bankkonten offengelegt. So konnten sie sehen, dass zwar genug Geld da war, aber eben nicht genug für alles, was sie und ich und alle zusammen uns gewünscht und gerne gekauft hätten.

Also wurde in den regelmäßigen Budgetsitzungen immer genau darauf geachtet, dass es für jeden Sonderwunsch auch einen entsprechenden „Bedeckungsvorschlag" gab, also konkret ein Einsparvorhaben. Dabei mussten das eine Mal ein oder zwei Kinder – oder auch der Vater – einen Anschaffungswunsch zurückstellen, oder aber wurde ein Plan zum allgemeinen Ausgabensparen für alle vorgelegt.

Meine Kinder hatten sehr rasch herausgefunden, dass es nicht besonders effektiv war, wenn sie erst an Ort und Stelle über ein Sparprogramm verhandeln (streiten) mussten, bei dem eigentlich der Vorteil einer vorgezogenen Anschaffung oder die Erfüllung eines Sonderwunsches im Vordergrund stehen sollte. Die Lösung war relativ einfach: Um beim Familienrat eine rasche Entschei-

dung herbeizuführen, bei der nur noch der Vater überzeugt werden musste, gab es die Einigung schon im Vorfeld, im Kinder-Finanzausschuss – oder eben nicht.

Wenn Familienmitglieder wegen der Sonderwünsche eines anderen bei ihren eigenen Ausgaben zurückstehen und Kürzungen hinnehmen mussten, wurde das sehr genau in den Aufzeichnungen unseres Haushaltsbuches festgehalten, das wir natürlich führen mussten, um Transparenz zu üben. In unserem Haushaltsbuch wurden für jedes einzelne Familienmitglied (sowohl für den Vater als auch für die Kinder) Privatausgabe-Konten eingerichtet und hier wurden alle individuellen Sonderausgaben genau verbucht. Wurde beispielsweise Geld für einen Theater- oder Konzertbesuch beansprucht, konnte das mit dem allgemeinen Kulturbudget verrechnet werden und belastete nicht das Privatkonto – ein Kino- oder Diskobesuch aber sehr wohl. Genau unterschieden (und verhandelt) wurde da etwa auch bei den Ausgabe-Kapiteln „School"-Kleidung und „Cool"-Kleidung. Der Vergleich zeigte jeweils nach einigen Monaten sehr deutlich, wenn jemand mehr Ausgaben als die anderen für sich beansprucht hatte. Ausnahmen durfte es höchstens gelegentlich für den Vater als Familien-Financier geben, der für die Berufsausübung immer entsprechend gut gepflegte Kleidung brauchte oder öfter zum Friseur musste. Solche Sonderausgaben wurden auch kommentarlos genehmigt, andere, kleinere Ausgaben wurden zumeist in basisdemokratischer Grundsatzübung korrigiert. Das spielte sich dann auch regelmäßig beim Wochenendeinkauf im Supermarkt sehr konkret ab: Wenn am Ende der wohlgefüllte Einkaufswagen Richtung Kassa rollte, wurde kurz vorher noch zum „Kontroll-Check" angehalten. Dabei wurde beispielsweise bemängelt, dass die vereinbarten Kontingente für Süßigkeiten, Knabbergebäck und Jugendmagazine, aber auch für Alkohol kräftig überzogen wurden, und es wurde wieder ins Regal gestellt, was zu viel im Wagen war. Da musste dann manchmal auch der Vater auf eine Cognacflasche verzichten ... Basisdemokratie ist eben manchmal auch schmerz-

haft. Trotzdem glaube ich, dass wir alle unsere Lektion gelernt haben. Meine Kinder sind im Übrigen auch alle in Wirtschaftsberufen gelandet.

Worauf es ankommt bei der Budgetplanung

Wer seine künftige Finanzlage genau planen und bestimmen will, muss seine Ziele kennen und er braucht genaue Daten über die Ausgangslage. Aber sagen Sie jetzt bitte nicht: Warum soll ich groß planen, wo ich doch ohnedies mit meinem Geld nicht auskomme und auch keine großen Aussichten auf Besserung habe – gerade Sie hätten dann nämlich eine genaue Planung bitter nötig!

Die Analyse und Diagnose über Stärken und Schwächen

Wer die Stärken und Schwächen seiner Einkommenslage, seiner Ausgabengestaltung sowie des Vermögens und allfälliger Schulden kennt, der kann dann auch genaue Veränderungspläne erarbeiten.

Es werden zunächst einige wichtige Fragen zu stellen sein. Etwa:

- Verdiene ich genug, um mir meinen gegenwärtigen Lebensstandard auch leisten zu können – sind meine Ausgaben zu hoch – wo muss ich sparen?
- Habe ich zu hohe Schulden – und kann ich von meinem Einkommen auch die Rückzahlungsraten in den nächsten Jahren noch decken?
- Sind die Schulden größer als mein Vermögen?
- Habe ich genug Finanzreserven, um auch unerwartete Ausgaben (neues Auto nach Unfall oder neue Waschmaschine) ohne Kredit zu decken?

- Wie lange könnte ich im Ernstfall von meinen finanziellen Reserven leben?

Möglicherweise – und hoffentlich – fällt die Diagnose ja gar nicht so negativ aus. Möglicherweise müssen Sie ja auch gar keine so bitteren Pillen schlucken. Zur Gesundenuntersuchung gehen ja auch nicht nur die kranken Menschen. Viel wirksamer als eine Heilbehandlung sind in jedem Fall die Vorbeugemaßnahmen. So können Sie sich beispielsweise die Frage stellen, ob denn die geplante Anschaffung der neuen Küchenausstattung wirklich so großzügig ausfallen muss und ob man mit dem neuen Auto nicht noch warten könnte. Sicher ist aber, dass die Diagnose allein noch lange nicht reicht. Wer nichts gegen die festgestellten Schwächen unternimmt, hat sich bei der Auflistung der aktuellen Situation vergeblich geplagt.

Die Erfolgskontrolle

Wenn die als richtig erkannten Korrekturen im Haushaltsbudget dann durchgesetzt wurden, muss die Kontrolle über den Erfolg der neuen Maßnahmen regelmäßig angesetzt werden. Auch der Arzt will schließlich vom Patienten wissen, ob seine Medizin gewirkt hat – und wie. Hat sich Besserung eingestellt, wird man in der bisherigen Art weitermachen, wenn nicht, war entweder die Diagnose falsch oder die Therapie war nicht wirksam genug. Dann wird man sich neue Rezepte verschreiben.

Konsequenz und Ausdauer

Konsequenz in der Umsetzung von Budgetvorgaben muss nicht unbedingt in Härte ausarten, Härte mit sich selber und Härte für alle, die dabei mitleiden müssen.

- Konsequenz bedeutet aber in jedem Fall, dass Sie Ihre Sparpläne nicht sofort wieder fallen lassen, nur weil Ihre Nachbarn sich schon wieder einen Urlaub auf Hawaii leisten konnten und Sie da nicht nachstehen wollen.
- Oder lassen Sie sich „weich kochen", wenn Ihnen Ihr Partner und Ihre Kinder mit ihrem Gejammer übers Sparen zu sehr auf die Nerven fallen?
- Solange es nicht gleich um die nackte Existenz geht, sollten Sie das mit dem Sparen natürlich auch nicht übertreiben. Alles zu seiner Zeit – und mit Maß und Ziel –, auch beim Sparen.
- Und denken Sie auch an die Nebenwirkungen, die so ein übertriebenes Sparprogramm haben kann: „Zu viel Geiz kann Ihre Partnerschaft gefährden!"
- Noch etwas: Erfolge bei Änderung der Budgetpolitik stellen sich erfahrungsgemäß nur sehr langsam ein – vor allem am Anfang. Geben Sie also nicht gleich auf, wenn es nicht sofort so klappt, wie Sie gehofft haben!
- Aber werden Sie nicht gleich übermütig, wenn die ersten Erfolge sichtbar werden! Wer die Medikamente zu früh absetzt, kann leicht wieder krank werden – aber dann noch schlimmer!

Budgettechniken im privaten Haushalt

Ein Budget ist vom Prinzip her eine Planungsrechnung. Es geht also um die Vorschau auf die Einnahmen und die Ausgaben in der nächsten Rechnungsperiode, die zum einen auf einen Monat und zum anderen auf ein ganzes Jahr ausgerichtet sein soll. Darüber hinaus wird man von Zeit zu Zeit auch ein Lebensabschnitts-Budget anstellen, um die ganz großen Ziele zu planen und kontrollieren.

Die Erfassung der Einnahmen

Single-Menschen können alles, was sie an Geld einnehmen, grundsätzlich für sich allein verwenden und müssen es mit niemandem teilen – es sei denn, sie haben Versorgungsverpflichtungen aus früheren Partnerschaften oder komplizierten Familienverhältnissen. Alles, was ein Single nicht ausgibt, gehört auch ihm – er kann allein entscheiden, was später damit geschehen soll.

Lebenspartner mit jeweils eigenem Einkommen können ähnlich verfahren. Sie müssen allerdings klären, wie viel jeder von ihnen aus seinem Einkommen zur Aufrechterhaltung des gemeinsamen Haushalts beitragen wird. Danach können beide die verbleibenden Einkommensteile sowie das angesparte Vermögen getrennt verwalten.

Schwierig könnte es dort werden, wo einer der beiden Partner zumindest zeitweise über kein eigenes Einkommen verfügt und auch kein Geld zu den Haushaltsausgaben beitragen kann. Hier werden allerdings in der Regel Aufgaben anderer Art übernommen, die den Ausgleich herstellen, wie beispielsweise Haushaltsführung und Kindererziehung. Eheliche Gemeinschaften unterliegen hier genauen gesetzlichen Bestimmungen, bei nicht ehelichen Partnerschaften sind entsprechende Verträge empfehlenswert.

Sondereinnahmen für besondere Ausgaben

In manchen Partnerschaften sind auch Extra-Regelungen üblich. So behalten sich manche Partner vor, ihre Überstunden – oder Einnahmen aus Pfusch oder Provisionen für Privatgeschäfte – extra zu kassieren und dann auch für ganz besondere Projekte zu verwenden. Manche Menschen sparen so für Anlässe, die schon langfristig absehbar sind – das könnte der 25. Hochzeitstag oder der 50. Geburtstag des Partners sein, oder was auch immer. Für solche Extra-Ausgaben verwendet man in der Praxis eben auch Extra-Einnahmen. Es kommt zuweilen auch vor, dass in der Partnerschaft das Extra-Geld für die Überstunden und Mehrleistungen für die Bezahlung von teuren Hobbys verwendet wird – für Flugstunden, für Jagdausflüge oder exklusive Selbstfindungsseminare. Üblich sind auch Vereinbarungen, wonach Geldgeschenke, die von den Eltern oder Verwandten des einen Partners kommen, auch von diesem allein kassiert und verwaltet werden.

Die Ausgaben-Planung

Eine realistische Ausgaben-Planung kann zunächst nur aufgrund von allgemeinen Erfahrungswerten sinnvoll angegangen werden. Wer es aber – bezogen auf die eigenen privaten Verhältnisse – ganz genau wissen will, muss sich auf eigene Erfahrungen verlassen. Und da kann eigentlich nur ein genau geführtes persönliches Haushaltsbuch brauchbare Unterlagen bieten. Leider ist es anscheinend nicht sehr cool, ein Kassa- oder Haushaltsbuch zu führen. „Also, wenn ich wieder mal knapp bei Kasse bin, dann nehme ich mir das jedes Mal vor – aber meistens kann ich meine Probleme auch so lösen, ja und dann vergesse ich halt wieder drauf ..."

Dabei ist die Führung eines Haushaltsbuches heutzutage auch längst nicht mehr so arbeitsaufwändig wie früher, als man dazu noch Hefte und Kataloge mit Kugelschreiber bekritzeln musste.

Für meine Zwecke hat mir immer schon ein File im Windows-Office-Programm „Excel" ausgereicht. Es gibt ausreichend Platz für viele einzelne Spalten und ich muss mich nicht um das mühsame Addieren kümmern. Das System kombiniert über die gewünschten Spalten auch Zwischen- und Endsummen, rechnet anteilige Prozente und Steuern aus, bildet sie als Brutto- und Netto-Werte ab und stellt selbsttätig, nach eingegebenen Formeln, eigene Ergebnis-Aufstellungen her. Statistik-Freaks, die es ganz genau wissen wollen, können sich ihre Zahlen im Programm Excel natürlich auch grafisch aufbereiten lassen, in Kurven oder Vergleichs-Blöcken. Das ist echt beeindruckend – cool.

Die echte Arbeit, das Lästige daran, besteht eigentlich nur im Sammeln und Ordnen der vielen Belegszettel nach Datum und Ausgabengruppen und im Eintippen in den Computer.
Wenn ausreichende Vorgabedaten über die eigenen Haushaltskosten vorliegen, dann sollte schon eine einfache Vergleichsrechnung zeigen, ob diese Ausgaben mit den vorhandenen Einnahmen vereinbar sind – und wo die Schwachstellen liegen.

Das Monatsbudget

wird nach Möglichkeit durch eine Gegenüberstellung der ganz regelmäßigen Einnahmen mit den normalen, durchschnittlichen Monatsausgaben erstellt. Ausgaben, die für länger gelten, also mehrere Monate betreffen, sollten dabei wegfallen, ebenso Sonderbezüge aus Remunerationen und Mehrleistungen.

Dabei ist das Monatsbudget vor allem eine Liquiditäts-Kontrollrechnung. Wenn in einem Monat gleich mehrere größere Zahlungen anfallen und der Überziehungsrahmen am Gehaltskonto schon überbelastet ist, wird das Problem leider nicht dadurch gelöst, dass im nächsten Monat das Weihnachtsgeld überwiesen wird und für Abdeckung am Konto sorgt. Darum sollten solche vorhersehbare Liquiditätsengen rechtzeitig vorher eingeplant und für Sonderdeckung aus Reserven oder vielleicht interfamiliären Kurzdarlehen gesorgt werden. Am elegantesten wäre aber noch immer eine kurzfristige Verschiebung der Zahlungstermine.

Das Jahresbudget

dient der Mittelfrist-Planung und darf daher kurzfristige Finanzengpässe auf den Konten außer Acht lassen. Das Jahresbudget rechnet mit Gesamtzahlen und monatlichen Durchschnittswerten. Es zeigt in der Planungsrechnung, wie viel Geld am Jahresende von den Einnahmen nach Abzug der Ausgaben noch übrig sein wird – es könnte allerdings auch zu Fehlbeträgen kommen. Wer mit einem Defizit-Budget startet, sollte nicht überrascht sein, wenn das Ergebnis noch viel schlimmer aussieht als die Planung. Wenn die monatlichen Durchschnitts-Einkommens- und Ausgabensummen aus dem Jahresplan abgeleitet werden können, dann lassen sich auch kurzfristige Engpässe leichter überbrücken: Beispielsweise fallen Urlaubs- und Weihnachtsgeld zwei Mal extra im Jahr an – andererseits gibt es Zahlungen wie Versicherungsprämien oder Steuer-Vorauszahlungen, die nur zwei oder vier Mal im Jahr geleistet werden müssen. Hier lässt sich der Ausgleich in der Planung beseitigen – teure Überziehungszinsen können ebenfalls vermieden werden.

Was tun mit dem Defizit?

Wenn die Konten-Salden zwischendurch einmal ins Minus rutschen, ist das nicht weiter schlimm – abgesehen von den Kosten für die Zinsen. Wenn das Minus aber über das ganze Jahr anhält oder sogar noch darüber hinaus, sollten alle Alarmlämpchen aufleuchten: Dann wurde und wird dauernd mehr ausgegeben als man verdient und eingenommen hat! Zuerst manifestieren sich die Fehlbeträge ja meist als Überziehung der Gehaltskonten, wobei die Beträge von Monat zu Monat logischerweise immer größer werden, mit der unangenehmen Nebenwirkung der teuren Überziehungszinsen. Wenn die Kontoinhaber ihr Überziehungslimit absolut überschritten haben, setzt die Bank üblicherweise die monatlichen Fix-Überweisungen aus. Wenn dann Miete und Strom nicht überwiesen werden, kommen Mahnungen und Extra-Kosten zu den Zinsen – und aus den peinlichen Entschuldigungen bei der Hausverwaltung und dem Energieversorger könnten bei Fortsetzung der Zahlungsunfähigkeit ernste Probleme erwachsen.

Vonseiten der Bank wird in der Regel vorerst ein fixer Über-brückungskredit vorgeschlagen, der nicht nur die Schulden, son-dern auch die mutmaßlichen Überziehungen der kommenden Monate abdecken soll. Wegen der meist sehr geringen Finanz-kraft solcher Konteninhaber sind die möglichen monatlichen Rückzahlungsbeträge sehr gering – und entsprechend lang muss auch die Rückzahlungsdauer sein.

Für den neuen Dauer-Kreditkunden ist damit aber sein Grundproblem noch immer nicht gelöst – im Gegenteil: Er, der schon bisher mit seinem monatlichen Einkommen nicht ausge-kommen ist, muss jetzt noch zusätzlich eine Kredit-Rückzah-lungsrate berappen. Das kann sich aber nur ausgehen, wenn die bisherige Ausgabenpolitik drastisch geändert wird. Dann muss beispielsweise auf das viel zu teure Luxusauto verzichtet werden, weil es nicht nur viel Sprit frisst, sondern schon allein wegen der Kfz-Steuer ein Vermögen kostet. Erst wenn neben der neuen mo-natlichen Ausgabe für den Kredit auch noch die bisherigen Über-ziehungen der Konten eingespart werden können, ist eine dau-ernde Konsolidierung möglich, ist ein Weg aus der Krise sichtbar.

Wenn es laut Jahres-Durchschnittsrechnung vertretbar ist, aus einer Überziehung innerhalb von wenigen Monaten wieder herauszukommen, wird der Kontoinhaber einen teuren Dauer-kredit vermeiden. Ausgaben sparen kann man nämlich ohne Kre-dit auch, wichtig ist nur, dass unser Budget die Ausgaben immer den Einnahmen anpasst. Umgekehrt geht es ohnedies meist nicht.

Die mittelfristige Budgetplanung

In der Haushaltsplanung gilt auch für mittelfristige Perioden, dass innerhalb eines definierten Zeitraumes lediglich so viel Geld ausgegeben werden kann, als in dieser Zeit hereinkommt. Wenn nun der Kredit für ein Auto nur in einem Zeitraum von fünf Jah-ren abgezahlt werden kann, heißt das automatisch, dass dieses

Auto fünf Jahre lang halten muss und eine weitere Anschaffung erst nach dieser Frist erfolgen sollte. Ein Ausweg wäre allenfalls darin zu sehen, dass dieses Auto nach drei Jahren zu einem guten Preis verkauft wird und mit diesem Geld der Restkredit zurückgezahlt werden kann. Praktisch wird das kaum möglich sein, daher kommt dann im Zweifelsfall eben zum übrig gebliebenen Restkredit vom alten Auto der neue Kredit für das neue Auto. Auch auf diese Weise können Haushaltsprobleme beginnen, die sich mit den Jahren zusätzlich verschärfen. Völlig unsinnig wäre es jedenfalls – was leider immer wieder passiert –, dass ein Fahrzeug angeschafft wird, welches so teuer ist, dass dafür ein Kredit für zehn Jahre Rückzahlung genommen werden muss. Mit ziemlicher Sicherheit ist das Auto schon nach fünf oder sechs Jahren kaputt oder weg – was bleibt, sind die Kreditrückzahlungen.

Der Grundsatz lautet: Wer ein zumindest ausgeglichenes Budget für einen längeren Zeitraum erreichen will, darf nie mehr ausgeben, als er im selben Zeitraum eingenommen oder verdient hat. Mehrausgaben bei einzelnen Bereichen müssen durch anderweitige Einsparungen ausgeglichen werden.

Geld ansparen sollten wir im Zuge einer gesunden Budgetgestaltung aber auf alle Fälle für die kleineren und mittleren Anschaffungen im Haushalt. Haushaltsgeräte werden mit ziemlicher Sicherheit in einigen Jahren ihren Geist aufgeben und ersetzt werden müssen. Also wäre es sinnvoll, schon in den Jahren davor, Geld für ihre Neuanschaffung zurückzulegen, damit sie später nicht womöglich über teure Konto-Überziehungen finanziert werden müssen – die dann auf alle Fälle Sparmaßnahmen im Nachhinein bedeuten. Im Steuerrecht wird den gewerblichen Unternehmungen aus diesem Grund gestattet, jährlich einen entsprechenden Anteil vom Gewinn unversteuert zu lassen – als Absetzung für Abnutzung (AfA), damit für die Neuanschaffung rechtzeitig vorgesorgt werden kann. Leider gibt es solche Regeln im Privathaushalt nicht. Hier muss jeder für sich selbst sorgen und rechtzeitig Geld für Ersatzbeschaffungen sparen.

Das Budget für einen ganzen Lebensabschnitt

Es gibt im Ablauf unseres Lebens auch Projekte, die uns über einen ganzen Lebensabschnitt begleiten werden. Wer beispielsweise zu Beginn seiner Berufskarriere eine Wohnung kauft oder ein Haus als Familiensitz baut, muss normalerweise wohl damit rechnen, dass er fortan viele Jahre lang dafür sparen muss – vielleicht sogar den Großteil seines Berufslebens, wenn da nicht ein unverhofftes Erbe oder eine Traumkarriere mit Supergehalt dazwischenkommt.

Ein Beispiel: Angenommen, ein Ehepaar kann aufgrund seiner Jahres-Budgetrechnung 20.000 Euro für die Rückzahlung eines Wohnbaudarlehens aufbringen. Dann könnten sie theoretisch in 20 Jahren 400.000 Euro aufbringen. Für den Fall, dass sie mehr Kredit brauchten, vielleicht 500.000 Euro, könnten sie

- eine Laufzeit von 25 statt 20 Jahren wählen,
- durch Extra-Sparmaßnahmen im Budget oder bei Erreichen eines höheren Einkommens im Verlauf der beruflichen Karriere später eine höhere Rückzahlungsrate aufbringen
- oder einfach ein bescheideneres Wohnobjekt verwirklichen.

Wovon man dringend abraten sollte, das sind Rückzahlungsraten, die nur unter Anwendung größter Sparsamkeit bei den übrigen Ausgaben aufzubringen sind, oder nur bei Aufrechterhaltung der bisherigen Einkommen beider Familienpartner. Wer gerade die Finanzen für seinen beruflichen Lebensabschnitt plant, sollte auch daran denken, dass dies eigentlich der Plan für die schönsten Jahre seines Lebens ist. Wer womöglich über 25 Jahre seiner Familie die Freude am Leben vermiest, nur weil er sich ein protziges Haus bauen will, den wird man das später mit Sicherheit spüren lassen. Wer nach Abzahlung der letzten Rate für die Hypothek schon 50 Jahre alt ist, wird dann auch nicht mehr zum „Big Spender" werden – und zum Genießer. Also seien Sie nicht zu hart zu sich und Ihrer Familie, wenn Sie den Budgetplan für die Zeit zwischen 30 und 50 erstellen. Lassen Sie ruhig auch etwas Geld übrig zum Leben!

Richtig Einkaufen

Was zählt beim Geldausgeben?

Wer nicht schon mitten im Leben seinen Bankrott erleben will, wird sich sein Geld genau einteilen müssen. Geldausgeben ist weitgehend eine Sache der Vernunft – für die wir genaue Regeln brauchen und diese auch einhalten. Oberste Regel ist natürlich, dass wir insgesamt nicht mehr Geld ausgeben als wir haben. Beim Geldausgeben gehen wir – streng wissenschaftlich gesehen – nach dem Prinzip der individuellen Nutzenschätzung vor. Das heißt, wir definieren jede einzelne Geldmenge, die wir zur Verfügung haben, über einen ganz bestimmten Nutzwert. Wer fünf Millionen Euro auf dem Konto hat, für den hat ein einzelner Hunderter sicher nicht den Nutzwert beim Ausgeben wie für jemanden, der bloß 5.000 oder gar nur 500 Euro besitzt. Und so wie jede Geldmenge einen bestimmten Nutzwert hat, gilt das auch für jede Ware, jedes Produkt, das wir für unser Geld kaufen. Und dabei hat dann auch jedes einzelne Stück seinen eigenen Wert. Das eine ist uns mehr wert als das andere, wir kaufen zuerst das, was uns im Augenblick am wichtigsten und am nützlichsten erscheint, und erst dann das Nächstwichtigste. Auch hier ist sicherlich die Geldmenge, die uns zum Ausgeben zur Verfügung steht, eine wichtige Voraussetzung für die konkrete Kaufentscheidung – aber nicht nur: Unterschiedliche Menschen haben auch unterschiedliche Nutzen-Begriffe und damit unterschiedliche Kauf-Vorlieben – und die kommen bei Weitem nicht nur aus der Vernunft, sondern aus dem Gefühlsbereich. Kaufentscheidungen werden in hohem Ausmaß a-rational, also ohne Einschaltung der Vernunft, wenn auch nicht ir-rational, und damit gegen die Vernunft, getroffen. Sie kennen das sicher, wenn

Sie beim „Shoppen" sind, beim Einkaufen, einfach aus Lust am Geldausgeben. Wenn die Lust im Spiel ist, setzt manchmal die Vernunft aus. Das ist grundsätzlich nichts Negatives, denn wir sollen ja Freude haben an unserem Geld, für das wir tagaus, tagein hart arbeiten müssen. Aber es gibt stets Grenzen, die man kennen und einhalten sollte. Wird der Lust zu viel Freiraum eingeräumt, kann sie sich zur Sucht auswachsen. Das gilt für den Umgang mit Alkohol, mit Drogen und mit Glücksspiel, aber auch mit dem unkontrollierten Geldausgeben. Kaufsucht ist gerade heute eine weit verbreitete seelische Krankheitserscheinung und häufig leider auch der Ausgangspunkt für den selbst verschuldeten, vorzeitigen Bankrott.

Noch ein Beispiel für unkontrollierte Kauflust: Wenn Sie in den Supermarkt gehen und Lebensmittel einkaufen, dann sollten Sie stets vorher eine Kleinigkeit essen, sonst werden Sie mit einiger Sicherheit mehr einkaufen, als sie eigentlich brauchen oder eigentlich einkaufen wollten. Ihr Hungergefühl schafft es spielend, Ihre Vernunft ansatzweise immer wieder bei der Kaufentscheidung außer Kraft zu setzen. Beobachten Sie sich ruhig einmal genau bei nächster Gelegenheit!

Ist Geiz wirklich geil?

Einkaufen soll Freude machen – schließlich wollen wir unser Geld mit Lust ausgeben können. Und sicher kommt auch eine gewisse Zufriedenheit auf, wenn wir feststellen, dass wir ein gutes Produkt zu einem billigen Preis ergattert haben. Das zeigt uns, dass wir tüchtig sind und Gutes von weniger Gutem und billige Produkte von den teuren unterscheiden können. Aber ist es wirklich der Geiz, der uns zum billigsten Produkt drängt?

Es gab Zeiten, da haben die Händler damit geworben, dass ihr Produkt das bessere oder sogar das beste sei. Und damit war auch klar, dass dieses Produkt ein wenig teurer sein musste als andere Produkte. Heutzutage zählt in der Produktwerbung fast ausschließlich nur noch der billigste Preis. „Geiz ist geil" ist zu einer festen Größe in den Werbeaussagen der letzten Jahre geworden. Ist es aber wirklich der Geiz, der uns dazu verführen kann, nur noch das billigste Elektrogerät, den billigsten Fernseher und den billigsten Computer zu kaufen? Mir drängt sich da ein Verdacht auf: Wahrscheinlich werben die Händler jetzt nur noch deshalb mit dem billigsten Preis, weil sie wissen, dass es mit der Qualität ihrer Produkte nicht sehr weit her ist, und dass sie bloß nicht zugeben wollen, dass die Produkte nur dewegen so billig sind, weil sie nichts wert sind, weil sie nur noch „Ramsch" verkaufen. Das würde nicht gut klingen in der Werbung: „Billiger Ramsch aus fernöstlicher industrieller Massenproduktion" …

Eines weiß man in Industrie und Handel aber sicher genau: dass die minderwertigen, aber billigen Massenprodukte nicht lange funktionieren werden und daher bald ersetzt werden müssen – wer billig kauft, der kauft öfter und daher mehr. Mehr Umsatz, mehr Gewinn – ist es also der Gewinn, der Industrie und Handel geil macht, und nicht die Kunden?

Warum nicht nach Rabatten fragen?

In maghrebinischen Ländern gehört es zum guten Ton, grundsätzlich nicht den Preis zu bezahlen, der vom Händler verlangt wird. Bei meinen oftmaligen Reisen in diese Länder habe ich gelernt, dass insbesondere in touristisch „verseuchten" Gegenden der „echte" Wert einer Ware bestenfalls bei einem Drittel oder einem Viertel des anfangs verlangten Preises liegt. Man sollte sein Verhalten danach richten. Österreich gehört eigentlich nicht mehr zu den Maghreb-Staaten, aber die Rabatt-Tradition lebt hier noch immer. Manche meiner Geschäftsfreunde wären sogar beleidigt, wenn ich nicht nach einem Rabatt fragen würde.

Grundsätzlich gibt es in den Geschäften mit elektronischen Kassen keinen direkten Rabatt mehr, aber mehr und mehr bieten auch die Handelsketten jetzt wieder Rabatte an, sei es in Form von Sonder-Rabatten auf ganz bestimmte Produktgruppen oder das gesamte Sortiment an bestimmten Tagen, oder aber als Gegenleistung für die Inanspruchnahme einer Kundenkarte, die dem Handel wertvolle Aufschlüsse über die Konsumgewohnheiten beim Einkauf liefert. Darüber hinaus aber gibt es in sehr vielen anderen Handels- und Gewerbebetrieben sehr wohl noch Rabatte, die sogar frei verhandelt werden können.

Stammkunden-Rabatte gibt es in den Läden der Handelsketten dort, wo der Kunde sich über eine (Stamm-)Kundenkarte bei der Kasse ausweist und über diese Karte abrechnen lässt. Stammkunden-Rabatte gibt es auch bei den Fluggesellschaften in Form von Vielflieger-Gratis-Meilen. Stammkunden-Rabatte beginnen oft schon bei der kleinen Gratiszugabe beim Nahversorger, wenn nicht alles so genau gewogen und gezählt wird. Und selbstverständlich bekommt man immer Rabatt, wenn man regelmäßig in einer bestimmten Boutique, einem Parfumerie-Fachgeschäft oder bei dem Juwelier einkauft, der unsere Wünsche schon sehr genau kennt. Das ist eine Frage der Kundenbindung und eine nette menschliche Geste.

Der **Personal-Rabatt** gehört in manchen Großbetrieben einfach schon zum Dienstvertrag. Die Unternehmensleitung gestattet ihren Mitarbeitern, dass sie die Produkte aus der eigenen Erzeugung billiger, also mit einem mehr oder weniger großen Preisnachlass beziehen können. Manche Mitarbeiter kaufen hier sehr großzügig ein, manche über den eigenen Bedarf hinaus.

Der **Betriebsrats-Rabatt** ist eine Sonderform der Rabattgewährung, weil dabei in Großbetrieben mit viel Personal die Betriebsräte die Bestellungen der Mitarbeiter sammeln und über einen Großeinkauf direkt beim Erzeuger deutlich bessere Preise erzielen können, als das beim Einzeleinkauf im Geschäft möglich wäre. Aktionen dieser Art sind im lokalen Handel nicht sehr beliebt, weil sie dadurch an den Standorten der Großbetriebe ihren Umsatz verlieren.

Der **Großfirmen-Rabatt** ist in Österreich ebenfalls noch immer sehr beliebt. Wer als Angestellter eines Großunternehmens am Standort einkauft, wird normalerweise daraus Nutzen ziehen wollen, dass außer ihm ja auch noch hunderte andere Mitarbeiter in einem bestimmten Geschäft für Umsatz sorgen. Und das, so heißt es dann, rechtfertigt sicher einen Großfirmen-Rabatt, der in der Regel auch gegeben wird.

Der **Networking-Rabatt** beruht auf dem typisch österreichischen Brauch, dass die eine Hand die andere wäscht, und dass man auf keinen Fall den „vollen Preis" zahlen will. Wer voll zahlt, ist entweder zu dumm oder zu faul zu fragen, hört man immer wieder. Wenn also in der Verwandtschaft gleich mehrere Menschen in verschiedenen Großfirmen arbeiten, dann tauschen sie einfach ihre Rabatt-Vorteile aus: Der eine kauft billiger hier, der andere billiger da, am Ende profitieren beide. Das gilt selbstverständlich auch für die Sonder-Einkaufsbedingungen über die Betriebsräte und die eingeforderten Rabatte als Mitarbeiter eines Großunternehmens. Networking ist Trumpf – auch beim Rabatt-Kassieren und Billig-Einkaufen.

Der „Einfach-so-Rabatt" ist schließlich die Königsdisziplin unter den Rabatt-Spezialisten. Machen Sie den Versuch: Sie gehen in ein Geschäft, wo Sie etwas einkaufen wollen, und fragen den Chef oder die Verkäuferin seelenruhig, einfach so, auf „gut Glück": „Also für einen Kunden wie mich gibt es doch sicher auch einen Rabatt?" Wenn Sie nicht wirklich Pech haben und auf jemanden stoßen, der mit den Gebräuchen des Landes nicht vertraut ist, werden Sie in den meisten Fällen Erfolg haben. Wie lautet doch das „Schlawiner"-Prinzip: „Ein bissel was geht immer" …

Warum Menschen vorzeitig im Bankrott enden

An der Iowa State University, USA, wurde in den Neunzigerjahren eine groß angelegte Studie über die Ursachen für den Bankrott von privaten Haushalten in den westlichen Industrieländern durchgeführt. Hier die wirklich erstaunlichen Ergebnisse:

- In den Privat-Bankrott schlittern im Durchschnitt drei Mal mehr Männer als Frauen. Dass Männer die kühlen Rechner sind und besser mit Geld umgehen können, dürfte wohl so nicht stimmen.
- Es sind in der Mehrzahl nicht die „bildungsferneren" Sozialschichten, die am ehesten in das Finanzdebakel schlittern. An der Spitze der Statistik stehen leitende Angestellte und nicht etwa die ungelernten Hilfsarbeiter. Wer gewohnt ist, professionell mit großen Finanzbeträgen zu jonglieren, muss nicht unbedingt auch mit den alltäglichen kleinen Cent-Ausgaben zurande kommen.
- Als Ursachen für die finanziellen Probleme wurden regelmäßig die Unwägbarkeiten des Lebens genannt, wie wir sie alle kennen: Krankheiten, Invalidität oder Todesfall in der Familie, Arbeitslosigkeit oder Scheidung.

Am häufigsten fand sich dennoch eine andere, eigentlich lapidare Begründung für den privaten Bankrott: „Ich habe zu viel Geld ausgegeben – und zu viel Kredit aufgenommen"…

Wer rettet uns vor der Kaufsucht?

Die auch in Österreich regelmäßig durchgeführten Untersuchungen über das Kaufsuchtverhalten in der Bevölkerung zeigten zuletzt eine gefährliche Zunahme dieses spezifischen Konsumverhaltens. Bereits zum vierten Mal wurde im Oktober 2007 durch das Gallup-Institut im Auftrag der Arbeiterkammer eine österreichweite Befragung durchgeführt, bei der nach dem klassischen „Hohenheimer Kaufsuchtindikator" der Universität Stuttgart-Hohenheim die „German Addictive Buying Scale" – GABS – ermittelt wurde. Die Auswertung erfolgte unter der wissenschaftlichen Leitung von Univ.-Prof. Dr. Karl Kollmann von der Abteilung Konsumentenpolitik in der Wiener Arbeiterkammer und von Frau Mag. Irene Kautsch. Und was die beiden Wissenschaftler feststellten, klang und klingt wirklich alarmierend:

- 8,7 Prozent der Befragten haben sich selbst als stark kaufsuchtgefährdet eingestuft,
- 32,9 Prozent gelten als deutlich kaufsuchtgefährdet,
- 42 Prozent der Bevölkerung erscheinen damit insgesamt als kaufsuchtgefährdet, während im Jahr davor
- 32 Prozent insgesamt als kaufsuchtgefährdet einzustufen waren.

Damit hat das Ausmaß der Kaufsuchtgefährdung in der österreichischen Bevölkerung innerhalb eines einzigen Jahres um ein Drittel zugenommen.

Die Kaufsuchtgefährdung in den Altersgruppen

- Am stärksten war die Kaufsuchtgefährdung immer schon bei den 14- bis 24-Jährigen ausgeprägt – sie lag zuletzt insgesamt bei 58 Prozent. Unterteilt man diese Altersgruppe noch in die 14- bis 18- und 19- bis 24-Jährigen, dann sind es die ganz jungen Menschen, die überdurchschnittlich und noch stärker gefährdet sind als ihre knapp älteren Altersgenossen.
- Für den deutlichen Anstieg der Werte der Kaufsuchtgefährdung waren aber diesmal vor allen Dingen Menschen aus der Altersgruppe der zwischen 25- und 44-Jährigen verantwortlich.
- Ältere Menschen in den Gruppen der 45- bis 59-Jährigen und der über 60-Jährigen sind bei Weitem nicht mehr so stark kaufsuchtgefährdet, liegen aber immer noch bei 31 und 34 Prozent.

Die Unterscheidung nach dem Geschlecht

- Frauen sind grundsätzlich stärker kaufsuchtgefährdet als Männer – und zwar im Verhältnis 60 zu 40 Prozent.
- Am stärksten kaufsuchtgefährdet erscheinen auch weiterhin weibliche Jugendliche zwischen 14 und 24 Jahren mit einem Anteil von über 60 Prozent.
- Den stärksten Zuwachs hat es indessen bei Frauen zwischen 25 und 44 Jahren gegeben. In dieser Altersgruppe ist erfahrungsgemäß das verfügbare Einkommen aufgrund der Berufstätigkeit auch am höchsten.

Kaufsucht als Ersatzbefriedigung

Bei der Auswertung der Ergebnisse der Befragungen kamen auch die Gründe für die ansteigende Häufigkeit der Kaufsuchtgefährdung zutage. Zunächst muss davon ausgegangen werden, dass man in unserer heutigen Gesellschaft nun einmal konsumieren muss, wenn man dazugehören will. Konsum drückt den Lebensstil aus, mit Konsum zeigt man, wer man ist. Und mit Konsum kann man sich dafür entschädigen, was man vom Leben nicht oder nur ungenügend bekommen hat. Die Wissenschaftler sprechen von „kompensatorischem Konsum" – einfacher gesagt, kann man in der Kaufsucht auch eine Form der Ersatzbefriedigung sehen. Und wie heißt es doch so schön in der Studie von Professor Kollmann:

„Konsumgüter eignen sich hervorragend als Kompensationsmittel für anderwärtig erlittenes oder empfundenes Leid. Probleme in der Arbeitswelt oder in familiären Beziehungen, empfundene Defizite, Belastungserfahrungen oder geringes Selbstwertgefühl können leicht durch Konsum-Erlebnisse kompensiert werden, weil der Besitz von Konsumgütern eine hohe gesellschaftliche Anerkennung aufweist."

Die Jugend liebt die Werbung

Jugendliche finden Werbung cool, und sie stehen ihr auch ziemlich unkritisch und positiv gegenüber – besonders erfolgreich sind die Werber bei den Menschen in der Stadt, vor allem bei den Wienerinnen und Wienern.

* 60 Prozent der österreichischen Bevölkerung beurteilen die Werbung grundsätzlich positiv,
* 10 Prozent sogar sehr positiv, damit stehen
* 70 Prozent insgesamt positiv zur Werbung.
* 25 Prozent sind gegen Werbung und
* 5 Prozent ist es egal.

Wenige Chancen auf Änderung der Trends zur Kaufsucht

Die Wissenschaftler sehen wenige Chancen dafür, dass der anhaltende Trend zu einem Ansteigen der Kaufsuchtgefährdung nachhaltig geändert werden kann. Eine kritische persönliche Auseinandersetzung der Menschen mit ihrer Schwäche findet kaum statt. Kaufsüchtige Personen, so heißt es, würden in der klinischen Arbeit vor allem dadurch auffallen, dass sie kaum bereit sind, eine Therapie anzugehen, und wenn, diese sehr rasch wieder abbrechen.

Die Hilfe muss bei den Kindern ansetzen

Weil die Therapie der schon kaufsuchtgefährdeten Menschen nur sehr unbefriedigende Ergebnisse gebracht hat, setzen die Sozialwissenschaftler jetzt vor allem auf die Prävention.

Kindern, Jugendlichen und jungen Erwachsenen müsse von außen geholfen werden, weil deren Elternhäuser in der Vermittlung von Konsum- und Konsumentenwissen offensichtlich versagt haben. Hier wäre vor allem bei der Verbraucherbildung in der Schule anzusetzen.

Dazu ist es aber dringend notwendig, auch den Lehrern und Erziehern das richtige Bewusstsein zum Thema Kaufsuchtgefährdung zu vermitteln „und ihnen eine kritische Reflexion des eigenen Konsumverhaltens näherzubringen". Was Professor Kollmann hier mit sehr vorsichtigen Worten umschrieben hat, ist die Erkenntnis, dass leider auch sehr viele Pädagogen nicht sehr viel einschlägiges Wissen haben und selbst nicht vor der Gefährdung durch Kaufsucht gefeit sind. Deshalb, so heißt es abschließend in der Studie über die Kaufsuchtgefährdung in Österreich, ist es wichtig, „alle Pädagogen mit der Vermittlung von relevantem Wissen zur ‚privaten Lebenswelt' der Menschen vertraut zu machen".

Praktische Hinweise für den Vermögensaufbau

Karriere- und Einkommens-Planung

Entscheidend für den Berufseinstieg ist sicher bis zu einem gewissen Grad auch weiterhin die richtige Ausbildung. Das gilt ausnahmslos für jede Bildungsstufe, aber ganz besonders natürlich für die höheren Schulen. Ganz schlimm ist es bei Bewerbungen für die Spitzenjobs. Meist zählen hier aber nicht die konkreten Noten im Zeugnis, sondern die Attraktivität und das Ansehen der Ausbildungsstätte in der Öffentlichkeit. Aber machen Sie sich nichts vor: Ihr Doktordiplom brauchen Sie in Wahrheit auch nicht für den Personalchef im Vorstellungsgespräch. Oft sagen die großen Chefs ganz offen über die Kandidaten für Aufsteigerpositionen: „Mich beeindruckt nicht Ihr Titel, sondern nur das, was Sie können beziehungsweise was ich glaube, das Sie können. Meinetwegen kann jemand drei Doktorate haben, wenn ich ihn nicht für gut halte, hat er keine Chance." Was er allerdings nicht dazusagt: Der liebe junge Bewerber würde gar nicht in sein Büro gekommen sein ohne die guten Zeugnisse – die Sekretärin hätte ihn gar nicht zum Chef vorgelassen. Genau genommen promovieren wir also tatsächlich nur für die Sekretärin vom Chef!

Geheimclubs, Seilschaften und Networking

Die Zugehörigkeit zu Clubs und Vereinigungen mit öffentlicher oder auch geheimer Mitgliedschaft hat schon immer das Fortkommen im Berufsleben beschleunigen können – es schafft aber auch Abhängigkeiten, die fatale Folgen haben können, wenn jemand die Weisungen seiner Freunde nicht ernst nimmt oder Empfehlungen in den Wind schlägt.

Eher materieller Natur sind meist die Folgen, wenn jemand einen Posten ausschließlich wegen der Zugehörigkeit zu einer bestimmten politischen Partei erhält. Parteien müssen manchmal auch in der Oppositionsrolle darben. Und häufig darben dann auch bald jene, die auf einem „Partei-Versorgungsposten" in einem staatsnahen Betrieb oder in der öffentlichen Verwaltung gesessen sind. Hier ist außerdem zu berücksichtigen, dass es auch innerhalb der Parteien noch eigene Seilschaften gibt, und dass Parteichefs meist mit harter Hand Posten „frei machen", die sie selbst zur Versorgung eigener Liebkinder brauchen. Und wer nichts gelernt hat, außer vor seinem Parteichef zu „kuschen", der könnte dann bei neuerlicher Postensuche böse Überraschungen erleben. Das erleben manche Manager auch sehr drastisch im Bankenbereich. Sehr effizient und weitgehend frei von „Nebenwirkungen" sind heutzutage eigentlich nur die Erfolge konsequenter Networking-Aktivitäten. Networking kommt fast ausschließlich auf der Basis positiver Zuwendung und Sympathie zustande und funktioniert nicht so sehr auf der Basis von Abhängigkeiten und Hackordnungen wie in der Politik. Und es geht bei den Berufsrisiken auch nicht um „Vernaderung" von Partei-„Freunden". Geahndet wird eher Interesselosigkeit, wenn sich jemand ständig außerhalb der „Networking-Zone" bewegt.

Vermögensbildung: Erst ansparen – dann vermehren und schließlich absichern

Wer sein Geld gewinnbringend anlegen will, muss dazu erst einmal genug Geld haben – wenn nicht, muss er zuerst Geld ansparen. Und wie es so schön im Volksmund heißt, „man kann nie früh genug damit anfangen". Schließlich ist die Anspardauer für den Zinserfolg stets wichtiger als der Prozentsatz, der uns geboten wird.

Dazu ein mathematisches Rechenbeispiel in Tabellenform: Wenn monatlich 100 Euro auf ein Konto gelegt werden, wie viel liegt dann als Endbetrag nach 5 oder 15 Jahren auf dem Konto – je nachdem, ob dafür 5, 6, 7 oder 8 Prozent Zinsen gezahlt werden?

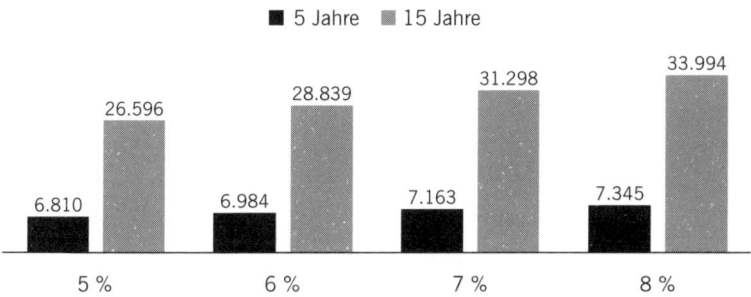

ANSPARDAUER IST WICHTIGER ALS PROZENTE

■ 5 Jahre ■ 15 Jahre

5 %	6 %	7 %	8 %
6.810 / 26.596	6.984 / 28.839	7.163 / 31.298	7.345 / 33.994

Wir erkennen deutlich, dass bei 5 Jahren Anspardauer die Unterschiede bei den Endbeträgen nicht sehr groß sind, obwohl die Zinssätze so deutlich voneinander abweichen. Bei 15 Jahren Anspardauer sind die Unterschiede schon deutlicher zu erkennen. Auffallend ist auch, dass bei einer drei Mal so langen Anspardauer das Ergebnis vier Mal so groß ist.

Wer auch nur kleine Beträge monatlich weglegen kann, wird trotzdem nach entsprechend langer Anlagedauer mit einem respektablen Kapitalbetrag rechnen können. Das ist auch der Grund dafür, warum relativ viele Menschen noch immer eine Vorliebe für das Sparbuch haben. Hier können sie – ohne Spesen – regelmäßig auch ganz kleine Beträge einzahlen, die sich über die Jahre zu einem kleinen Vermögen auswachsen können. Und was besonders wichtig ist: Sie müssen nicht ständig um die höchsten Zinsen feilschen, und ihre Spareinlagen sind durch staatliche Garantien zu hundert Prozent sicher!

Wir wollen im nachstehenden Beispiel das sehr unterschiedliche Anwachsen unserer monatlichen Eigenleistungen von 100 Euro im Monat und der Kapital-Endbeträge betrachten, die sich daraus ergeben.

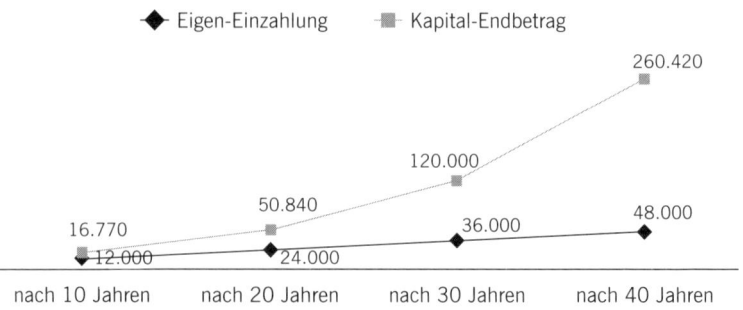

KAPITAL-ENDBETRAG UND EIGENLEISTUNG
bei monatl. Einzahlung 100 €

◆ Eigen-Einzahlung   ■ Kapital-Endbetrag

Die Botschaft ist deutlich: Aus den angesparten 12.000 Euro sind nach 10 Jahren 16.770 Euro geworden, das sieht nicht nach viel aus, aber es sind ja auch immer nur kleine Beträge eingezahlt worden, das Spargeld ist nur langsam angewachsen. Die Einzahlungen des 10. Jahres sind nur über wenige Monate verzinst worden.

Aber bei 20 Jahren Anlagedauer hat sich das eingezahlte Geld bereits verdoppelt, bei 30 Jahren mehr als verdreifacht und bei den theoretischen 40 Jahren wäre es mehr als das Fünffache vom eingezahlten Geld, das als Ansparkapital herauskommt.

Grundsätzlich muss natürlich eingeschränkt werden, dass es sich hier nur um theoretische Ansätze handelt, die uns das sogenannte „8. Weltwunder" in seiner – für den Sparer angenehmen – Auswirkung zeigen sollen, den Zinseszins. Ob jemand in der

Praxis wirklich über so lange Zeit gleichbleibend kleinere Beträge in einen Sparvertrag einbringen will, bleibt dahingestellt. Vermutlich würden am Beginn der Spartätigkeit, wenn das Familienbudget noch entsprechend klein ist, auch kleinere Beträge anfallen, und später dann eben mehr. Außerdem ist mit größeren Schwankungen bei den Zinsen zu rechnen – und die wechselnd hohe Inflationsrate, die das hier gezeigte Brutto-Ergebnis erheblich reduzieren kann, musste auch außer Ansatz bleiben. Aber es ging uns hier eben nur um die Grundaussage.

Längere Anlagedauer für fixe Beträge bringt am meisten

In den beiden bisherigen Ansparmodellen wurde von einer monatlichen Einzahlung über die gesamte Anlagedauer ausgegangen. Im Zeitraum eines Jahres betrachtet, lag der erste Monatsbetrag über zwölf Monate zur Verzinsung auf dem Konto, der letzte nur einen Monat lang. Über eine Anlagedauer von zehn Jahren heißt das praktisch, dass der bis dahin eingezahlte Gesamtbetrag (10 x 1.200 Euro) im Durchschnitt nur fünf Jahre lang verzinst werden konnte.

Wer also einen etwas größeren Betrag, einen kleinen Lottogewinn oder ein großzügiges Geschenk einer Tante oder einer Großmutter, auf einmal zur Bank bringen kann, wird sein eingezahltes Geld ungleich schneller wachsen sehen. In unserem Beispiel wurden 10.000 Euro über verschiedene Laufzeiten auf dem Konto liegen gelassen.

Das Ergebnis ist verblüffend: Schon nach 10 Jahren hat sich das Kapital verdoppelt, nach 20 Jahren vervierfacht, nach 30 Jahren liegen 80.000 statt 10.000 auf dem Konto und nach 40 Jahren dann wäre der ursprüngliche Betrag auf das 16-Fache gestiegen.

Das Geheimnis dabei: Nach zehn Jahren wird beispielsweise nicht mehr ein Betrag von 10.000 verzinst, so wie im ersten Jahr, sondern bereits ein doppelt so hoher Betrag – weil eben Zinsen von den Zinsen gezahlt werden. Alle zehn Jahre verdoppelt sich das vorhandene Sparkapital. Und in den letzten zehn Jahren verdoppelt sich bereits das Achtfache des ursprünglich eingelegten Geldes, und das ist sechzehn Mal so viel.

DER ZINSESZINS – DAS ACHTE WELTWUNDER
16-fache Einlage nach 40 Jahren

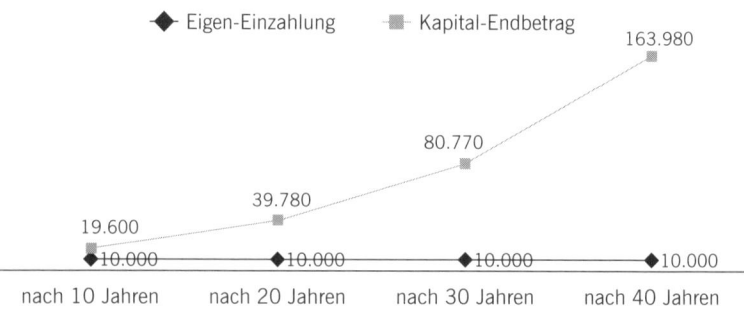

Hier sind allerdings doch noch einige Anmerkungen zu den vorangestellten Demonstrationsmodellen erforderlich:

Die Rechenbeispiele spiegeln sicherlich nicht die Zinsenlandschaft wider, die im Jahre 2009 auf dem Geldmarkt gegeben war – im Gegenteil. Derart großzügige Anlagezinsen hat es aber in den früheren Jahren gegeben und wird es auch wieder geben. Die angenommene Höhe der Zinsen konnte die Wirkung der Zinseszins-Rechnung aber überdeutlich zum Ausdruck bringen. Anzumerken ist auch, dass es sich hier um Brutto-Zahlen handelt, bei denen die 25 Prozent Kapitalertragsteuer nicht berücksichtigt wurden, die ja jeweils in jedem Jahr gleich vom Geldinstitut abgezogen und an die Finanz abgeführt werden muss. Eine derartige Rechnung hätte die Darstellung des Modells nur zusätzlich kompliziert gemacht – ohne den Erklärnutzen zu steigern. Dass in der Gesamt-Rentabilität auch noch die laufende Inflation zu berücksichtigen ist, sollte hier auch nicht unerwähnt bleiben.

Wie sicher sind unsere Sparguthaben?

Wie groß die Angst der Menschen um ihre Ersparnisse ist, wurde uns allen seit dem Sommer 2007 drastisch vor Augen geführt, als auch in Österreich die Sparer wochenlang vor den Bankschaltern anstanden und die Kundenbetreuer geduldig Auskunft über die noch vorhandene Sicherheit der Spareinlagen geben mussten. Erst eine staatliche Garantie, die praktisch EU-weit für die Spareinlagen ausgesprochen wurde, konnte die Ruhe und das angeschlagene Vertrauen in die Banken wieder einigermaßen herstellen.

Ist es nur die Angst um das Geld?

Ich möchte hier bezweifeln, dass es nur die Angst um das Geld ist, welche die Menschen so hilflos und hysterisch nach staatlicher Sicherheit hat rufen lassen. Zugegeben, es ist kein schöner Gedanke, wenn man damit rechnen muss, dass jenes Geld, für das man womöglich so viele Jahre hart gearbeitet und vielleicht noch härter gespart hat, plötzlich durch Ereignisse vernichtet wird, die man nicht selber verursacht hat und die man auch überhaupt nicht beeinflussen kann. Und die Vorstellung, dass die Wünsche, die man sich mit dem Geld erfüllen wollte, nun im schlimmsten Fall auch nur Wünsche bleiben sollten, ist auch keine der angenehmen Art. Verständlich und nachzuvollziehen ist außerdem, dass die Aussicht auf einen Lebensabend ohne ausreichende finanzielle Vorsorge durchaus eine Bedrohung darstellt.

Aber ehrlich – ist es wirklich nur die Angst? Ist es nicht auch die Wut auf die Verursacher der Krise, die Wut auf die Banken, denen die Schuld an der Krise angelastet wird, die die Menschen um sich schlagen lässt, weil sie sich um ihr Geld und vor allem ihr Vertrauen betrogen sehen? Und ist es nicht auch ein wenig die Wut auf uns selbst?

Da haben wir jahrelang fleißig gearbeitet, haben Überstunden gemacht und Extra-Schichten geschoben, nur damit ein wenig schönere Beträge auf dem Lohnzettel gestanden sind, und manchmal haben wir sogar auf Urlaub verzichtet und ihn uns in Geld ablösen lassen. Wir haben auf Wochenend-Ausflüge mit dem Partner oder der Familie verzichtet – auf schöne Erlebnisse und insgesamt auf Lebenszeit, auf Zeit zum Leben. Und wir haben lange auf ein neues Auto verzichtet und sind mit dem alten unterwegs gewesen – nur um zu sparen! Gespart haben wir auch bei der Kleidung und bei Restaurantbesuchen. Und wenn Urlaub war, dann haben wir uns eingeredet, dass Camping und das Leben im Zelt ohnedies lustiger sind als der Komfort im Hotel! Und was hätten die Kinder nicht alles gern gehabt, was wir ihnen abschlagen mussten – Sparen war wichtiger!

Und das alles nur für Geld, das jetzt auf dem Sparbuch liegt und durch die unverantwortlichen Manipulationen von einigen Bankmanagern in Gefahr geraten ist. Gewiss, das lässt in uns die Wut hochsteigen. Aber wie ist es mit der Wut, die wir jetzt auf uns selber haben, weil wir das alles so haben geschehen lassen, weil uns dieses Geld wichtiger war als ein angenehmeres Leben mit ein ganz kleinwenig mehr Vergnügen am Geldausgeben? Ich denke, da ist nicht nur Angst im Spiel, sondern auch Wut – und ein wenig Verzweiflung darüber, dass wir vielleicht doch einiges falsch gemacht haben im Leben ...

Zweck-Sparen nach dem „Kaskaden"-Modell

Der Notgroschen auf dem Sparbuch

Zur normalen und problemfreien Haushaltsführung gehört stets ein gewisser Geldvorrat. Auch wenn es leider bei sehr vielen Menschen nicht immer so funktioniert: Es vereinfacht die Ausgabenplanung ungemein, wenn das Gehaltskonto nicht ständig bis an die Höchstbelastungsgrenze überzogen wurde und jede auch noch so geringfügige Extra-Ausgabe und jede unerwartete Ersatzanschaffung zum Problem wird. Leider ist das in sehr vielen Haushalten, bei sehr vielen Menschen nicht nur ein Problem der Haushaltsplanung, sondern auch ein Problem eines nicht ausreichenden Einkommens. Dort hat das Wort „Notgroschen" sicher eine ganz andere Bedeutung. Und wenn von solchen Menschen gespart wird, dann sparen sie beim Essen – und nicht auf der Bank.

Worüber wir hier eigentlich sprechen wollten, das ist ein echter „Notgroschen", der als Reserve stets greifbar sein sollte. Damit können im Bedarfsfall kleinere, aber unerwartete Ausgaben abgedeckt werden. Dazu gehören beispielsweise auch Reparaturen am Pkw, an den Haushaltsgeräten oder sonstige kleine Ersatzanschaffungen. Was bei einem positiven Verlauf der Haushaltsführung am Monatsende auf dem Gehaltskonto übrig bleibt, kann automatisch von der Bank auf ein besser verzinstes Sparkonto übertragen werden. Damit wird das Sparkonto für die monatlichen Überschüsse zum Sammelkonto.

Die Spar-Kaskade

Im Prinzip funktioniert unser Ansparsystem also wie eine Wasser-Kaskade: Was auf dem Gehaltskonto übrig bleibt, fließt in ein Sammelbecken, das erst einmal mit einem Mindestbetrag gefüllt sein sollte, bevor das, was darüber hinaus anfällt, in die darunter liegenden Becken für eine mittel- und längerfristige Veranlagung – mit besseren Zinsen und mit höherer Rendite – abrinnt.

Spekulieren bei den Sparzinsen

Es ist eindeutig die Kapital-Sicherheit, die bei der Wahl der Veranlagungsform zählt – das ist ein klarer Trend. Die Sparer mussten außerdem in den Jahren der Finanzkrise – nach einem Tiefststand der Leitzinsen – sehr flexibel mit der Wahl der Bindungsfristen ihrer Gelder sein und in ihrer Veranlagungspolitik drastisch umdenken, wenn sie nicht zu große Einbußen erleiden wollten. Über mehrere Jahre waren sie zuvor gewohnt gewesen, für längere Bindungsfristen auch höhere Zinsen zu bekommen. Dann war es plötzlich umgekehrt: Wer sein Geld nur kurzfristig zur Verfügung stellte, bekam mehr Zinsen als für mehrjährige Bindungen. Es bestand, wie es in der Fachsprache heißt, eine inverse Zinsenstruktur.

Für die Sparer ist das Marktverhalten bei den Bindungsfristen klar:

*   Wenn sie auf steigende Zinsen setzen, wählen sie kurze Laufzeiten.
*   Wenn sie auf fallende Zinsen setzen, möchten sie die gerade noch gebotenen Zinsen für eine längere Zeit fix gesichert haben.
*   Die Chancen für die Sparer sind umso besser, je mehr die Banken auf die Einlagen wegen knapper Liquidität angewiesen sind und bei bestimmten Laufzeiten in Konkurrenz zueinander stehen.

Für zinsbewusste Sparer ist es also nicht egal, ob sie ihre Einlagen kurz oder länger binden – und ob sie auf fallende oder steigende Zinsen setzen. Diese Entscheidung setzt eine Spekulationsfreude voraus, die in wirtschaftlich und finanziell turbulenten Zeiten recht beträchtlich sein kann. Die Zins- und Fristen-Profis unter den Sparern haben daher in Zeiten, wo man die künftigen Zinsentwicklungen nicht genau abschätzen konnte, gern zu einem Optimierungs-Mix gegriffen.

Laufzeit- und Zinsen-Optimierung

Der gesamte Sparbetrag wurde dann – sinnvollerweise in drei Posten – aufgeteilt:

- ein Teil wurde auf täglich fällig beziehungsweise eher kurz-fristig angelegt (6 Monate),
- ein Teil wurde auf eine mittlere Dauer gebunden (12 Monate),
- und ein Teil wurde länger gebunden (zum Beispiel 36 Mo-nate).

Dabei wurde die Größe der einzelnen Posten so gewählt, dass die Laufzeit – und damit die Zinsenhöhe – mit der größten Erfolgs-wahrscheinlichkeit stärker gewichtet wurde als die Laufzeiten der anderen Teile des Sparkapitals.

Mit ziemlicher Sicherheit hat dann der Mix, wenn er richtig gewählt war, ein optimales Ergebnis erbracht.

- Waren die Gelder hauptsächlich kürzer gebunden und die Zinsen sind gestiegen, dann konnte vom Anstieg profitiert werden, weil ein baldiger Umstieg möglich war. Die schwä-cheren Zinsen für die längere Bindung konnten den Zins-Durchschnitt nur leicht verringern.
- Umgekehrt hätte ein Fallen der Zinsen zwar Verluste gegen-über der realen Entwicklung bedeutet, die aber durch den Anteil der längerfristigen Bindung immerhin noch gemildert wurden.
- Waren die Gelder hauptsächlich länger gebunden und die Zinsen sind gefallen, dann hatte man sich die noch höheren Zinsen für den Großteil des Anteils immerhin gesichert. Die kleineren Teile für Kurzfrist-Bindung haben den Durchschnitt zwar gedrückt – aber nur teilweise.
- Umgekehrt hätte bei dieser Konstellation ein Steigen der Zin-sen einen wohl größeren Zinsverlust gegenüber der tatsäch-

lichen Entwicklung bedeutet – die kleineren Teile mit der Kurzfrist-Bindung hätten den Verlust wenigstens ein bisschen mindern können, wenn auch nicht sehr.

Das Zinsen- und Laufzeit-Mix-Modell konnte über Jahre gute Dienste leisten, solange nicht ganz sicher war, wie die Zukunftstrends laufen würden. Spätestens seit Mitte 2007 konnte man sich solche komplizierte Konstruktionen sparen, denn die Zinsentrends standen viel zu deutlich fest: Es ging nur noch nach unten – für wie lange, das konnte niemand sagen.

Wenn die Zinsen wieder steigen

Dass die Zinsen nach der Krise ebenso wie die Inflationsraten wieder steigen würden, war klar, die Frage war nur – wann! Für die risikobereiten Anleger war ein Überbrücken der Niedrigzinsphase längst wichtiger geworden als das Warten auf die nächste Zinssteigerung. Sie haben 2009 noch Bank- und Industrie-Anleihen gekauft mit einer Laufzeit von drei Jahren, wobei sie von der damals sehr hohen Verzinsung der Anleihen profitieren konnten. Die Banken und viele Industrie-Unternehmen hatten großen Kapitalbedarf und mussten wegen der großen wirtschaftlichen Unsicherheit enorm hohe Risikoaufschläge auf die herrschenden Marktzinsen bezahlen. So konnte auch in der Niedrigzinszeit viel Geld verdient werden. Und wie konnten sich „Normal-Sparer" vor einer zu früh beginnenden Zinsenauftriebs-Bewegung absichern? Es kam die alte Technik der Stufen-Anleihen wieder zu Ehren – hier eben in einem Kapitalsparbuch ausgebildet: zum Beispiel wurden

- 1 Prozent im ersten Jahr,
- 2 Prozent im zweiten Jahr und
- 3 Prozent im dritten Jahr der Bindung geboten – ergibt
- 2 Prozent im Durchschnitt der drei Jahre.

Das war zwar auch nicht gerade ein Superangebot – aber immerhin eine Absicherung für den Fall, dass die Zinsen nicht ganz so schnell steigen würden, als viele schon erhofft hatten.

Auf die Realzinsen achten

Bei einer Inflationsrate um 0 Prozent ergeben auch Nominalzinsen von 1,5 Prozent bereits eine durchaus zufriedenstellende Realverzinsung. Wenn man nämlich von den 1,5 Prozent Brutto-Zinsen die 25 Prozent Kapitalertragsteuer abzieht, die vom Geldinstitut gleich direkt an die Finanzbehörden abgeführt wird, verbleiben dem Sparer immerhin noch 1,125 Prozent netto als Realzinsen.

Liegt die Inflationsrate höher, sind im Normalfall auch die Zinsen höher, die von den Banken und Sparkassen geboten werden müssen, um die Sparer zum Anlegen ihrer Gelder zu motivieren. Allerdings, und das wird von vielen Sparern leider übersehen, ist damit auch die abgezogene Kapitalertragsteuer, die KESt, nominell deutlich höher. Der verbleibende Netto-Zinssatz liegt dann in vielen Fällen sogar unter der Inflationsrate. Wenn also die Sparzinsen brutto nicht entsprechend hoch ausfallen, frisst die Inflation in diesem Fall nicht nur die ganzen Zinsen auf, sondern auch noch einen Teil des Sparkapitals. Negative Realzinsen führen zum Kapitalverlust – die Mathematik ist da unbarmherzig.

- Bei 3 Prozent Inflation müssen die Nominalzinsen mindestens 4 Prozent betragen, wenn der Sparer wenigstens ohne Verlust aussteigen will:
  4 % -1 % (= 25 % von 4 %) = 3 %
- Bei 10 Prozent Inflation sind es bereits rechnerische 13,33 Prozent Mindestzinsen, wenn die Inflation nach Abzug der KESt gerade noch ausgeglichen werden soll:
  13,33 % -3,33 % (= 25 % von 13,33 %) = 10 %

Die langjährige Erfahrung hat gezeigt, dass bei niedriger Inflationsrate die Wahrscheinlichkeit für eine positive Realverzinsung größer ist als bei einer höheren Inflation und höheren Zinsen.

Geld anlegen – damit das Vermögen wachsen kann

Der gesunde Anlage-Mix

Die traditionelle Aufteilung des Vermögens von einst – Geld und Gold, Aktien und Anleihen sowie Grund und Boden – findet sich im modernen Asset-Management von heute aus vielen praktischen Gründen nicht mehr wieder. Das liegt nicht nur an den Veränderungen auf den Geld- und Kapitalmärkten, wo sich die Ertragsmöglichkeiten ebenso wie die Wertentwicklungen bei den einzelnen Anlageformen drastisch auseinanderbewegt haben, sondern auch an der Zahl der Einzelteilnehmer bei der Vermögensanlage – und der Größe der Vermögen, die dafür in Frage kommen. Vermögensverwalter hatten es vor hundert Jahren noch relativ einfach. Wenn sie Vermögenswerte umzuschichten hatten, waren das meist große Einheiten, mit denen man leichter rechnen und auch umgehen konnte. Und wenn man nicht unbedingt mit Aktien jonglierte, dann haben sich auch die Werte der Vermögen so sprunghaft innerhalb kürzester Zeit entwickelt wie heute. Und sogar Aktienkurse lassen langfristige Trends erkennen, denen man bei langfristiger Denkweise einfach nur zu folgen brauchte.

Der Index der New Yorker Aktienbörse, der „Dow Jones Industrial Average", hat im Laufe der Jahrzehnte viele Einbrüche erlebt, mit dem katastrophalen Crash von 1929, dem noch viele weitere mittelschwere Ereignisse folgen sollten – etwa der Absturz der New Yorker Börse am Wochenende vom 19. bis 21. Oktober 1987 oder die beiden Einbrüche nach 2001 und nach 2007 –, aber im langfristigen Trend kann man nur

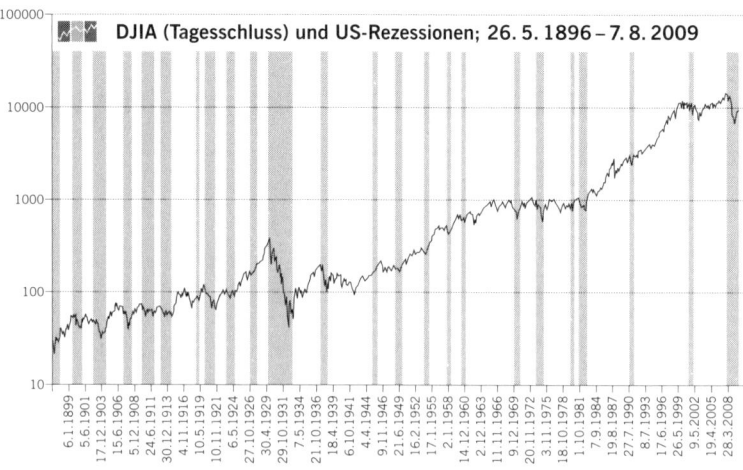

DJIA – Dow Jones Industrial Index
Zeitraum Ende Mai 1896 bis August 2009
Quelle: Markt-Daten.de

eine Bewegung erkennen, nämlich die nach oben. Trotzdem wird niemand mit Vermögen und Verstand ernsthaft auf die Idee kommen, das gesamte Vermögen in Wertpapieren, und hier speziell in Aktien, anzulegen. Beim Aktien-Investment auf Generationendenken zu setzen wäre vermutlich tödlicher Leichtsinn. Heute muss auch zwischendurch auf Fluktuationen professionell reagiert werden.

Nicht alle Eier in einen Korb – aber wo ist „das Gelbe vom Ei"?

Am einfachsten und mit relativ kleinen Kursschwankungen – und daher auch kleinerem Risiko – behaftet waren bisher immer noch die sogenannten Geldmarktprodukte, also von Geld-Einlagen in Banken, etwa in Form eines Sparbuchs, bis hin zu komplizierteren Konstruktionen mit Bank-zu-Bank-Anleihen und den sogenannten „strukturierten" Produkten.

Es gilt noch immer die eiserne Regel: „je einfacher – desto sicherer". Man sollte sich grundsätzlich nie auf eine Anlageform einlassen, die man nicht durchschaut und versteht. Das ist es auch, was in den Augen so vieler Geld-Anleger noch immer für das gute alte Sparbuch spricht.

Die zweite Regel: „je mehr Risiko – umso mehr Rendite" hat sich für viele Anleger spätestens in den Zeiten der Finanzkrise als grober Irrtum erwiesen. Geld ist eben leider nicht Geld, vor allem, wenn es sich um die virtuellen Konstruktionen von Investmentbanken handelt, die grundsätzlich mit (leeren) Versprechungen irgendwelcher anderer Banken handeln, von denen man glaubt, dass sie nur seriöse und daher sichere Geschäfte machen. Leider waren die Geschäfte aber vielfach doch nur Luft-Geschäfte. Und die Ergebnisse wurden brav geteilt: Die Banken haben die Provisionen kassiert für die Luft-Geschäfte, die Bankkunden haben die Verluste tragen müssen. Das war sicher auch ein Kernmotiv für die Wut gegen die Banken und den Vertrauensverlust, mit dem sie danach fertig werden mussten.

Investmentfonds

Grundsätzlich haben die „organisierten" Anlageprodukte, wie beispielsweise auch die Investmentfonds, den Vorteil, dass hier von vielen einzelnen Anlegern auch kleinere Beträge eingezahlt und gesammelt werden, sodass auch der „Kleine" mit seinem Geld investieren und verdienen kann wie ein „Großer". Es können Großinvestitionen getätigt werden, die einem normalen Kleinanleger immer verschlossen bleiben müssten. Auch die damit mögliche bessere Streuung der Anlagewerte spricht für dieses System des Ausgleichs – zumindest solange sich die Märkte allgemein gut entwickeln. Wenn allerdings die Märkte in Zeiten der Finanzkrisen weltweit einbrechen, hilft das auch im gestreuten Anlagekorb nichts. Es heißt zwar so schön in den meisten Anleger-Prospekten, dass man „nicht alle Eier in einen Korb legen soll", aber wenn alle Körbe von den Stellagen fallen und man nur Eier gesammelt hat, nützt das Aufteilen der „Eier" auf mehrere Körbe im Ernstfall auch nichts ...

Alternative Geldanlage-Techniken

Mit Aktien reich werden – oder ganz arm ...

Grundsätzlich ist es gerade in Krisenzeiten wichtiger denn je, auf eine vernünftige Portfolio-Diversifikation zu achten. Der Gründer der österreichischen „Superfund"-Gruppe für Finanzanlagen, Christian Baha, hat den Anlegern, die auch nach dem Börseneinbruch von 2008 noch immer hauptsächlich Aktien im Portfolio hatten, zu einer Neuausrichtung ihrer Portfolios geraten. Die Anleger sollten auf keinen Fall den Fehler begehen, die Aktien zu behalten oder scheinbar günstig nachzukaufen, wie ja in den Anfängerkursen für Neo-Aktionäre immer wieder gelehrt wurde. Man könne, so hieß es damals in den Neunzigerjahren immer wieder, sich durch das Nachkaufen von Aktien zu den stark gefallenen Kursen den Durchschnitts-Einkaufskurs „heruntermischen", so die Lehre vom „Kurs-Averaging". Genau das hätte sich im Verlauf des Börseneinbruchs von 2008 für viele Anleger als fataler Fehler erwiesen, meinte der Gründer der Superfund-Gruppe in einem Gespräch mit dem Buchautor im Sommer 2009: „Die oft propagierte Regel, die Verluste auszusitzen und das Depot zehn Jahre nicht anzuschauen, ist längst überholt und zudem viel zu riskant", so Baha. Es sei ein Trugschluss, zu glauben, dass alles, was nicht verkauft wurde, kein Verlust sei. „Ist eine Aktie, so wie es zuletzt nicht selten passiert ist, einmal um 90 Prozent gefallen, muss sie um 900 Prozent steigen – also den Kurs verzehnfachen –, nur um auf das Ausgangsniveau zu kommen." Besser sei es, starke Tage an den Börsen zum Glattstellen von Positionen zu nutzen. Und er sah dann auch im Beruhigungsjahr 2009, als sich die Aktienkurse wieder stabilisiert haben, überhaupt keinen Grund, Aktien nachzukaufen. „Nur weil diese 20 Jahre gut gelaufen sind, muss das nicht die nächsten 20 Jahre so weitergehen."

Hedge-Fonds und Managed-Futures-Fonds

Systematisch gemanagte Managed-Futures-Fonds würden eher die Erfolge sichern, lautet hingegen der Alternativvorschlag des Hedge-Fonds-Spezialisten Baha. Durch diese Kombination, meint er, hätte der Investor eine breite Streuung im Gesamtportfolio und nicht nur eine attraktive Gewinnmöglichkeit, sondern langfristig auch entsprechende Sicherheit. Eine vernünftige Anlagestrategie hat zudem den Vorteil, dass man sie nicht alle sechs Monate anpassen muss, sondern dass sie eine nachhaltige und langfristige Veranlagung darstellt. Managed-Futures-Fonds haben sich zuletzt auch in der Finanzmarktkrise bewährt. Während Aktien- und Immobilienmärkte 2008 Milliardenverluste verbuchen mussten, gab es bei Hedge- und Futures-Fonds teilweise sogar überdurchschnittlich hohe Gewinne. Vor allem solche Anlagestrategien, die sich nicht allzu sehr auf die traditionellen Anlageklassen wie Aktien und Anleihen verlassen hatten, konnten sich im katastrophalen Börsenumfeld jedenfalls um Klassen besser behaupten als die nach klassischen Methoden verwalteten Investmentfonds.

Hedge-Fonds ist nicht gleich Hedge-Fonds

Zum Unterschied von traditionellen Investmentfonds, die ausschließlich bei steigenden Märkten Gewinne erzielen können, profitieren alternative Investmentformen wie Hedge-Fonds, Managed-Futures- oder Futures-Fonds (in den USA auch CTA – steht für Commodities Trading Advisor – genannt) auch von fallenden Kursen. Aber auch hier ist zu beachten: Hedge-Fonds ist nicht gleich Hedge-Fonds. Anders als andere Hedge-Fonds-Stile handeln Futures-Fonds ausschließlich mit standardisierten Futures-Kontrakten an hochliquiden und streng kontrollierten Börsen und nutzen weder „Leerverkäufe" in Einzelaktien noch Fremdkapital.

Breite Streuung macht ertragreich

Wesentlich zum langfristigen Erfolg von Futures-Fonds trägt die sehr breite Streuung des Anlegerkapitals bei. So zeichnen sich Managed-Futures-Fonds dadurch aus, dass sie nicht nur Aktienindizes, Währungen und Zinsen, sondern auch zahlreiche inflationsresistente Rohstoffmärkte wie Rohöl, Erdgas und Metalle sowie Agrarprodukte von Weizen über Kaffee bis zu Baumwolle handeln. Anders als klassische Investmentfonds-Manager versuchen systematische Trendfolger wie Superfund nicht die Entwicklung der Märkte vorauszusagen, sondern sie profitieren von bereits vorhandenen Trends. Dabei treffen vollautomatische Computerhandelssysteme sämtliche Investmententscheidungen nach streng mathematischen Regeln und führen diese auch durch.

Mit dem Blick in den Rückspiegel fahren und kräftig Gas geben ...

Die Kritiker dieser Trendfolger-Methode haben dafür ein sehr eindrucksvolles Bild geprägt: Wer seine Entscheidungen ständig auf der Basis bisheriger Abläufe und Entwicklungen trifft, verhält sich wie ein Autofahrer, der praktisch nur mit dem Blick in den Rückspiegel fährt und nicht nach vorwärts schaut, wenn er kräftig Gas gibt. Das ist ein einleuchtendes Bild, aber es scheint dadurch ein wenig getrübt, dass man ja beim Blick nach vorne auf den Finanzmärkten auch nur Umrisse erkennen kann – so wie im Nebel –, und dass wir immer erst im Nachhinein wissen, ob unsere Zins- und Kurs-Prognosen richtig waren. Oft waren sie es leider nicht ...

Unabhängigkeit zahlt sich aus

Noch immer bestehen die meisten Privatanleger-Portfolios vorwiegend aus Aktien, Anleihen und Immobilien. Auch wenn diese regional, über Branchen oder verschiedene Investmentfonds gestreut sind, bleiben es letztlich immer Aktien, Anleihen und Immobilien. Und wie sich 2008 gezeigt hat, weisen die Aktienkurse in den USA, Europa und Asien eine sehr hohe Abhängigkeit voneinander auf. Das heißt: Fällt ein Aktienmarkt, fallen alle Aktienmärkte. Ähnlich verhält es sich bei Anleihen und Immobilien. Der häufigste Fehler von Privatanlegern ist nach Meinung des Fonds-Spezialisten Baha, dass bei der Portfolio-Zusammensetzung der Aspekt der Unabhängigkeit der einzelnen Investments zueinander außer Acht gelassen wird. Er verweist hier auf den Wirtschafts-Nobelpreisträger Harry M. Markowitz, der schon vor längerer Zeit davor intensiv gewarnt hat. Für den langfristigen Erfolg sei vor allem die unabhängige Entwicklung der einzelnen Anlageklassen im Portfolio entscheidend. Allerdings, so die Finanzmarkt-Experten von IQAM, dem Institut für Quantitatives Asset-Management, hätten auch die Methoden von Markowitz gerade in Zeiten der Finanzkrise ihre Schwächen gezeigt. Nachdem es aber zu jeder wissenschaftlichen Meinung auch eine Gegenmeinung gibt, wird sich der einzelne Anleger wohl auch weiterhin auf sein eigenes Gefühl verlassen müssen, schließlich trägt er auch ganz allein das Risiko – und den Verlust, wenn die Anlage schiefläuft.

Managed Futures unterliegen strenger Kontrolle

Managed-Futures-Fonds unterscheiden sich aber nicht nur durch ihre Handelsstrategie von anderen Hedge-Fonds. Auch was die gesetzlichen Vorgaben und die aufsichtsbehördlichen Kontrollen anbelangt, gibt es deutliche Unterschiede zwischen Managed-Futures-Fonds (CTAs) und Hedge-Fonds. Denn während Managed-Futures-Fonds seit Jahrzehnten zahlreichen gesetzlichen Auflagen und der strengen Kontrolle verschiedenster Aufsichtsbehörden unterliegen, können Hedge-Fonds-Manager zum Teil unbeaufsichtigt agieren und so wie im Fall Madoff Milliarden verspielen.

Die Probleme mit den Immobilien

Über Ankauf oder Verkauf von Immobilien kann nur der effektiv entscheiden, der eine Immobilie in seiner Gesamtheit besitzt. Es liegt in der Natur der Sache, dass man sehr viel Geld braucht, um ganze Liegenschaften, große Grundstückseinheiten und Gebäudekomplexe zu kaufen. Wer also nur einen Teil seines Vermögens in Immobilien anlegen möchte, kann nur dann eine ganze Einheit kaufen, wenn genug Geld da ist. Es reicht vielleicht für eine Eigentumswohnung, möglicherweise auch nur für eine kleine Wohnung – oder ein ganz kleines Häuschen oder Grundstück auf dem Lande. Halbe Häuser oder halbe Wohnungen gibt es nicht zu kaufen, und wer billige Objekte kauft, muss davon ausgehen, dass er damit auch keine großen Gewinne erzielen wird. Die Erfahrung auf dem Immobilienmarkt zeigt, dass billige Immobilien meistens noch billiger werden, dass aber besonders teure Häuser oder Wohnungen auch besonders schnell im Preis steigen – eben weil sie sich meist in guten Lagen befinden und gute Lagen knapp sind. Der Preisanstieg ist damit automatisch garantiert.

- Wer nur kleine Beträge direkt in Immobilien veranlagen kann, muss sich auf kleinere und billigere Objekte beschränken. Die sind leider nicht sehr ertragreich.

- Wer nur kleinere Beträge zur Veranlagung zur Verfügung hat, muss sich auf den Kauf von Immobilien-Aktien oder – was noch gefährlicher ist – auf den Einstieg in einen Immobilien-Fonds einlassen. Viele Anleger mussten hier in den letzten Jahren bittere Verluste einstecken. Sie haben sich von der Qualitäts-Anmutung blenden lassen. Investitionen in Realitäten sind oft nicht sehr real – und manchmal leider auch nicht reell.

- Einen realen, wenn auch längerfristig kalkulierbaren Nutzen hat der Kauf von Wohnungen und Wohnhäusern vor allem dann, wenn die Objekte für den Eigengebrauch gekauft werden und später, wenn in den Pensionsjahren das Einkommen knapper wird, eine teure Miete erspart werden kann.

- Wirklich wertstabil kann jemand sein Geld nur dann in Immobilien investieren, wenn er in der Lage ist, das alleinige Eigentumsrecht an der Immobilie zu erwerben. Nur dann kann er selbst über Kauf oder Verkauf entscheiden. Und nur dann, wenn der Eigentümer finanziell stark genug ist, dass er in Krisenzeiten sein Immobilien-Vermögen nicht zu Billigpreisen verschleudern muss, wird er auch langfristig das Vermögen in dieser Anlageform sichern können. Realitäten sind etwas Sicheres, vor allem in Krisenzeiten, aber man muss stark genug sein und seine Stärke auch bewahren können.

Lohnt sich die Anlage in Gold längerfristig?

Mit Gold kann man nicht reich werden – aber wer schon reich ist, kann damit reich bleiben, das ist eine der alten Weisheiten. Gold trägt keine Zinsen – aber es gleicht in Inflationszeiten den Zinsverlust durch Wertgewinne wieder aus. Mit Gold wird man langfristig gesehen auch nicht arm werden.

Seit Gold nicht mehr zur Deckung der Währungen in großen Mengen von den Notenbanken gehalten und gehortet wird, war sein Wert in den letzten Jahrzehnten immer schon größeren Schwankungen unterworfen. Einerseits ist Gold zum Industrierohstoff geworden, und andererseits ist es auch als Grundlage für die Schmuckbranche von den weltweiten konjunkturellen Schwankungen abhängig. Die wirklich erkennbaren Preissteigerungen wurden aber nicht nur von der Entwicklung in der Realwirtschaft, sondern vor allem von der psychologisch bedingten Stimmungslage der Menschen in den Zeiten von finanzieller Unsicherheit ausgelöst. Gold gilt noch immer als „sicherer Hafen" für das Geldvermögen. Wenn aufgrund von Kriegsereignissen oder inflationären Gefahren Unsicherheit bei den Menschen mit freien Vermögensreserven aufkommt, flüchten sie immer wieder in das Gold als Veranlagung mit größerer Sicherheit.

Das lässt sich an der Preisentwicklung sehr deutlich ablesen. Anfang der Siebzigerjahre lag der Goldpreis für die Feinunze noch bei 100 Dollar. Turbulenzen mit Ausbruch der ersten Erdöl- und Energiekrise 1973 ließen den Goldpreis auf 200 Dollar steigen. Ende der Siebzigerjahre, als sich der erste Golfkrieg unter Bush sen. abzeichnete, stieg der Goldpreis gewaltig und erreichte beim Ausbruch des Krieges erstmals einen Rekordwert von deutlich über 800 Dollar. Zwar gab es mit der zweiten Ölkrise und dem Börsen-Crash von 1987 in New York weitere relativ kurze Preis-Ausrutscher nach oben, aber dann schwankte der Goldpreis für viele Jahre zwischen 300 und 400 Dollar. Erst nach dem schrecklichen Ereignis am 11. September 2001 in New York und den daraufhin steigenden Erwartungen auf einen neuen Krieg im Mittleren und Fernen Osten begann dann der Goldpreis enorm nach oben auszubrechen. Und zum Höhepunkt der Finanzkrise ging der Preis für das Gold erstmals über die 1000-Dollar-Grenze. Nach einer deutlichen Beruhigung ist der Preis ab 2009 schließ-

Goldpreis in USD/Feinunze; London Fixing p.m., tgl.; ab 1973 Stand: 21.8.2009

Der Goldpreis in Dollar je Feinunze in der Tagesnotierung von London von 1973–2009
Quelle: Markt-Daten.de

lich wieder nach oben gegangen. Und mit der aufkommenden Angst vor einer schlimmen Inflation wird er wohl wieder weiter nach oben gehen. Experten sprechen von 1300 Dollar, manche erwarten Ausbrüche nach oben bis über die 2000-Dollar-Marke. Aber das wird sich noch zeigen.

Für Goldkäufer innerhalb der Euro-Zone, aber selbstverständlich auch für starke Währungen wie dem Schweizer Franken, sollte hier angemerkt werden, dass der Ankaufspreis für das Gold ja etwas niedriger liegt, wenn er in diesen Währungen bezahlt wird. Allerdings gleicht sich das beim etwaigen Verkauf in derselben Währung ja wieder aus.

Viel wichtiger ist für alle Anleger, dass sie auf die Größe der angekauften Stücke und auf die Beschaffenheit achten. In Zeiten mit hohem Goldpreis sollten die Prägungen kleinerer Münzen, wie etwa dem Halb- oder Viertel-Unzen Philharmoniker, nur in kleinen Stückzahlen – etwa für Geschenke – angeschafft werden. Bei kleineren Prägungen bewegen sich nämlich die Herstellungskosten in einem eher ungünstigen Verhältnis zum Goldwert der Münze. Außerdem muss auch der Ausgabe-Aufschlag für die Münze als Verlust bei der Goldanlage berücksichtigt werden, also der Unterschied zwischen dem Preis, den man beim Ankauf in einer Bank bezahlen muss, und dem Preis, den man bei einem Verkauf wieder dafür zurückbekommt. Die Herstellungskosten der Goldstücke sollten auch beim Kauf von Barren berücksichtigt werden. Es gibt bereits Barren in Stücken zu zehn Gramm zu kaufen, das sind eher nur dünne Blättchen, wo man schon sehr viele davon bei einer Veranlagung größerer Geldbeträge kaufen müsste.

Sinnvoller sind für die Veranlagung bereits Ein-Kilo-Barren, die man auch schon für mittlere Anlage-Beträge kaufen kann. Wer wirklich ganz große Beträge in Gold auf Dauer anlegen will, wird sich ohnedies um die Barren in Normalgröße bemühen. Diese Goldstücke in Ziegelform wiegen etwa 13,5 Kilogramm, sind schwer transportierbar, weil schwer zu heben, und sollten daher den Banktresor auch gar nicht verlassen. Wer allerdings so einen Großbarren im Notfall zu Geld machen will oder muss, wird dann immer so ein großes Stück auf einmal verkaufen müssen, obwohl ein so großer Geldbetrag vielleicht gar nicht benötigt wird. Schon aus diesem Grund sollten auch kleinere Stücke – etwa zu einem halben oder ganzen Kilogramm – eingelagert werden. Und übrigens: Solche kleineren Stücke kann man auch leichter in einer Tasche oder einem Koffer transportieren.

Wie schützen wir uns vor Deflation und Inflation?

Der Zusammenbruch der US-Investmentbank Lehman Brothers im Juli 2007 versetzte damals die ganze Finanzwelt in Angst und Schrecken. Würde jetzt das global vernetzte System der Banken zusammenbrechen, würden die Anleger um ihre Guthaben umfallen – und was würde wohl jetzt mit den Währungen passieren?

Die Angst ging um und die Befürchtungen gingen in alle Richtungen: vom Zusammenbruch der großen Weltwährungen über einen Generalbankrott der Banken bis hin zur Deflation – oder wahlweise einer Hyper-Inflation.

Die verantwortlichen Notenbanker hatten damals aber ihre Lektion aus der Krise nach 1929 gut gelernt und dann auch entsprechend rasch gehandelt. Für sie, die Experten der US-FED, der EZB in Frankfurt oder der BOE, der Bank of England, war völlig klar, dass vorerst zwei Aktionen vordringlich waren: das Vertrauen der Sparer in die Banken zu sichern und die Banken so massiv mit Bargeld zu versorgen, dass der Geldumlauf nicht wesentlich verlangsamt wurde.

Die Angst vor der Deflation war besonders groß, denn die hatte nach 1929 auch die große weltweite Rezession ausgelöst. Damals hatte die US-Notenbank es verabsäumt, Geld in den Bankenkreislauf zu pumpen, sodass die Banken auch kein Geld an die Wirtschaft abgeben konnten. Und als der Geldumlauf – die sogenannte Geldmenge M3 – schrumpfte, kam es alsbald zu einer deflationären Entwicklung, die Preise fielen massiv, es folgte die bisher größte Depression der Weltwirtschaft. Genau diese Angst vor einer ruinösen Rezession, die nur ganz schwer zu bekämpfen ist, bewegte auch die Notenbanken dazu, tausende Milliarden Dollars und Euros in den Geldapparat zu pumpen. Jene Geldmenge, die den Banken zur Verfügung steht, die Geldmenge M-Null, wurde praktisch verdreifacht, aber es wurde trotz rückläufiger Wachstumswerte in der Realwirtschaft die allgemeine Geldmenge nicht geschrumpft, sondern sogar leicht erhöht.

Die Angst vor der Deflation war sehr real – die Wirtschaft schrumpfte 2009 tatsächlich um durchschnittlich etwa fünf Prozent in Europa. Und die volle Aufmerksamkeit galt daher auch der Wieder-Ankurbelung der Wirtschaft. Denn Deflation führt zur Rezession und diese bringt stets auch Firmenzusammenbrüche, Arbeitslosigkeit, einen Rückgang der Konsumkraft in der Bevölkerung und damit eine ständige Abwärtsspirale für die gesamte Volkswirtschaft.

Was bedeutet Deflation für die Anleger?

Grundsätzlich bedeutet Deflation eine Wertsteigerung des Geldes. Und in Zeiten der Deflation kommen die Sparer in der Regel auch zu sehr annehmbaren Real-Zinsen, wenn es keine Inflation gibt. Weniger günstig ist die Deflation für Menschen mit Realitätenbesitz. Und wer Schulden hat, leidet dann besonders, weil diese auch im Wert steigen.

Was man als Anleger gegen die Deflation tun kann?

Da von einem nur kurzen deflationären Finanzumfeld auszugehen war, haben die meisten Finanzanleger ihr Geld 2009 entweder auf Sparkonten oder auf kurz laufenden, etwa dreijährigen Bank- und Industrieanleihen geparkt, für die man zu dieser Zeit besonders hohe Zinsaufschläge lukrieren konnte. Viel wichtiger aber war für alle, dass sie nicht den Übergang von der Deflation zur Inflation verpassten.

Seinerzeit, nach 1929, hatte die Deflation in den USA Werte bis über 10 Prozent erreicht und das hatte dann auch eine sehr unangenehme Folge für den Staatshaushalt – eine Verschuldung auf das Dreifache. Diesen Effekt hatte es in den USA im Übrigen auch 2009 wieder gegeben – in Europa war es nicht ganz so tragisch. Auf die Deflation bis 1933 folgte allerdings dann eine Phase starker Inflation mit Werten bis zu 20 Prozent, die erst ab dem Jahre 1951 endgültig bewältigt werden konnte. So lange hatte es damals gedauert, bis die USA, bis die Staatsfinanzen „entschuldet" werden konnten. Denn, und das ist eine sehr gebräuchliche Methode, wenn die Staaten stark verschuldet sind, können sie sich nur über eine kräftige Inflation wieder sanieren. Die Inflation frisst die Schulden auf. Das gilt übrigens auch für alle privaten Schuldner.

Tatsache ist, dass auch in Europa sich die Staatshaushalte schwer verschulden mussten, um die notwendigen Konjunkturpakete zur Ankurbelung der Wirtschaft zu finanzieren. Also würden auch sie eine „helfende" Inflation brauchen, um diese Schulden ein wenig schneller wieder loszuwerden – auch wenn dadurch wieder ein steigender Zinsentrend ausgelöst werden musste. Für die Europäische Zentralbank war das die Aufgabe einer Punktlandung. Sie musste das Geld, das sie so überreichlich in den Bankenapparat gepumpt hatte, wieder rückführen:

- War die EZB zu früh dran, würde das die Konjunktur abwürgen.
- War die EZB zu spät dran, würde das eine kräftige Inflation notwendig machen.
- Nur eine Punktlandung zum richtigen Zeitpunkt konnte beides verhindern: die Deflation, die das Wachstum ruiniert, und die Inflation, die das Geldvermögen der Anleger zerbröckeln lässt.

Trotzdem, die Inflation ist, gesamtwirtschaftlich gesehen, noch immer das kleinere Übel: Wenn die Schulden weniger wert werden, hilft das den überschuldeten Staatsfinanzen, und wenn die Sparer ihr Geld lieber ausgeben, weil es sonst zu stark an Wert verliert – wenn sie also „ent-sparen" –, kurbelt das über den vermehrten Konsum die Wirtschaft an. Die Sparer waren schon immer – zu allen Zeiten – die Leidtragenden einer Inflation.

Wie sichern die Anleger ihr Vermögen vor der Inflation?

Wesentlich sei dabei, so meinte etwa Mag. Constantin Veyder-Malberg, Vorstand der Wiener „Capital"-Bank, beim Risiko genau zu unterscheiden zwischen einer rein finanztechnischen Inflation von bis zu zehn Prozent und einer Hyper-Inflation, wie sie nur ganz selten und eher in unterentwickelten Volkswirtschaften vorkommt, also einen Zusammenbruch des gesamten Währungssystems bedeutet. Dabei konzentriert sich der rational denkende Anleger eher auf die mittelfristige „normale" finanztechnische Inflation.

Inflationsgesicherte Staatsanleihen

sind in solchen Zeiten praktisch der wirksamste Schutz – sowohl was den Zinsertrag, als auch was die Kapitalsicherheit betrifft. Solche Staatsanleihen waren schon seit einigen Jahren vorher in den USA, in Frankreich und in Deutschland begeben und angeboten, aber vom Publikum nicht wirklich geschätzt worden, das sollte sich dann aber sehr rasch ändern. Die Inflationsanleihen sind in den USA als TIPS bekannt – Treasury Inflation Protected Securities – und sichern den Anleger gleich gegen mehrere Risiken ab:

Der Anleihekäufer erhält beispielsweise neben einem fixen Zins-Kupon von 1,5 Prozent einen Zinszuschlag, der über einen eigenen Index errechnet wird. Steigt nun die Inflation, steigen auch die Zinsen.

Der Anleihekäufer bekommt aber auch einen Zuschlag zu seinem einbezahlten Nominalbetrag, wenn die Inflation inzwischen den Wert seiner Anleihe vermindert hat, was ebenfalls am Index ersichtlich ist.

Der Index könnte nun aber auch von einer Deflation betroffen sein – dann wird das seinen Niederschlag in den Zinsen finden, aber auch beim Kapital: Wenn aber der Index-Stand der Anleihe einen Wert von unter 100 angibt, wird die Anleihe trotzdem zum Wert von 100 getilgt.

Anleihen

sollten grundsätzlich nur dann gekauft werden, wenn sie mit variablen Zins-Kupons ausgestattet sind. Sie würden sonst sehr rasch an Kurswert verlieren, wenn am Markt die Zinsen aufgrund der Inflation steigen. Angeschafft werden sollten also nur sogenannte „Floater", Schuldverschreibungen, Zertifikate etc. mit fixen Zinsvereinbarungen sind absolut zu meiden.

Immobilien

sind in Zeiten hoher Inflation schon ganz allgemein zu empfehlen, weil sie der Wertsicherung dienen – aber nicht alle Immobilien gewinnen auch an Wert. Wer in Immobilien gewinnbringend investieren will, sollte fremd genutzte Immobilien kaufen, bei denen der Mietzins an die Preisindex-Entwicklung gekoppelt ist. Typische Investitionen sind hier Zinshäuser oder Lagerhallen.

Aktien

können in Zeiten der Inflation dann besonders attraktiv sein, wenn sie zu Unternehmen gehören, die stark verschuldet sind, aber trotzdem gute Chancen zur Wiedergesundung haben. Die langjährige Erfahrung hat gezeigt, dass viele Industriellenfamilien ihren Reichtum so begründet haben, dass sie in schweren Zeiten solche an Kapitalnot leidende Unternehmen übernommen haben. Attraktiv sind in Inflationszeiten die Aktien von Konsumgüterproduzenten und solchen Unternehmen, die aufgrund der Marktverhältnisse (Produktknappheit bei Energie und Lebensmitteln) ihre gestiegenen Kosten problemlos an die Abnehmer weitergeben können.

Attraktiv sind generell auch alle Aktien, bei denen es hohe Dividenden gibt. Für wirklich risikofreudige Anleger könnte man auch sogenannte „Dividenden-Swaps" empfehlen. Sie werden an der EUREX gehandelt. Beispielsweise geht man dort eine Wette auf die Entwicklung der Dividenden der Eurostoxx-50-Aktien ein. Die Risiken eines Spezial-Optionsscheins müssen aber bewusst akzeptiert werden.

Gold

ist in Wahrheit eine Anlageform, die auf Schutz gegen einen generellen Zusammenbruch des Währungssystems abzielt, der auch länger dauern kann. Mag. Veyder-Malberg von der „Capital"-Bank spricht hier von einer „Weltuntergangs-Versicherung" – und die Verluste beim Goldkauf sind eben die Prämie dafür. Gold zu kaufen, meint er, hat nur Sinn, wenn man mit dem Schlimmsten rechnet, nämlich, dass man für sein Geld nichts mehr kaufen kann und darum Gold einsetzen muss, um Brot zu bekommen. Für kurzfristige Wertschwankungen des Geldes eignet sich Gold schon rechnerisch nicht wirklich: Die Aktienkurse schwanken weltweit im Durchschnitt um 20 bis 25 Prozent, der Goldpreis schwankt oft um 30 Prozent jährlich. Beim Wert kann man meist nur schwer mitverdienen, und Zinsen gibt es auch keine. Das bedeutet zu Inflations- und Hochzinszeiten relativ hohe Einbußen.

Eines ist sicher: Gold verdirbt nicht und kann auch nur minimal in der Markt-Menge vermehrt werden. Und das hat dem Gold auch eine Wertrelation beschert, die über alle Zeiten Bestand gehabt hat: Um eine Unze Gold hat man sich schon im „alten Rom" eine schöne Toga anfertigen lassen können, und auch heute wird man um den Wert einer Unze Gold einen durchaus eleganten Anzug in einem Kleiderhaus kaufen können.

Aber, so erklärt der Anlage-Experte, der Goldvorrat sollte nicht zu groß sein, damit sich beim Wiederausstieg der Verlust in Grenzen hält. Idealerweise sollte der Goldvorrat ungefähr die Bedarfsmenge für die ganze Familie im Zeitraum von sechs Monaten decken. Länger dauert eine normale Finanzkrise nach einem Währungszusammenbruch meist ohnedies nicht. Der anerkannte US-Wirtschafts-Professor Hyman P. Minsky, der sich zu Lebzeiten auch sehr intensiv mit der Bewertung von Krisen und deren Folgen beschäftigt hat, schätzte die Unsicherheitsphase nach einer Währungskrise bis zur nächsten Währungsreform mit etwa sechs Monaten ein. Der entsprechend bemessene Goldvorrat sollte aber in Stückelungen angelegt sein, die ein leichtes Ausgeben beim Einkauf ermöglichen. Große Barren eignen sich da eher nicht.

sind besonders für diese kurzfristige Sicherheitsvorsorge empfehlenswert. Wer beispielsweise Euro-Silbermünzen mit dem aufgeprägten Nominale von zehn Euro nimmt, zahlt zehn Euro beim Kauf in der Bank und bekommt dann beim Verkauf auch wieder zehn Euro dafür. Der Silberwert der Zehn-Euro-Münze beträgt zwar nur fünf Euro, wird aber in Zeiten hoher Inflation vermutlich auch steigen. Und wenn man mit den Münzen einkaufen geht, wird man wohl auch Ware für zehn Euro erhalten.

Alle anderen Münzen kosten mehr als der aufgeprägte Nominalwert. Als Risiko-Absicherung gegen Währungsprobleme sind sie nicht geeignet, weil die Kosten zu hoch sind.

Anlage-Diamanten

sind für Menschen mit hohem Risikoprofil und großem Sicherheitsanlage-Bedarf bestens geeignet. Nachdem in der Vergangenheit nur die Zertifikate von etwa fünf Experten in Europa als voll vertrauenswürdig anerkannt wurden, führte das immer wieder zu Unsicherheiten. Mittlerweile gibt es neuere Techniken, die per Laser die Zertifikate-Nummer in den Diamanten einprägen, sodass diese nur mit einer Speziallupe erkennbar ist. Damit können die Zertifikate im Tresor bleiben, die Diamanten können bei Fluchtgefahr auch im Gürtel transportiert werden.

Sicher ist nur die Unsicherheit

Was immer die Finanz- und Anlage-Experten auch an Szenarien und Gegenszenarien entwerfen und analysieren, es sind letztlich Annahmen, die sich auf Erfahrungen aus der Vergangenheit stützen. Die wirklich Klugen unter ihnen geben das auch zu. „Auch wenn wir glauben, dass Schwäne grundsätzlich weiß sind, weil wir nur solche kennen – es gibt auch schwarze Schwäne, wir müssen nur darauf gefasst sein", meint Nassim N. Taleb in seinem Erfolgswerk über die „Black Swan Theory", und das gilt auch für die Entwicklung der Welt-Finanzen. Und es läuft auch bei Weitem nicht alles nach menschlicher Rationalität ab – und erst recht nicht bei den Finanzen – ist im Buch „Animal Spirits" der Professoren George Akerlof und Robert Shiller nachzulesen.

Reiche Menschen kommen mit weniger Risiko aus

Reiche und superreiche Familien haben ihr Vermögen überwiegend in Besitztümern angelegt, die im Durchschnitt meist nur sehr geringe Renditen abwerfen. Beispielsweise sind die mehreren tausend Hektar Wald mancher Großgrundbesitzer viele Millionen Euro wert, aber der Ertrag, der außerdem immer nur in zweiter Generation anfällt, weil ein Hochwald eben Jahrzehnte zum Wachsen braucht, bewegt sich maximal zwischen einem und drei Prozent per anno. Ähnlich verhält es sich mit landwirtschaftlichen Besitztümern einiger zumeist adeliger Agrarmagnaten-Familien. Auch hier kommt man mit ganz niedrigen Renditen aus. Ähnlich verhält es sich auch mit den Besitzern von großen Wohnanlagen, also den Zinshäusern oder „Zinskasernen", wie man sie in Österreich nennt. Viel mehr als fünf Prozent sind auch hier im Durchschnitt nicht zu erwirtschaften.

Warum können die Superreichen mit so niedrigen Renditen auskommen?

Wer ein Vermögen von einer Milliarde sein Eigen nennt, kann auch von den 30 Millionen, die er bei drei Prozent Rendite jährlich damit verdient, noch ganz gut leben, auch wenn davon noch Steuer bezahlt werden muss. Großvermögen dieser Art können daher über Generationen überleben, solange sich an den wirtschaftlichen Rahmenbedingungen nichts Wesentliches ändert. Hier funktioniert das Modell der „Ewigen Rente" einfach optimal. Man lebt locker von den „Vermögens-Interessen", den Zinsen. Eine Umwandlung in Kapitalvermögen mit hohen Risiken, aber auch hohen Erträgen wäre hier nicht sinnvoll, es sei denn, dass plötzlich die Erben nicht mehr in Familien-Generationen und -Traditionen, sondern nur noch in kurzfristiger Geldgier denken.

Wer mit einem Vermögen von 100.000 Euro als Ausgangspunkt seiner Geldvermehrung dasteht, wird mit 3.000 Euro bei drei Prozent Rendite jedenfalls nicht seinen Unterhalt bestreiten können. Wenn hier jemand sehr rasch reicher werden oder vom Ertrag seines Vermögens leben möchte, brauchte er vermutlich zwischen 30 und 50 Prozent jährlichen Gewinn, was unter realen Bedingungen kaum möglich sein wird. Was aber auf alle Fälle in Aussicht steht, ist ein Verlust in mindestens dieser Höhe, womit sich der Plan für raschen Reichtum dann auch von selber erledigt hätte.

Was uns mehr oder weniger wert ist ...

Es gehört zu den grundlegenden Erkenntnissen der Finanz-Psychologie, dass Menschen mit ihrem Vermögen nicht gleich verantwortlich umgehen – und das kommt vor allem darauf an, wie das Geld erworben wurde. Lotteriegewinne und ähnlich leicht verdientes Geld werden zumeist ohne große Sorgfalt sehr schnell und leichtsinnig wieder ausgegeben. Das ist Geld, um das man sich ja überhaupt nicht bemühen musste und mit dem man auch nicht gerechnet hat. Wie gewonnen – so zerronnen!

Geld, das wir durch harte Arbeit verdienen, geben wir meist sehr besonnen, aber auch mit viel innerer Freude und Stolz wieder aus. Für die Anstrengung beim Verdienen belohnen wir uns dann mit der Freude beim Ausgeben. Dass das selbst verdiente Geld einen anderen Stellenwert hat als das, was von anderen Menschen als Geschenk kommt, merken Kinder spätestens dann, wenn sie erstmals selber für Geld arbeiten und eigenes Geld in Händen halten. Von diesem Geld trennen sie sich schon weit weniger leicht als vom zusätzlichen Hunderter, den sie von der Großmutter als „Disko-Zuschuss" zugesteckt bekommen haben.

Am meisten Verantwortung verspüren wir Menschen im Normalfall bei dem Vermögen, das uns auf dem Erbwege anvertraut wurde. Selbstverständlich gibt es immer wieder auch Gegenbeispiele für diese Feststellung: wenn der Enkel das in wenigen Monaten ausgibt, was sein Großvater und sein Vater in Generationen aufgebaut hatten. Weitaus in der Mehrzahl sind aber jene Beispiele, wo sich die Erben von Familienvermögen wirklich anstrengen, um aus dem bestehenden Vermögen ein noch größeres zu machen. Wer dabei ängstlich nur den Status zu bewahren sucht und damit erst recht alles gefährdet, macht sich sicher schuldig. Oft ist dabei auch erhebliches Risiko mit im Spiel, wenn es darum geht, in unserer dynamischen Wirtschaftswelt zu bestehen. „Stillstand ist Rückschritt", lautet die Devise. Erfolgreiche Unternehmerfamilien haben uns das in der Geschichte auch in Österreich immer wieder vorgezeigt.

Österreichs Traditionsfamilien denken in Generationen

Die wirklich großen Traditionsfamilien in Österreich haben sich bisher oft durch dynamische Geschäftspolitiken ausgezeichnet und dabei ganz besonderes Geschick im Voraus-Erfassen von Zeit- und Wirtschaftsströmungen bewiesen.

Als Musterbeispiel für eine generationsbezogene und langfristig geplante Vermögensentwicklung mag hier die in der Steiermark beheimatete Familie Mayr-Melnhof dienen. Als maßgebliche Arbeitgeber galten sie bis in die Mitte des 20. Jahrhunderts noch als die heimlichen Landesherren in der Steiermark. Die

166

Gründerväter dieser Dynastie, die erst später in den Adelsstand erhoben wurde, Franz Mayr und Franz Mayr II, hatten um die Mitte des 19. Jahrhunderts im Raum Leoben und Bruck an der Mur eine Reihe von Eisen- und Stahlerzeugungsbetrieben aufgebaut. Die „Franzenshütte" in Vordernberg bei Leoben war damals das erste richtige Stahlwerk in der Steiermark und darf als Vorläufer des viele Jahre später als Alpine Montangesellschaft verstaatlichten Stahlkonzerns gelten. Seinen Ursprung hatte auch der heutige, zum VOEST-Konzern gehörige Edelstahlbetrieb Boehler-Uddeholm AG in einem Betrieb der Familie Mayr-Melnhof in Kapfenberg. Trotz des ansehnlichen wirtschaftlichen Erfolges wurden ab 1872 bis zum Ende des Jahrhunderts die Eisen- und Stahlbetriebe verkauft und die Erlöse in Waldbesitz veranlagt. Die Familie Mayr-Melnhof ist seither der größte Waldbesitzer in ganz Österreich.

So viel Holz musste wirtschaftlich und industriell genutzt werden, daher wurde schon 1888 die Holzstoff- und Pappefabrik in Frohnleiten in der Steiermark gegründet, die noch immer der Kernbetrieb des heute in Europa marktbeherrschenden Karton- und Faltschachtelherstellers, der Mayr-Melnhof Karton AG, ist. Bezeichnend für den Weitblick der Familienchefs war nun schon zum zweiten Mal eine Umstellung auf eine zukunftsgesicherte Wirtschaftssparte. Auch diesmal setzte man nicht auf die ohnedies in Österreich stark verbreitete Papiererzeugung, sondern auf den Verpackungsrohstoff für die aufkommende Konsumgesellschaft der nächsten Jahrzehnte. Und schon in den Fünfzigerjahren erfolgte damals der nächste zukunftsträchtige Umstellungsschritt: Obwohl in der grünen Steiermark, und vor allem in den Waldbesitzungen der Familie, die mittlerweile aus erbtechnischen Gründen mit dem Geschlecht der Saurau verbunden war, genug Holz für die Kartonerzeugung heranwuchs, begann man die Erzeugung auf die Verwendung von Altpapier umzustellen. Dieser Schritt erfolgte zu einer Zeit, als man in der Öffentlichkeit den Begriff des Recyclings noch lange nicht einmal kannte, der sich aber als zukunftsweisend und ökologisch richtig und wichtig herausstellen sollte. Dass die Umstellung auf Altpapier-Abfälle nach stärkerer Verbreitung des Recycling-Denkens auch betriebswirtschaftlich ein großer Erfolg war, darf als nützlicher Nebeneffekt gesehen werden. Und es ist auch nur eine logische Konsequenz einer vorausschauenden Firmen- und Familienpolitik, dass die Mayr-Melnhof-Gruppe neben ihren Betrieben in Österreich längst auch in Tschechien und in der russischen Taiga in Sachen Holz tätig ist.

Zu den österreichischen Industrie-Tycoons gehört auch die bereits in ganz Europa ansässige und im Verpackungsbereich erfolgreiche Turnauer-Gruppe. Diese Familie, insbesondere ihr langjähriges Familienoberhaupt, hatte schon frühzeitig die Bedeutung der Verwendung von Aluminium als Verpackungsrohstoff erkannt, die dazugehörigen Techniken der Vormaterial-Erzeugung konsequent ausgebaut und weiterentwickelt. Auch hier wird die Familien- und Generationentradition hochgehalten und auf die Zukunft ausgerichtet.

Im Bereich der Lebensmittelchemie und -biochemie war schon bald nach dem Zweiten Weltkrieg die Familie Kahane erfolgreich unterwegs, der man ihr Vermögen zur Nazizeit geraubt beziehungsweise „arisiert" hatte. Der Vater des heutigen Konzernchefs Alexander Kahane hatte mit seinem unternehmerischen Weitblick die Zukunftschancen der Erzeugung von Zitronensäure für die Lebensmittelerzeugung und den wirtschaftlichen Vorteil einer starken Zucker-Überproduktion in Österreich erkannt. Mit den eigenen Geschäftsideen und eingekauften Patenten hatte es das Unternehmen spätestens in den Sechzigerjahren über Produkt- und Kosten- zur Weltmarkt-Führerschaft bei Zitronensäure gebracht. Aber anstatt sich auf diesen Lorbeeren auszuruhen, investierte Konzernchef Kahane mit seinem Gespür für zukunftsträchtige Produkte längst in ein gigantisches Biochemie-Projekt, die industrielle Herstellung von Xanthan, einem wahren Universal-Wundermittel. Xanthan wird mithilfe von Bakterien

168

aus Zucker gewonnen, der in Österreich bis zuletzt in großen Überproduktionsmengen in der Landwirtschaft angefallen ist und als Rohstoff daher sehr billig eingekauft werden konnte. Xanthan kommt praktisch in vielen Bereichen als Rohstoff zum Einsatz. Ein Hauptanwendungsgebiet ist die Verwendung als Lebensmittel-Zusatzstoff, der auch für Bio-Produkte zugelassen ist. Xanthan wird unter den Ballaststoffen eingereiht, weil es nur minimal metabolisiert werden kann. Es kann einfach in Wasser aufgelöst werden und kommt als Verdickungsmittel in Milchprodukten (Fruchtjoghurts, Topfencremes), für industriell gefertigte Saucen, für Senf und Ketchup oder für Mayonnaise zum Einsatz. Ein weiteres großes Anwendungsgebiet ist die Kosmetikindustrie: Praktisch in jeder Zahnpasta, im Shampoo, in den flüssigen Seifen oder im Mascara ist Xanthan enthalten – übrigens auch in den Schuhpflege- oder Gleitmitteln. Verwendet wird Xanthan auch in ganz großen Mengen für die Herstellung von Sprengstoffen oder von Bohrschlämmen. Schon in den Siebzigerjahren hatte Emil Kahane aber auch eine Verwendung seines Xanthans für die Zeit nach dem Jahr 2000 vorausgesehen, wenn eines Tages im Zuge der Energieknappheit auch weniger ertragreiche Ölfundstellen einer Zweitnutzung für die Förderung zugeführt werden müssen.

Auch aus der jüngsten Zeit gibt es ein sehr eindrucksvolles Beispiel für großen Weitblick in der Unternehmenspolitik und der Erhaltung der Familiendynastie. Das französisch-spanische Geschlecht der Grafen Bardeaux hatte seit den Siebzigerjahren im Bau- und im Tourismusgeschäft in Spanien und auf Mallorca viel Geld verdient und suchte nun zum Anfang dieses Jahrtausends neue Investitionsmöglichkeiten für das Familienvermögen. Man erinnerte sich der einstigen Erfolge der Familie mit Ländereien im heutigen Ungarn und beauftragte den in Österreich auf Schloss Kaumberg in der Steiermark ansässigen Vertreter des Familienclans der Bardeaux, einen tüchtigen Agrarunternehmer, mit der Expansion nach Rumänien. Dort hat Graf Bardeaux in monatelanger, mühsamer Kleinarbeit einige zehntausend Hektar Ackerland direkt von den Kleinbauern zusammengekauft, als er mit einer gut gefüllten Reisekasse von Dorf zu Dorf zog. „Nicht kleckern, sondern klotzen", hieß die Devise und so wurden jeweils einige tausend Hektar Getreide angebaut und moderne Verwertungs- und Lagerbetriebe errichtet, die bereits mit EU-Agrarfördergeldern unterstützt wurden. Riesige Flächen wurden auch für die Rinder- und Schafzucht verwendet, und weil man sich schon anfangs 1.500 Wasserbüffel angeschafft hatte, wurde auch ein Molkereibetrieb für die Herstellung des auch bei uns so beliebten Mozzarellas eingerichtet. Selbstverständlich wurde auch ein Pferdegestüt für Edel-Renner aufgebaut, und weil man auch reichlich traditionsbewusst war, hat die Familie Bardeaux mit großem Aufwand die noch in Monarchiezeiten unter Kaiser Joseph II. angelegten Reisfelder wieder reaktiviert, wobei vor allem das dazu notwendige Bewässerungssystem mit moderner Technik wiederhergestellt werden musste.

Das alles stampfte Graf Bardeaux in kürzester Zeit mit viel Unternehmergeist, zwei tüchtigen Söhnen und dem Geld seiner Cousins aus Spanien aus dem rumänischen Boden. Die gewaltigen Investitionen, die hier mit Sicherheit ins Ackerland und nicht in den Sand gesetzt wurden, könnten sich schon in spätestens fünfzehn Jahren lohnen, wenn die Lebensmittel weiterhin knapper und vor allem teurer werden sollten. Fünfzehn Jahre sind vielleicht eine lange Zeit für einen Aktien-Anleger, der täglich auf die Kurse und die Entwicklung seines Vermögens schaut, aber sicher nicht für eine Dynastie, die schon seit einigen hundert Jahren lebt und eher in Generationen denkt, die auch wirtschaftlich weiter bestehen sollen.

Die hier beschriebenen Familiengeschichten sind sicher Ausnahmeerscheinungen und vermutlich auch nicht typisch für wirtschaftliche Strategien in Großunternehmen – aber es sind jedenfalls eindrucksvolle Beispiele für eine nachhaltige Gestaltung der Familien- und Generationspolitik, die über eine normale Lebens-Finanzplanung weit hinausgeht.

Richtig Schulden machen

Anschaffungs-Planung – Finanzierungs-Planung

Wann immer eine Anschaffung geplant wird, stellt sich zuerst die Frage nach der Finanzierung. Das gilt für den privaten Haushalt genauso wie für jedes Unternehmen. Kleinere oder mittlere Anschaffungen sollten jedenfalls aus bereits angesparten Reserven finanziert werden können. Wo das nicht möglich ist, sollten eigentlich schon die Alarmlampen leuchten, denn für kleinere Ausgaben sollten keine Kredite in Anspruch genommen werden müssen – auch wenn es sich „nur" um eine Kontoüberziehung handelt. Schließlich ist auch eine Kontoüberziehung ein Kredit, sogar ein sehr teurer Kredit. Selbst wenn in Einzelfällen eine Bezahlung aus den vorhandenen Reserven möglich ist, bei größeren Anschaffungen, bei denen die Summe deutlich höher ist als mehrere Monatseinkommen zusammen, wird die Finanzierung in der Regel nur über einen Kredit möglich sein.

Kann man sich den erforderlichen Kredit überhaupt leisten? Dazu muss abgeschätzt werden, welcher Betrag vom monatlichen Einkommen für die Rückzahlung dieses neuen Kredits „abgespart" werden kann und damit zur Verfügung steht. Das ist dann besonders wichtig, wenn auch andere Verpflichtungen bereits bestehen. Die Banken prüfen meist sehr genau, wie weit ein Einkommen belastet werden kann, und verweigern dann regelmäßig auch weitere Kredite. Außerdem wird bei der Kreditgewährung von den Referenten auch immer wieder davor gewarnt, so große Rückzahlungsverpflichtungen einzugehen, dass sie nur unter härtesten Einschränkungen bei den Lebenshaltungskosten erfüllt werden können.

Schließlich wird man sich die Frage stellen müssen, in welcher Zeit der Kredit abgezahlt werden kann. Die einfache Rechnung: „Preis der Anschaffung, geteilt durch den Betrag der monatlich möglichen Rückzahlungsraten" greift leider nicht tief genug. Bei längeren Laufzeiten eines Kredits können die Zinsen bis zu hundert Prozent des Basisbetrages ausmachen, also wird man auch die Zinsenbelastung mit einkalkulieren müssen. Spätestens hier ist auch der Vergleich zwischen Kredit-Laufzeit und Nutzungsdauer des angeschafften Gutes fällig. Was für die Dauer von fünf Jahren angeschafft wurde, weil es voraussichtlich nur fünf Jahre hält, wird man nicht mit einem Kredit auf zehn Jahre finanzieren können. Sonst hat man nach fünf Jahren zwar nicht mehr das gekaufte Gerät oder Auto, dafür aber die Schulden. Und die bereiten dann überhaupt keine Freude mehr, nur Ärger. Aus diesem Grund ist es auch wirklich nicht ratsam, beispielsweise einen Urlaub auf Kredit abzuzahlen. Die Freude über den 14-tägigen Urlaub ist sehr rasch verflogen, wenn man dann ein ganzes Jahr dafür Raten zahlen muss.

Besonders sorgfältig werden jene Anschaffungen und Finanzierungen geplant werden müssen, die über ganze Lebensabschnitte laufen. Wer ein Haus bauen oder eine Eigentumswohnung kaufen will, sollte zunächst überhaupt einen Teil der Anschaffungskosten bereits aus bisherigen Anspar-Guthaben oder aus Zuwendungen aus der Verwandtschaft abdecken können, weil sonst die Finanzierung zu teuer, die Rückzahlraten zu hoch oder die Laufzeit des Kredits zu lange ausfallen könnte – meistens alles zusammen. Bei den Immobilienmaklern gibt es eine finanztechnische Faustregel: Abhängig von der Höhe der Kredit-Zinsen und der vergleichbaren Miete für ein Wohnobjekt sollten nicht mehr als die Hälfte oder höchstens zwei Drittel über Kredit laufen, weil sonst die Miete zumindest rechnerisch günstiger käme.

Was tun, wenn die Kredit-Rückzahlungen insgesamt zu hoch sind?

In der Lebens-Finanzplanung muss sich die Rechnung auch kurz- und mittelfristig ausgehen – sonst wäre ja der Bankrott-Status schon zwischendurch und weit vorher geschafft, was ja nicht unser Ziel ist.

- Wenn sich also zeigt, dass sich mit dem vorhandenen Einkommen und den vorgegebenen fixen Ausgaben nur ein bestimmtes begrenztes Kreditvolumen finanzieren lässt, wird der Ausweg lediglich über eine genaue Prüfung der Dringlichkeit der einzelnen Anschaffungen und Kredite zu finden sein.
- Was hat Vorrang, was muss unbedingt angeschafft werden und was könnte man unter Umständen noch aufschieben?
- Mindestens ebenso zielführend wird die Frage sein, ob die geplante Ausgabe wirklich so groß ausfallen muss, ob die Wohnung nicht auch ein wenig kleiner oder in einer billigeren Gegend angesiedelt sein könnte, ob es wirklich das größere Auto oder das neueste Modell eines Flachbild-Fernsehers oder Ähnliches sein muss.

Die Frage nach den Zinsen

Maßgeblich für die Kredit-Marge, also für den Aufschlag auf die Bank-Zinsen, den sogenannten „Euribor" („euro interbank offered rate"), ist jeweils die Kreditwürdigkeit, das heißt die Sicherheit dafür, dass der Kredit ohne Schwierigkeiten regelmäßig auch zurückgezahlt werden kann. Je nachdem, wie viel Geld an freiem Einkommen nach Abzug der Lebenshaltungskosten monatlich noch zur Verfügung steht, lag der Aufschlag für Kredite mit hypothekarischer Sicherstellung in den letzten Jahren stets zwischen 1,25 und 1,5 Prozent. Es gilt der Grundsatz: Je eher man sich einen Kredit leisten kann oder – um es ein wenig überspitzt zu sagen – je weniger man den Kredit eigentlich wirklich braucht, umso billiger kann er vergeben werden. Wer seine Finanzlage günstig darstellen und gut argumentieren kann, wird in der Regel immer auch bessere Konditionen bekommen als der durchschnittliche Kunde.

Was tun, wenn die Zinsen wieder steigen?

Wegen der niedrigen Einstiegs-Zinssätze für Neu-Kredite waren die Euro-Hypothekar-Darlehen bei den Banken und Sparkassen 2009 besonders günstig. Solange die Kunden noch mit weiteren Zinsensenkungen rechnen konnten, wählte man vor allem variable Zinsvereinbarungen, die der jeweiligen Lage auf dem Geldmarkt laufend angepasst wurden.

Danach, so meinten viele Experten, sei mit einem kräftigen Ansteigen der Zinsen zu rechnen – als Folge einer steigenden Inflation in Europa ab 2010/2011. Für alle, die sich gerade bei einem langfristigen Baukredit auf 20 Jahre verschulden wollten, war das eine zweischneidige Sache: Hohe Inflationsraten lassen den Wert eines Kredits rasch schrumpfen, aber sie belasten ihn mit hohen Zinsen, und das kann schnell sehr teuer werden. Im Falle einer bevorstehenden Deflation wäre es übrigens genau umgekehrt gewesen: Da steigen die Schulden im Wert, aber man zahlt wenigstens weniger Zinsen dafür.

„Caps" gegen steigende Zinsen

Gegen steigende Zinsen bieten die Banken zu allen Zeiten sogenannte „Zinsen-Caps" an. Dabei werden Vereinbarungen getroffen, wonach die Kredit-Zinsen für den Schuldner nicht über einen bestimmten Satz steigen sollen. Was darüber hinausgeht, muss die Bank tragen, die dafür natürlich saftige Prämien für diese Absicherung verlangt. Bei der Dornbirner Sparkasse in Wien hat man zu einem Kompromiss geraten: Wichtig seien bei einem Wohnbaukredit über zwanzig Jahre vor allem die ersten zehn Jahre. In diesem Zeitraum fallen die Zinsen besonders stark ins Gewicht. Nach den ersten zehn Jahren sollte der Kredit aber schon etwa zur Hälfte abgezahlt sein. Dann ist auch die Zinsenlast nicht mehr so drückend – und die Absicherung zahlt sich dann jedenfalls nicht mehr wirklich aus.

Wenn es Probleme gibt

Wann immer die pünktliche und regelmäßige Rückzahlung eines Darlehens in Gefahr gerät, weil unerwartete Ereignisse im Privatleben oder in der Familie dazu geführt haben, sollte man nicht warten, bis die Bank die ersten Mahnungen ausschickt oder der Kredit-Referent zur „Besprechung der Situation" einlädt. Mahnungen sind kostenpflichtig und führen meistens auch wegen der Einstufung als gefährdeter Kreditnehmer zur Anhebung der Zins-Marge. Und auch wenn die „letzte" Mahnung im Briefkasten landet, sollte man nicht annehmen, dass damit der Krampf mit dem Kredit ausgestanden ist – im Gegenteil: Mahnschreiben sind eine rechtliche Voraussetzung für gerichtliche Schritte. Von da an bis zur Exekution könnte es dann nicht mehr weit sein.

Wer sich selbst um eine Lösung bemüht, wird auch leichter eine solche finden. Beispielsweise kann die Rückzahlung so lange ausgesetzt werden, bis wieder mit laufenden Einkommen in bisheriger Höhe zu rechnen ist, oder es werden die monatlichen Rückzahlungsraten auf den Betrag reduziert, der aufgrund der schwächeren Einkommenssituation gerade noch möglich ist. Natürlich sind das alles keine Geschenke der Bank an den Kunden. Sowohl ein Aussetzen der Tilgungsraten als auch eine Herabsetzung der Raten führen zu einer entsprechenden Verlängerung der Kredit-Laufzeit. Längere Laufzeiten bedeuten automatisch eine höhere Effektiv-Zinsbelastung, die vermutlich auch dadurch gegeben ist, dass aufgrund der schlechteren Kreditwürdigkeit nun höhere Zinsaufschläge verlangt werden.

Der Umgang mit Geld und Vermögen in der Partnerschaft und in der Familie

Partnerschaft und Ehe: Teilen und Aufteilen

Hochzeiten sind noch immer ein sehr emotionales und schönes, wenn auch längst nicht mehr einmaliges Erlebnis für die meisten Menschen. Bei aller sinnlichen Freude und im Taumel der Gefühle wird aber leicht übersehen, was mit der Unterschrift beim Standesamt plötzlich an enormen gesetzlichen Verpflichtungen auf die Eheleute zukommt. Das ABGB, das Allgemeine Bürgerliche Gesetzbuch, sieht in Österreich sehr konkrete Regelungen für die Erfassung des Einkommens, aber mehr noch für die Einteilung der Ausgaben im gemeinsamen Haushalt vor. Richtig kompliziert wird es erst, wenn es in einem Haushalt auch Kinder oder andere Menschen gibt, für die eine Unterhaltpflicht besteht.

Unterhaltsverpflichtungen betreffen die einzelnen Elternteile jeweils direkt, sie werden daher praktisch auch in jede weitere Partnerschaft – ob ehelich oder unehelich – „mitgenommen". Indirekt betroffen sind damit aber im Hinblick auf ihre Unterhaltsansprüche auch alle Mitglieder einer Zweit-Partnerschaft oder einer sogenannten „Patchwork-Familie", in der Kinder aus mindestens zwei Ehegemeinschaften mit „neuen" Elternteilen zusammenleben.

Die Rechte für nicht eheliche und gleichgeschlechtliche Partnerschaften in Österreich

Soweit es sich um Partnerschaften zwischen Mann und Frau handelt, liegt es weitgehend an den Partnern, ob sie eine eheliche Be-

ziehung eingehen wollen oder nicht, gleichgeschlechtlichen Partnerschaften war die gesetzliche Anerkennung und die feierliche
Zusammenführung im Standesamt bis zumindest im Herbst 2009
noch verwehrt. Allerdings gab es schon intensive Signale der Regierung, die eine wenigstens teilweise Gleichstellung von gleichgeschlechtlichen Partnerschaften mit ehelichen Gemeinschaften in
Aussicht gestellt haben.

Eingetragene Lebenspartnerschaften unter gleichgeschlechtlichen Paaren und nicht eheliche Partnerschaften zwischen Mann und Frau in Deutschland und in der Schweiz

Im Gegensatz zu Österreich wurde die Lebenspartnerschaft unter
gleichgeschlechtlichen Paaren in Deutschland bereits 2001 und in
der Schweiz ab 2007 gesetzlich verankert und in der Verfassung den
ehelichen Gemeinschaften zwischen Mann und Frau gleichgestellt.

In Deutschland

wurde mit dem Lebenspartnerschaftsgesetz die Möglichkeit für
Personen des gleichen Geschlechts geschaffen, vor einem Standesamt eine eingetragene Lebenspartnerschaft zu begründen.

Begrifflich ist von der eingetragenen Lebenspartnerschaft eine
normale nicht eheliche Gemeinschaft von Mann und Frau zu
unterscheiden, wo es nach wie vor kein Erbrecht gibt. Die eingetragene Lebenspartnerschaft wurde sowohl im Güterrecht als
auch im Erbrecht einer Ehe gleichgestellt – es gibt sogar ein recht-
lich bindendes Verlöbnis mit allen Folgen im Erbrecht für die eingetragene Lebenspartnerschaft.

So wie eine Ehe auch nur vor der Behörde geschieden werden kann, muss auch die Auflösung der eingetragenen Partner-

schaft über Antrag erfolgen. So wie im Eherecht gibt es auch hier grundsätzlich den Güterstand der Zugewinn-Gemeinschaft, allerdings kann in einem notariell ausgefertigten Lebenspartnerschaftsvertrag auch die ausdrückliche Gütertrennung vereinbart werden. In beiden Fällen hat das unterschiedliche Auswirkungen auf eine Scheidung oder auf das Erbrecht. Zum einen geht es um die Aufteilung des gemeinschaftlichen Zugewinns, zum anderen um voneinander abweichende Anspruchsteile im Erbrecht.

In der Schweiz

wurden ab 2007 die eingetragenen Partnerschaften vor allem beim Erbrecht den Bestimmungen angepasst, die auch für Ehepaare gelten. Unterschiede gibt es nach wie vor bei den Begriffen:

Wenn es um das Vermögen von Eheleuten geht, verwendet das Gesetz den Begriff „Güterrecht", im Partnerschaftsgesetz heißt das „Vermögensrecht". Diese Begriffsunterscheidung, die früher auch in Deutschland gegolten hatte, ist dort inzwischen beseitigt worden. Wenn die Partner keine andere Vereinbarung treffen, gilt für sie grundsätzlich die Gütertrennung – und damit hat die eingetragene Partnerschaft keine echten Auswirkungen auf das Vermögen, sondern ausschließlich auf die Bestimmungen im Erbrecht. Dort sind die eingetragenen Partner den Eheleuten gleichgestellt und haben auch Anspruch auf die gleich hohen Erbportionen.

Allerdings können die Partner eine sogenannte „Errungenschaftsbeteiligung" vereinbaren, wie das auch bei Eheleuten möglich ist. Eine Gütergemeinschaft ist für eingetragene Partnerschaften nicht vorgesehen. In einem Vermögensvertrag können nur Regelungen für den Fall einer Trennung der Partner enthalten sein – beispielsweise, dass ihr Vermögen, das während der Partnerschaft zugewachsen ist, also die „Errungenschaft", bei der Auflösung zu je der Hälfte geteilt wird. Erbrechtliche Regelungen sind nur teilweise möglich: Soll dem überlebenden Partner die gesamte Errungenschaft zukommen, so muss dieser davon auf alle Fälle die Pflichtteilsansprüche der Nachkommen befriedigen.

Unterhalt für die Kinder

Das Familienrecht sieht in Österreich eine grundsätzliche Unterhaltspflicht beider Elternteile für ihre Kinder – egal, ob ehelich oder unehelich – vor. Frauen und Männer, Mütter und Väter haben dabei gleiche Rechte und Pflichten. Und diese Pflichten treffen jeden von ihnen zur Gänze, auch wenn sie nicht in einem gemeinsamen Haushalt mit ihren Kindern leben – beispielsweise, weil eine Partnerschaft nicht mehr besteht oder gar nicht geplant war, oder im Falle der Trennung nach einer Ehescheidung. Die Eltern müssen grundsätzlich zu gleichen Teilen den Unterhalt aufbringen. Für den Fall, dass einer der Elternteile stirbt, können sogar seine Eltern für entsprechende Leistungen herangezogen werden, soweit dadurch nicht der eigene Unterhalt der Großeltern gefährdet wird.

Was ist Unterhalt?

Kinder, die mit ihren Eltern oder einem der beiden Elternteile in einem gemeinsamen Haushalt leben, haben diesen gegenüber lediglich Anspruch auf einen Natural-Unterhalt. Dort, wo Kinder nicht mit einem Elternteil im gemeinsamen Haushalt leben, gebührt ihnen ein Geldunterhalt als Alimente. Der Natural-Unterhalt setzt sich zusammen aus:

* Unterkunft
* Nahrungsmitteln

- Bekleidung
- Unterricht und Erziehung
- Freizeitgestaltung
- Taschengeld

Alimente werden vom Gericht oder durch privatrechtliche Vereinbarungen in ihrer Höhe festgelegt und dürfen ausschließlich zur Deckung der Bedürfnisse der Kinder verwendet werden. Dies ist allerdings in der Praxis wahrscheinlich nur schwer zu kontrollieren.

Wie viel Geld dürfen Kinder fordern?

Was die Kinder als Unterhalt von ihren Eltern fordern dürfen, richtet sich einerseits nach dem Bedarf des Kindes, also nach seinem Alter, nach seinen Fähigkeiten und seinen Anlagen und Entwicklungsfähigkeiten. Das sind allerdings Kriterien, die in der Praxis vermutlich nur schwer zu beweisen sind, wenn es wirklich um die Ansprüche von Alimentationsleistungen oder deren Ablehnung bei einem missbräuchlichen Anspruch gehen sollte. Andererseits ist für die Höhe des Unterhalts die materielle Leistungsfähigkeit der Eltern maßgeblich. Hier geht es nicht nur um die Vermögens- und Einkommenslage der Eltern, sondern auch um deren Ausbildung und Arbeitsfähigkeit.

Klar ist, dass umso höhere Alimente gezahlt werden müssen, je höher das Einkommen ist. Die Eltern müssen sich bemühen, zum Unterhalt der Kinder nach Kräften beizutragen.

Dieses Bemühen ist im Ernstfall sogar nachzuweisen. Es geht also nicht an, dass sich beispielsweise ein Elternteil dadurch seinen Alimentationspflichten entzieht, indem er einfach seinen gut bezahlten Job aufgibt und nicht mehr arbeitet, oder in einem Billiglohn-Beruf arbeitet, der nicht seinem Ausbildungsniveau entspricht. Hier könnte das Gericht ein fiktives Einkommen festset-

zen, das ein Elternteil schaffen könnte, wenn er das wirklich wollte.

Für die Höhe der Alimente muss unterschieden werden in Regelbedarf und Sonderbedarf. Zum Regelbedarf zählen grundsätzlich die Posten, die bereits beim Natural-Unterhalt aufgezählt wurden. Der Sonderbedarf wird durch außergewöhnliche Ausgaben ausgelöst, die über den Regelbedarf hinausgehen. Das könnten beispielsweise medizinische Sonderausgaben sein, die nicht von der Krankenkasse zur Gänze gedeckt werden, wie Zahnregulierungen und Klinikaufenthalte oder psychotherapeutische Behandlungen.

Wie wird das Einkommen der Eltern errechnet?

Bei unselbstständig erwerbstätigen Eltern, also Arbeiterinnen und Arbeitern, Angestellten oder Beamtinnen und Beamten, dient das Netto-Einkommen als Berechnungsbasis, folglich das Einkommen nach Abzug von Steuern und Sozialversicherung. Das 13. und 14. Monatsgehalt wird auf die zwölf Monate aufgeteilt. Mit einberechnet werden allerdings auch Überstundengelder und Abfertigungen. Bei arbeitslosen Eltern zählt die Arbeitslosenunterstützung als Basis.

Bei selbstständig erwerbstätigen Eltern ist jeweils der Einkommensteuerbescheid des letzten abgeschlossenen Geschäftsjahres für die Berechnung heranzuziehen. Weil hier die Gewinne oft stark schwanken, kann auch der Durchschnitt der letzten drei Jahre herangezogen werden.

Wie werden Alimente berechnet?

In der Rechtsprechung gelten für die Berechnung des Kinder-Unterhalts folgende Prozentsätze:

Alter des Kindes	Prozentsatz
0 bis 6 Jahre	16 % des monatlichen Netto-Einkommens
6 bis 10 Jahre	18 % des monatlichen Netto-Einkommens
10 bis 15 Jahre	20 % des monatlichen Netto-Einkommens
Ab 15 Jahren	22 % des monatlichen Netto-Einkommens

Weil häufig mehrere Unterhaltsberechtigte zu versorgen sind, können entsprechende Abzüge vorgenommen werden:

für jedes weitere Kind unter 10 Jahren	1 %
für jedes weitere Kind über 10 Jahren	2 %
für Ehegatten, je nach Vorliegen und Höhe eines eigenen Einkommens	0–3 %

Ein Beispiel:
Ein Vater zahlt von seinem Einkommen für vier Kinder mit 5, 8, 12 und 16 Jahren Alimente in folgender Prozenthöhe:

für das Kind mit 5 Jahren (16-8 %)	8 %
für das Kind mit 8 Jahren (18-8 %)	10 %
für das Kind mit 12 Jahren (20-7 %)	13 %
für das Kind mit 16 Jahren (22-7 %)	15 %

Theoretisch wären das 46 Prozent des Netto-Einkommens, die als Alimente gezahlt werden müssten. Es gibt hier allerdings auch Betrags-Obergrenzen, die sich nach dem sogenannten „Regelbedarfssatz" richten, der von den Vormundschaftsgerichten laufend den allgemeinen Lebenshaltungskosten angepasst und veröffentlicht wird.

Im Falle einer Scheidung können beispielsweise bei einem niedrigen Einkommen des unterhaltspflichtigen Partners auch die staatlichen Leistungen aus der Familienbeihilfe auf die Alimente teilweise oder ganz angerechnet werden, was die Alimente entsprechend verkürzt. Eine derartige Anrechnung erfolgt aber nur auf Antrag und wird in jedem Fall individuell zu beurteilen sein. Dort, wo über die Unterhaltsverpflichtungen für die Kinder hinaus auch noch andere dauernde Lasten vorliegen, werden die in der Praxis zu berücksichtigen sein.

Bis zu welchem Alter muss Unterhalt geleistet werden?

Das Gesetz sieht keine eigene Altersgrenze für die Dauer der Unterhaltsleistungen vor. Eltern müssen grundsätzlich bis zur Selbsterhaltungsfähigkeit ihrer Kinder Unterhalt leisten. Selbst erhaltungsfähig sind die Kinder laut gesetzlicher Definition dann, wenn sie für ihre eigenen Bedürfnisse außerhalb des elterlichen Haushalts allein aufkommen und mit ihrem eigenen Einkommen in einfachen bis durchschnittlichen Verhältnissen leben können. Für die Erreichung der Selbsterhaltungsfähigkeit ist nicht die Volljährigkeit maßgeblich, sondern im Normalfall die Dauer der Ausbildung. Im Allgemeinen wird ein Kind nach Abschluss der Schul- oder Berufsausbildung als selbst erhaltungsfähig zu bezeichnen sein. Bedingt durch die konjunkturellen und allgemeinwirtschaftlichen Verhältnisse kann es aber vorkommen, dass Kinder nicht sofort einen geeigneten Arbeitsplatz finden. Dann müssen die Eltern weiter so lange Unterhalt leisten, bis die Arbeitssuche der Kinder Erfolg hatte.

Vielfach wohnen die Kinder in solchen Fällen ohnedies noch weiter im Haushalt der Eltern und genießen den Komfort im „Hotel Mama". Dann beschränkt sich der Unterhalt im Wesentlichen auf Kost und Logis – wie bisher – und allenfalls ein mehr oder weniger großzügiges Taschengeld. Die Kosten für exklusive Urlaube oder teure Diskobesuche könnten hingegen eher restriktiv behandelt werden. Schließlich sind die Eltern zwar „unterhalts-pflichtig", aber nicht „unterhaltungs-pflichtig".

Sollte sich das Kind inzwischen verheiraten, muss auch das noch lange nicht das Ende der Unterhaltsverpflichtung bedeuten. Zwar übernimmt nun der Ehepartner die Erstverpflichtung für den Unterhalt, wenn aber auch dieser beispielsweise Student ist und noch Unterhalt von den Eltern bezieht, sind auch die Eltern immer noch in zweiter Linie unterhaltspflichtig. Auch dann, wenn das Kind beispielsweise nach der Matura bereits einen Job angenommen und damit seine Selbsterhaltungsfähigkeit unter Beweis gestellt hat, kann es diese Selbsterhaltungsfähigkeit wieder aufgeben beziehungsweise verlieren, nämlich dann, wenn das Kind ein Hochschulstudium aufnimmt. Damit beginnt das Warten der Eltern auf die Selbsterhaltungsfähigkeit erneut.

Wenn das Kind eigene Einkünfte hat

Ein eigenes Vermögen oder ein regelmäßiges Einkommen eines Kindes ist auf seinen Unterhaltsanspruch gegenüber den Eltern voll anzurechnen und führt zur Kürzung des Anspruchs. Allerdings zählen nicht alle Einkünfte als Eigeneinkommen:

- Schülerbeihilfe
- Studienbeihilfe
- Kinderbetreuungsgeld
- Familienbeihilfe
- Verdienste aus einem Ferialjob

Kinder sind übrigens nicht verpflichtet, neben ihrem Studium zu arbeiten und Geld zu verdienen. Demgegenüber hört es sich fast wirklich ungerecht an, dass eine Lehrlingsentschädigung des Kindes sehr wohl als Eigeneinkommen zählt und auf die Unterhaltszahlung angerechnet wird.

Kinder und ihr Taschengeld

Taschengeld zählt zwar rein theoretisch zum Regelbedarf eines Kindes, einen echten Rechtsanspruch darauf gibt es aber nicht. Trotzdem sollte es den Eltern schon aus pädagogischen Gründen wichtig sein, ihre Kinder über den Bezug von Taschengeld mit dem Geldausgeben vertraut zu machen. Taschengeld sollte grundsätzlich immer dem Alter der Kinder, ihren Anlagen, Lebensfähigkeiten und Lebensverhältnissen angepasst werden. Für die Höhe des richtigen Taschengeldes gibt es empfohlene Richtwerte des Gesetzgebers, die tatsächliche Höhe sollte aber immer Gegenstand einer Vereinbarung zwischen den Kindern und den Eltern sein.

Richtwerte für das Taschengeld:

Bis 7 Jahre	ein Prozent des Unterhaltsanspruchs
7 bis 10 Jahre	fünf Prozent des Unterhaltsanspruchs
10 bis 14 Jahre	acht Prozent des Unterhaltsanspruchs
14 bis 18 Jahre	zehn Prozent des Unterhaltsanspruchs

Die größten Fehler

Darin sind sich die Sozialexperten einig: Taschengeld kann Kindern helfen, den richtigen Umgang mit Geld und Konsum früh zu lernen. Dazu ist sehr viel Konsequenz seitens der Eltern notwendig. Die Kinder dürfen einfach nicht mit dem Geld allein gelassen werden. Die Eltern müssen ihnen zeigen, was man mit dem Geld sinnvoll anfangen kann. Dabei ist es nicht wichtig, dem Kind genau zu sagen, was es kaufen darf und was nicht. Vielmehr muss eine Art Rahmen abgesteckt werden. Taschengeld ist immer so etwas wie ein Vertrauensvorschuss. Die Kinder sollen sehr wohl selbst entscheiden dürfen, was sie mit dem Taschengeld machen und kaufen wollen. Eltern sollten ihren Kindern aber auch nicht zu viel Verantwortung auferlegen: Schulsachen, Jause, Kleidung – dafür sollten möglichst lange die Eltern zuständig sein. Erst wenn die Kinder größer werden, kann man nach und nach das Taschengeld erhöhen und mehr und mehr Verantwortung delegieren. Ferner sollte Taschengeld konsequent ausgezahlt werden. Bei kleineren Kindern im Vorschulalter ist der Wochenrhythmus am besten,

Kinder und Eltern können diesen kurzen Zeitraum und die kleineren Beträge auch leichter überblicken. Später kann dann einmal im Monat gezahlt werden.

Taschengeld darf, so die Experten, auch nicht dem „Zuckerbrot und Peitsche"-Prinzip unterliegen. Also: Wenn das Kind brav ist, bekommt es mehr, wenn es schlimm ist oder schlechte Noten nach Hause bringt, wird spontan auch das Taschengeld gekürzt. Auf diese Weise lernen Kinder sicher nicht, mit dem eigenen Geld umzugehen. Wenn das Taschengeld nicht mehr fix eingeplant werden kann, weil es irgendwelchen unberechenbaren Zufällen unterliegt, wird es zum Zombie-Erlebnis. Der größte aller Fehler aber ist der berühmte Zuschuss bei „Taschengeld-Ebbe". Wenn in der Mitte des Monats das Geld plötzlich ausgeht, ist das Kind zahlungsunfähig. Das darf aber nicht passieren – daran müssen sich die Kinder gewöhnen, denn später, wenn sie selbst berufstätig sind, können sie auch nicht zur Monatsmitte zum Chef gehen und einen „Gehalts-Nachschuss" verlangen, nur weil sie zu viel ausgegeben haben. „Wenn man denkt, es geht nichts mehr, kommt von irgendwo ein Lichtlein her" – mit solchen Sprüchen trösten sich Studenten zuweilen, wenn der Monats-Wechsel zu rasch verbraucht wurde. Das klingt nett, ist aber in der Praxis nicht wirklich realistisch. Der junge Mensch lernt dann nicht, sich sein Geld richtig einzuteilen, und setzt damit möglicherweise die ersten Schritte auf dem Weg zu einer Schuldnerkarriere.

Im konkreten Fall einer Taschengeld-Fehlkalkulation darf nicht Geld nachgeschossen werden, ohne dass daran Konsequenzen geknüpft werden. Bei kleineren Kindern kann zusätzliches Geld beispielsweise von Extra-Leistungen im Haushalt abhängig gemacht werden. Bei Jugendlichen kann die Nachzahlung ausdrücklich als Vorschuss für den nächsten Monat deklariert werden, der dann auch tatsächlich so abgerechnet wird.

Was ist also beim richtigen Umgang mit Taschengeld zu beachten:

- Taschengeld immer regelmäßig und konsequent auszahlen
- Wöchentlich für Kinder bis zu 7 Jahren, monatlich spätestens ab 10 Jahren
- Taschengeld darf nicht zur Belohnung oder Bestrafung dienen
- Genau regeln, wofür das Taschengeld gedacht ist, ob damit auch Essen und Schulsachen gekauft werden sollen
- Keine Zuschüsse und Nachschüsse ohne Bedingungen

Wie viel Taschengeld ist angemessen?

Taschengeld, so besagt ein OGH-Erkenntnis, ist ein fester Bestandteil des Unterhalts. Bei einem durchschnittlichen Familien-Gesamteinkommen von 2.500 Euro netto ergibt sich daraus folgende Empfehlung:

bis 7 Jahre: mindestens 1 Euro wöchentlich, 5 Euro monatlich
7 bis 10 Jahre: 25 Euro monatlich
10 bis 14 Jahre: 40 Euro monatlich
14 bis 18 Jahre: 55 Euro monatlich

In meiner eigenen Familie habe ich meine Kinder jedenfalls so früh wie möglich mit dem Umgang mit Geld vertraut gemacht. Die Kinder durften schon sehr früh entscheiden, was sie mit dem Geld kaufen wollten oder nicht, was sie sparen wollten und wofür. Weil auch Taschengeld knapp ist, haben meine Kinder sehr rasch gelernt, mit ihrem Taschengeld Geschäfte zu machen. Sie haben Taschengeld-Vorschuss genommen oder sich Geld geborgt, damit Markenprodukte möglichst billig bei Spezialquellen eingekauft und dann knapp unter dem offiziellen Handelspreis verkauft. Das hatte ich zwar nicht so geplant, dann aber auch nicht verhindert.

Wie teilen die Ehepartner ihr Geld ein?

Die Budgetverantwortung bei Ehepartnern geht zwar von gleichen Rechten und gleichen Pflichten aus, dennoch ist in der Regel der Ehepartner, der den Haushalt führt, in der Praxis krass benachteiligt.

Theoretisch sind in Österreich beide Partner zu gleichen Teilen zur Hausarbeit verpflichtet – aber auch zum finanziellen Beitrag zum Haushaltsbudget. Wie aber soll der Beitrag eines nicht berufstätigen und daher einkommenslosen Ehepartners berechnet werden, der nicht nur den kompletten Haushalt führt, sondern auch noch für die Erziehung der Kinder verantwortlich ist? Hier gestaltet sich die Abrechnung in der Praxis meist viel komplizierter, als das vom Gesetz her lapidar festgestellt wird.

Nach dem Gesetz gelten ein Berufseinkommen und die Haushaltsführung für den Beitrag zum Familienunterhalt als gleichwertig. Das heißt aber auch, dass beide grundsätzlich sowohl zur Hausarbeit als auch zum Geldverdienen verpflichtet sind. Das ist graue Theorie. Wenn nämlich der Ehepartner, der ganz allein den Haushalt samt Kindererziehung übernimmt, auch noch berufstätig ist beziehungsweise ein eigenes Einkommen hat, muss er trotzdem auch noch für den Familienunterhalt mit zahlen. Und das, obwohl dieser Ehepartner doch eigentlich durch die Haushaltsführung voll ausgelastet wäre – und solcherart also eine Doppelbelastung trägt.

Als regelmäßiges Einkommen gelten ein Gehalt, Karenz- oder Arbeitslosengeld, aber auch eine eigene Pension. Dazu kommen Erträge aus Kapitalbesitz sowie Vermietung und Verpachtung. Nur kleine Extra-Einnahmen für gelegentliche Heimarbeit oder Nachhilfe darf der haushaltsführende Ehepartner für sich behalten. Wer den Haushalt führt, hat seinem Partner gegenüber zwar einen Unterhaltsanspruch, muss sich aber sein eigenes Einkommen davon abziehen lassen – obwohl man doch im Grunde doppelt belastet ist. Eigentlich ist das eine eindeutige

Benachteiligung, die im Regelfall die berufstätige Mutter und Ehefrau trifft. Nur wer nichts verdient, muss sich nichts abziehen lassen.

Der Unterhaltsanspruch für den haushaltsführenden Partner beträgt 40 Prozent, wenn er ein eigenes Einkommen hat, das davon abgezogen wird, und der Unterhaltsanspruch beträgt 33 Prozent für Partner ohne Einkommen. In beiden Fällen werden pro Kind aber 4 Prozent abgezogen.

Wie rechnen Doppelverdiener-Ehepaare ab, wenn Partner B neben der Berufstätigkeit allein den Haushalt führt?

Angenommen, Partner A verdient	3.000 €,
Ehepartner B verdient	2.000 €.
Das ergibt ein Familieneinkommen von	5.000 €.
40 % Unterhaltsanspruch für B	2.000 €
minus Einkommen von B	2.000 €
Ergibt einen Ergänzungsanspruch von für die Haushaltsführung von B.	0 €

Das heißt also, dass Partner A von seinem Einkommen nichts an Partner B abgeben muss, obwohl Partner B den Haushalt führt. Zwar wird Partner B in der Praxis auch nicht so viel vom Einkommen für das gemeinsame Haushaltsgeld abliefern müssen wie A, die Hausarbeit bleibt trotzdem unbelohnt.

**Wie wird das Haushalts-Budget abgerechnet,
wenn monatlich 2.500 € ausgegeben werden?**

Partner A verdient	3.000 €	Partner B	2.000 €
Beitrag A zum Haushalt	1.500 €	Beitrag B	1.000 €
Verbleiben dem Partner A	1.500 €	Partner B	1.000 €

Wenn beide Partner jeweils die Hälfte ihres Einkommens zum Haushaltsgeld beisteuern, ist der haushaltsführende Partner B deutlich benachteiligt.

In einem privaten Abkommen könnten beide aber vereinbaren, dass B weniger zum Haushaltsgeld beitragen muss – als Lohn für die Hausarbeit. Dann hätten beide am Ende gleich viel Geld am Gehaltskonto, das sie nach Gutdünken verwenden könnten. In der Praxis werden sie aber meistens ohnedies ihr Geld zusammenlegen müssen, wenn sie sich ihre gemeinsamen Anschaffungen leisten wollen. Übrigens: Wirtschaftsgeld beziehungsweise Haushaltsgeld sind Begriffe aus dem zivilen Alltag und haben nichts mit dem gesetzlichen Begriff Unterhalt zu tun.

Und was ist dann Haushaltsgeld?

Haushaltsgeld ist in der Praxis dann angesagt, wenn ein Partner (der das Geld verdient) dem haushaltsführenden Partner (ohne Berufseinkommen) die Mittel zur Verfügung stellt, die für die täglichen Haushaltsausgaben notwendig sind.

„Geld, das dem haushaltsführenden Partner zur Anschaffung der für die Haushaltsführung erforderlichen Güter zur Verfügung gestellt wird, die grundsätzlich allen im Haushalt lebenden Personen zugute kommen" – so die Definition im Gesetz, wobei der Begriff der Unterhaltsleistung davon streng zu unterscheiden ist. Das Wirtschaftsgeld wird für alle Familienmitglieder ausgegeben, die Unterhaltsleistung gebührt ausschließlich dem haushaltsführenden Partner.

Das Gesetz sieht aber auch vor, dass die Bereitstellung des Haushaltsgeldes regelmäßig, in angemessener Höhe und ohne besondere Aufforderung erfolgen muss. Also: kein „Betteln" um Haushaltsgeld!

„Geldleistungen müssen so erbracht werden, dass eine vorschauende Haushaltsplanung ermöglicht wird". Haushaltsgeld ist kein Geschenk und kein Gnadenakt.

Das Taschengeld für die Hausfrau oder den Hausmann

Haushaltsführende Personen ohne eigenes Einkommen haben einen Anspruch auf Taschengeld, der in Österreich so zwar nicht explizit im Gesetz steht, aber davon abgeleitet werden kann. Grundsätzlich besteht das Recht auf Unterhalt zwar nur auf Naturalleistungen. Diese sind aber laut Gesetz so zu erbringen, „dass sie mit der Stellung und Würde eines Ehegatten, insbesondere im Hinblick auf den Gleichheitsgrundsatz, vereinbar" sind. Nun könnte zwar ein geiziger Geld-Partner auf die Idee kommen, seinen haushaltsführenden Ehepartner mit billigen und geschmacklosen Kleidern „abzuspeisen", die er selbst einkauft und bezahlt, aber das würde dem Prinzip der Gleichheit völlig widersprechen. Also kann man ableiten, dass der Unterhalt teilweise sicher auch in Geldleistungen bestehen muss. Und für dieses Geld kann sich der haushaltsführende Partner beispielsweise Bekleidung nach dem eigenen Geschmack aussuchen oder es eben für persönliche Bedürfnisse in den Bereichen Wellness, Kultur, Sport und Unterhaltung ausgeben. Grundsätzlich besteht ein „Anspruch auf einen dem gemeinsamen Lebensstandard der Partner angemessenen Geldbetrag zur Befriedigung der persönlichen Bedürfnisse".

Wie berechnet man das Taschengeld
für haushaltsführende Partner, die selbst über kein eigenes
Einkommen verfügen?

Angenommen, das Familieneinkommen (Einkommen des Partners A) beträgt 4.500 € – der Partner B hat kein Einkommen.

Als monatliches Wirtschaftsgeld werden 2.500 € verbraucht.

Die Ehe ist kinderlos, daher beträgt der Unterhaltsanspruch 33 Prozent – für zwei Kinder wären beispielsweise 8 Prozent abzuziehen.

Dann wird aber auch die Aufteilung des Beitrags zum Haushaltsgeld komplizierter. Daher eine Rechnung ohne Kinder:

Familieneinkommen	4.500 €
33 % Unterhalt für Partner B	1.485 €
minus Hälfte-Anteil Haushaltsgeld	1.250 €
ergibt Anspruch auf Taschengeld	235 €

Das ist – zugegebenermaßen – ein eher theoretisches Beispiel, das die Berechnungsmethode zeigen sollte. In der Praxis spielt es sich leider oft nicht so reibungslos ab. Wenn das Einkommen eines Alleinverdieners sehr gering ist und fast zur Gänze zur Deckung der Haushaltskosten aufgeht, wird auch rein rechnerisch kaum ein nennenswerter Betrag für ein Taschengeld übrig bleiben. Rechnerisch wäre es sogar möglich, dass sich ein negativer Taschengeldbetrag ergibt. Man wird dann wohl umso eher auf theoretische Rechenspiele verzichten und froh sein, wenn sich die Monatsrechnung überhaupt irgendwie ausgeht.

Was passiert bei der Scheidung?

Auf die oft sehr tragischen menschlichen Schicksale als Folgen einer Scheidung soll und kann hier nicht näher eingegangen werden. Hier haben die Anwälte, Richter und Jugendfürsorgestellen ihre Arbeit zu tun und für Recht und Gerechtigkeit zu sorgen. Sehr einschneidend sind aber häufig auch die finanziellen Folgen einer Scheidung: zum einen für die Elternteile, die Unterhaltsleistungen für die Kinder und häufig auch die früheren Ehepartner zu leisten haben, und zum anderen, wenn diese Unterhaltsleistungen so niedrig ausfallen, dass die Restfamilie plötzlich in sehr bescheidenen Verhältnissen leben muss.

Bei einer Scheidung von kinderlosen Partnern mit einem beiderseitigen eigenen Einkommen kann eine Scheidung jeweils sehr rasch und ohne wesentliche Komplikationen ablaufen, soweit man sich auch über die Aufteilung des gemeinsamen Vermögens einigen kann. Noch einfacher geht es bei einer Scheidung dort, wo vorher ein Ehevertrag geschlossen wurde, in dem genau festgelegt war, was jeder in die Ehe mitgebracht hat und daher auch wieder mitnehmen kann. Aufgeteilt werden muss allerdings auch das, was im Laufe der Ehe an Vermögen dazugekommen ist. Dazu zählen nicht nur der Haushalt in der gemeinsamen „ehelichen Wohnung", sondern auch Werte, die in dieser Zeit zugewachsen sind, der sogenannte „bürgerliche Zugewinn". Neu im österreichischen Eherecht ist übrigens die Möglichkeit, dass die Partner im Ehevertrag schon vor Beginn der Ehe festlegen, was beispielsweise mit dem gemeinsamen Haus oder der ehelichen Wohnung im Falle der Scheidung zu geschehen hat, obwohl es hier ja genaue gesetzliche Regelungen gibt, die eine Aufteilung in dieser Hinsicht genau regeln. Hier dürfen aber die privaten Regelungen praktisch auch den gesetzlichen Bestimmungen widersprechen, was von manchen Experten sehr kritisch gesehen wird.

Schwierigkeiten könnte es geben, wenn beide Partner gemeinsam ein Unternehmen aufgebaut und betrieben haben, aber nur der eine Partner gesellschaftsrechtlicher Eigentümer ist. Hier ist es sicher nicht leicht, die Anteile des Ehepartners am Erfolg des Unternehmens richtig abzuschätzen. Leichter ist es dort, wo beide gemeinsam auch gesellschaftsrechtliche Eigentümer sind und ausschließlich diese vertragsrechtlichen Bestimmungen zur Anwendung kommen.

Besonders schwierig gestalten sich erfahrungsgemäß die Scheidungen dort, wo es Kinder gibt. Was beim Kapitel „Unterhaltspflicht und Alimente für die Kinder" bereits ausgeführt wurde, gilt auch hier. Alimente als Geldleistungen kommen dann zur Auszahlung, wenn die Kinder nicht mit einem Elternteil in einem gemeinsamen Haushalt leben.

Der bisherige Ehepartner, für den schon bisher eine – wenn vielleicht auch nur theoretische – Unterhaltsverpflichtung bestanden hat, wird eine entsprechende Unterhaltsleistung auch weiterhin vor Gericht zugesprochen oder freiwillig zuerkannt bekommen. Das Ausmaß hängt von den jeweiligen Verhältnissen vor der Scheidung ab. Dort, wo eine Berufstätigkeit im Interesse der Kindererziehung aufgegeben wurde oder aus Gesundheitsgründen oder wegen fortgeschrittenen Alters nicht mehr aufgenommen werden kann, ist das ebenso der Fall wie bei Partnern, die auch vorher nie berufstätig waren.

Auch hier gilt die Grundformel:

- Verfügt der unterhaltsberechtigte Partner über ein eigenes Einkommen, so gebühren ihm 40 Prozent des Netto-Einkommens des Unterhaltspflichtigen – allerdings werden davon 4 Prozent für jedes Kind und das gesamte eigene Einkommen abgezogen. Außerdem wird hier auch ein größeres Vermögen zu berücksichtigen sein, so es tatsächlich vorhanden ist.
- Unterhaltsberechtigte ohne eigenes Einkommen dürfen 33 Prozent des Netto-Einkommens fordern, allerdings müssen sie sich 4 Prozent für jedes Kind abziehen lassen und einen zumindest fiktiven Eigenbeitrag zu den Lebenshaltungskosten.

Wir wollen hier in einem Beispiel die Aufteilung der Prozente darstellen, die etwa ein geschiedener Ehepartner ohne eigenes Einkommen und mit drei Kindern im Alter von 8, 14 und 16 Jahren mit Unterhaltsberechtigung neben den Kindern fordern kann.

Alimente für 3 Kinder + 1 Ehepartner ohne Einkommen

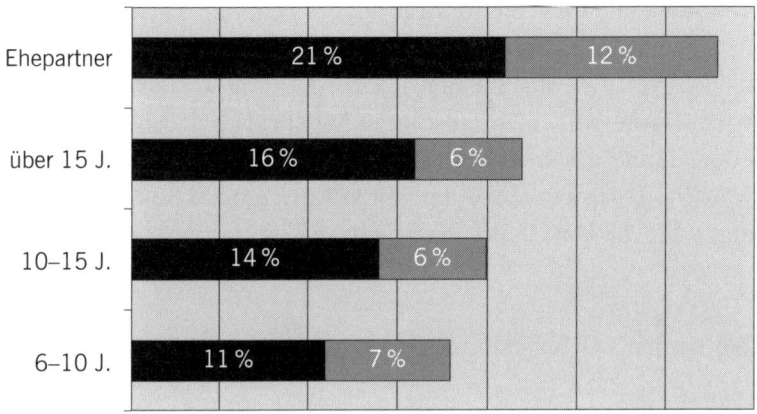

Ehepartner	21 %	12 %
über 15 J.	16 %	6 %
10–15 J.	14 %	6 %
6–10 J.	11 %	7 %

Dem geschiedenen Ehepartner ohne Einkommen stehen also 33 Prozent des Partner-Netto-Einkommens zu, wobei für die drei Kinder insgesamt 12 Prozent abgezogen werden. Der Anspruch beträgt folglich 21 Prozent.

Das über 15 Jahre alte Kind kann insgesamt 22 Prozent fordern. Abgezogen werden 3 Prozent für die Mutter sowie einmal 2 und einmal 1 Prozent für die Geschwister.

Das Kind zwischen 10 und 15 Jahren muss sich von seinen 20 Prozent 6 Prozent abziehen lassen: 3 für die Mutter sowie einmal 2 und einmal 1 Prozent für die Geschwister.

Das jüngste Kind unter 10 Jahren erfährt von seinen 18 Prozent einen Abzug von 7 Prozent – 3 für die Mutter und zwei Mal 2 Prozent.

Zählt man die Prozente der Einzelforderungen zusammen, kommt man auf über 60 Prozent des Netto-Einkommens. Und die Forderungen werden meist auch gnadenlos eingetrieben. Eine Kürzung der Alimente ist nur möglich, wenn das Einkommen so klein ist, dass dann die weitere Lebensführung – beispielsweise mit weiteren anderen Kindern – schwer beeinträchtigt wäre. Es gibt aber auch Betrags-Obergrenzen für besonders reiche Unterhaltspflichtige mit überdurchschnittlich hohem Einkommen. Die Obergrenze liegt jeweils beim 2,5-Fachen des von den Behörden festgesetzten „Regelbedarfssatzes", der regelmäßig an die allgemeinen Lebenshaltungskosten angepasst wird. Damit soll einem absoluten Missbrauch durch die Kinder oder deren geschiedenen Erziehungsberechtigten vorgebeugt werden. Trotzdem: Scheidungen können ganz schön teuer werden – für die Unterhaltspflichtigen.

Wo wirken sich Scheidungen noch aus?

Die am ehesten wahrgenommenen Folgen einer Scheidung betreffen die Leistungen für die unterhaltsberechtigten Kinder und ehemaligen Ehepartner. Diese Folgen treten sofort ein und wirken auch sofort. Materielle Folgen hat eine Scheidung für den ehemaligen Ehepartner aber auch im Erbrecht und bei der Versorgung im Pensionsrecht sowie teilweise auch im Mietrecht, wenn es um die Weiternutzung von Wohnungen zu den bisherigen – günstigen – Bedingungen geht.

Konkret:

- Mit einer Scheidung erlischt grundsätzlich das gesetzliche Erbrecht. Testamentarische Verfügungen oder Vermächtnisse sind davon aber nicht betroffen.
- Eine Versorgung aus der gesetzlichen Sozial- und Pensionsversicherung steht dem geschiedenen Ehepartner nur dann zu, wenn ein Unterhaltsanspruch gerichtlich zugesprochen wurde, und auch nur in dieser Höhe.
- Sollte ein Unterhaltsanspruch freiwillig höher angesetzt worden sein – mit der Absicht, später eine höhere Pensionsversorgung auszulösen –, so gelten dennoch die bestehenden Höchstgrenzen für die Bemessung der Pensionsleistung. Berücksichtigt werden dabei auch bestehende Eigenpensionen.

Lebensabschnittspartner: Wie sichern sie ihr Vermögen?

Dort, wo Menschen nicht in ehelicher Partnerschaft zusammenleben wollen, gelten fast ausschließlich privatrechtliche Vereinbarungen. Der Abschluss derartiger Verträge ist besonders dann sehr empfehlenswert, wenn davon ausgegangen werden muss, dass auch nicht eheliche Partnerschaften oft sehr rasch wieder aufgelöst und keine gesetzlichen Schutzbestimmungen für den sozial schwächeren Partner in Anspruch genommen werden können. Oft herrscht dann das buchstäbliche materielle „Faustrecht".

In Österreich: Normalfall Gütertrennung

In einer ehelichen Partnerschaft gilt, wenn nicht andere privatrechtliche und vertragliche Regelungen greifen, die Gütertrennung. Das heißt, jeder einzelne Partner kann selbstständig über sein Einzelvermögen verfügen.

Im Einzelvermögen befinden sich alle Geld- und Wertpapierbestände sowie mobiles und immobiles Vermögen, also Kunstgegenstände, Antiquitäten, Schmuck, Autos, Boote, Flugzeuge oder wertvolle elektronische Ausrüstungen. Dazu gehören auch Erbschaften, Schenkungen oder allenfalls Lottogewinne, die dem einzelnen Partner aufgrund von Rechtsakten im Laufe der Beziehung zuwachsen. Daneben gibt es aber auch gemeinsames Vermögen, über das beide auch gemeinsam verfügen können. Als gemeinsames Vermögen gelten grundsätzlich die eheliche Wohnung sowie allenfalls die regelmäßig benutzten Zweitwohnsitze. Entsprechend den gesetzlichen Bestimmungen sind auch die Arbeitseinkommen sowie das Einkommen aus Kapital- und Mieterträgen, die zur Finanzierung des Haushalts heranzuziehen sind. Das gemeinsame Vermögen – und nur dieses – ist im Falle einer Scheidung auch zur Aufteilung heranzuziehen, wobei übrigens auch Lottogewinne in diesem Fall aufzuteilen sind. Geldmittel aus Schenkungen und Erbschaften sind nur dann der Aufteilung zu unterwerfen, wenn damit beispielsweise in die gemeinsame eheliche Wohnung investiert wurde. Im Falle der Insolvenz eines der beiden Partner kann nicht auf das Einzelvermögen des anderen zugegriffen werden. Lediglich das gemeinsame Vermögen könnte hier teilweise herangezogen werden. Zum Nachweis der tatsächlichen Besitzverhältnisse empfiehlt sich in jedem Falle die Erstellung eines Eigenbesitz-Protokolls beziehungsweise eines Ehevertrags vor der Errichtung der Ehe. Sie ermöglicht eine präzise Trennung der Einzelvermögen, die als Beweis bei etwaigen Unklarheiten herangezogen werden kann.

Die allgemeine Gütergemeinschaft

Auf beiderseitigen Wunsch kann auch eine allgemeine Gütergemeinschaft zwischen den beiden Partnern vereinbart werden. Hier werden die beiden Einzelvermögen, die schon vor der Ehe beziehungsweise vor Beginn der Partnerschaft bestanden haben, in einem gemeinsamen Vermögen zusammengefasst. Dieses Vermögen steht aber auch für jedwede Ansprüche von außen für eine allfällige Pfändung oder Inanspruchnahme zur Verfügung, wenn einer der beiden Partner Schulden verursacht oder für Haftpflichtschäden verantwortlich gemacht wird.

Jeder der beiden Partner kann hier allerdings einen Teil des gemeinsamen Vermögens mit Vorbehalt belegen, sodass bestimmte Vermögensbestände nur ihm allein zustehen. Das könnte etwa den in die Ehe mitgebrachten wertvollen Familienschmuck oder die Besitzrechte an einer Firma betreffen. Wird nun beispielsweise einer der beiden Partner insolvent, kann neben dem gemeinsamen Vermögen auch sein Vorbehaltsvermögen gepfändet werden, nicht aber das Vermögen des zweiten Partners.

Die beschränkte Gütergemeinschaft

Neben der allgemeinen Gütergemeinschaft kann auch eine beschränkte Gütergemeinschaft vereinbart werden. Es werden in diesem Fall nur bestimmte Teile des Vermögens zum gemeinsamen Vermögen erklärt, das restliche Vermögen verbleibt im Besitz eines der beiden Partner. Solche Konstruktionen sind dann zu empfehlen, wenn einer der beiden Partner Geschäfte betreibt, bei denen große Verluste und eine Verschuldung möglich sind, die das gemeinsame Vermögen ebenso betreffen können wie das private Einzelvermögen. Im Falle eines Konkurses bleibt das Vermögen beim Partner erhalten, die Gläubiger können nicht darauf zugreifen. Im Ernstfall werden nur das echt unbeschränkte Vermögen sowie ein allenfalls noch extra definiertes Vorbehaltsvermögen des verschuldeten Partners gepfändet. Alles andere Vermögen bleibt unangetastet.

Das eheliche Güterrecht in der Schweiz

Nach Schweizer Recht gilt für Ehepaare das Güterrecht, für die Partner einer eingetragenen Partnerschaft das Vermögensrecht.

Grundsätzlich gilt auch in der Schweiz die sogenannte „Errungenschafts-Beteiligung", wenn nicht in einem Ehevertrag ausdrücklich eine Gütergemeinschaft oder die Gütertrennung vereinbart wurde. Mann und Frau verfügen hier selber über ihr jeweiliges Vermögen, das aus dem Eigengut und der Errungenschaft besteht.

Bei Tod eines Ehepartners steht jeder Seite zuerst sein Eigengut, dann die halbe eigene Errungenschaft – und extra noch die Hälfte der Errungenschaft des anderen zu. Das gilt in ähnlicher Weise auch für die Aufteilung bei Scheidung.

Eine Gütergemeinschaft muss extra in einem Ehevertrag vereinbart werden. Dabei wird der Großteil des ehelichen Vermögens zu einem Gesamtgut zusammengefasst. Die Ehepartner können darüber nur gemeinsam verfügen. Jeder von ihnen behält aber noch ein kleineres Eigengut in seinem persönlichen Eigentum.

Stirbt einer der beiden Eheleute, wird das Vermögen geteilt: Der überlebende Partner bekommt sein kleines Eigengut und die Hälfte des Gesamtgutes, der Rest geht ins Erbvermögen. Möglich wäre auch, dass die beiden Eheleute vereinbaren, dass nach ihrem Tode der überlebende Partner das gesamte Vermögen der Gütergemeinschaft erhalten soll. Soweit Nachkommen vorhanden sind, müssen $\frac{3}{16}$ als Pflichtteile frei bleiben.

Bei einer Scheidung bekommt jeder der beiden Partner neben seinem fiktiven Eigengut, das er auch bei einer Errungenschaftsbeteiligung gehabt hätte, auch noch die Hälfte des Gesamtgutes.

Auch die Gütertrennung muss in einem eigenen Ehevertrag vereinbart werden. Mann und Frau verfügen selbstständig über ihr eigenes Vermögen. Nach einer Trennung erhält jeder, was ihm gehört. Auf das Vermögen des anderen gibt es keinen Anspruch.

Stirbt einer der Ehepartner, fällt sein gesamtes Vermögen in die Erbmasse. Das Erbvermögen wird nach den gesetzlichen Bestimmungen und den dort festgelegten Prozentsätzen aufgeteilt.

Für eingetragene Partnerschaften kommen nach dem Gesetz nur Vermögensverträge in Frage, die auch eine Errungenschaftsbeteiligung zulassen, Gütergemeinschaften sind im Gesetz nicht vorgesehen.

Das allgemeine Güterrecht für Partnerschaften in Deutschland

Soweit in einem Ehe- oder Lebenspartnerschaftsvertrag nichts anderes vereinbart wurde, gilt in Deutschland im Güterstand das Prinzip der „Zugewinn-Gemeinschaft". Dabei muss neben dem persönlichen Eigentum eines jeden Partners der im Laufe der Partnerschaft entstandene Zugewinn an Vermögen aufgeteilt beziehungsweise dem Erbvermögen entsprechend zugeteilt werden. Von Interesse ist hier auch die Bestimmung über den „Zugewinn-

Ausgleich": Fallen die Zugewinnanteile aufgrund der unterschiedlichen Höhe des Eigenvermögens unterschiedlich hoch aus, dann kann der Partner mit dem kleineren Zugewinn einen Ausgleich verlangen. Durch einen eigenen Ehe- oder Partnerschaftsvertrag kann als Güterstand auch die Gütertrennung vereinbart werden. Hier gibt es die Sonderregelung, wonach der hinterbliebene Lebenspartner, der zusammen mit den Kindern des Verstorbenen erbt, gleich viel bekommt wie jedes einzelne Kind – und nicht etwa weniger.

Der Güterstand der Gütergemeinschaft muss ebenfalls über einen Ehe- oder Partnerschaftsvertrag vereinbart werden. Der Anteil des verstorbenen Lebenspartners am gemeinschaftlichen Vermögen fällt in seiner Gesamtheit in das Erbvermögen und wird nach den Bestimmungen des gesetzlichen Erbrechts oder letztwilliger Verfügungen aufgeteilt.

Vertrauen gegen Vertrauen

Partnerschafts- oder Eheverträge sind in jedem Fall eine gute Vorsorge bei möglichen Streitigkeiten über die Aufteilung des Vermögens im Falle einer Trennung. Alle noch so guten Verträge können aber nicht verhindern, dass das damit vereinbarte Verhalten auch wirklich eingehalten und das Vertrauen nicht gebrochen wird. Es muss nicht extra gesagt werden, aber: Die Basis einer Partnerschaft ist immer Vertrauen.

Das Vertrauen in einer Partnerschaft kann manchmal auf eine harte Probe gestellt werden, besonders wenn es um emotionale Dinge geht – und um viel Geld. Bankmanager und Finanzberater können hier oft eindrucksvolle Beispiele erzählen.

Der Chef einer Liechtensteiner Bank hat solche Versuchungen seiner Klienten sehr oft auch dann erlebt, wenn es um plötzliche Lottogewinne ging. „Erst wenn es um wirklich viel Geld geht, erweist sich, wie treu man wirklich zu seinem Partner steht und wie hoch man das beiderseitige Vertrauen einschätzt. Immer wieder tauchen Kunden auf, die möglichst diskret, wenn schon nicht mehr anonym, Geld im nahen Ausland anlegen wollen, und zwar so, dass die Familie beziehungsweise der Partner nichts davon merken soll. Wir stehen dann oft fassungslos solchen Anfragen gegenüber." Tatsächlich hat die Bank eine eigene Studie finanziert, in der Psychologen und Bankexperten das gezeigte Verhalten mit einem „korrekten Normverhalten" vergleichen sollten. Und sie haben bestätigt, dass das Vorhandensein von „diskretem Vermögen" zu schwersten Störungen des Vertrauensverhältnisses in Familien und Partnerschaften führen kann. Die Gier nach alleiniger Verfügungsgewalt über viel Geld ist dann leider sehr oft stärker als alle noch so oft beschworene Liebe.

Manche Geld-Gewinner organisieren im Nachhinein eine „Wettgemeinschaft", in deren Namen sie die Gewinne einlösen und sich nur zu einem Teil des Geldes bekennen müssen, während der Rest wohlverwahrt ins Ausland abgeschoben wird – und auf die spätere diskrete Abholung, etwa auch nach Beendigung einer Partnerschaft, wartet. In den Augen eines Geldanlegers hat es sicher Sinn, Geld für sich „auf die Seite" zu bringen, wenn die baldige Beendigung einer ehelichen Beziehung absehbar ist und größere Geldbeträge die ohnedies hohen Alimentationsansprüche noch vergrößern würden. Außerdem soll ja auch noch genug Geld für die allenfalls noch kommenden neuen Partnerschaften vorhanden sein, die nach der Trennung in Aussicht genommen werden – oder möglicherweise auch schon in aller Stille und Heimlichkeit begonnen haben. Und selbstverständlich geht es dabei meist nicht um die ohnedies seltenen Fälle eines Lottogewinns, sondern um Einkommen, von denen zwar nicht das Finanzamt, aber sehr wohl der aktuelle Partner etwas weiß. Insbesondere vor der zukünftigen Ex-Partnerschaft muss dann der Geldsegen versteckt werden, da sonst „Verrat" an die Behörden oder eine Erpressung droht.

Auch kommt es immer wieder vor, so wurde mir erzählt, dass Ehepartner gemeinsam nach Liechtenstein oder in die Schweiz gefahren sind, um dort Geld gut verzinst und sehr diskret anzulegen. „Aber nach ein paar Wochen ist dann plötzlich er oder sie wieder vor der Tür gestanden, mit einem weiteren und oft sogar noch größeren Geldbetrag, der auf die gleiche Weise veranlagt werden sollte, aber eben nicht auf die Namen beider Partner, sondern nur auf den eigenen". Und spätestens jetzt bewahrheitet sich der – allerdings zynisch abgewandelte – Spruch: „... bis dass das Geld euch scheidet ..."

Für den Lebenspartner mit vorsorgen

Pensionsvorsorge in der Partnerschaft

Wer in einer Partnerschaft lebt und seine Lebens-Finanzplanung über viele Jahre mit seinem Partner gemeinschaftlich gestaltet, wird auch darauf achten, das der Geld- und Vermögensvorrat, der zur Versorgung im Alter angelegt wurde, auch bis ans Ende beider Partner reicht. Nachdem ja in der langfristigen Lebensplanung auch noch nicht mit Sicherheit gesagt werden kann, wer von den beiden als Erster stirbt und wer überlebt, ist die Lebensgemeinschaft auch eine Schicksalsgemeinschaft. Auch die Tatsache, dass einer von den beiden Partnern wesentlich jünger ist als der andere, kann nicht Basis für eine eindeutige Lebenserwartung sein – schließlich treffen schwere, unheilbare Krankheiten auch immer mehr jüngere Menschen und die Gefahr eines tödlichen Unfalls droht für jüngere sogar in einem höheren Maße. Die Versorgung über eine Leistung aus der gesetzlichen Sozialversicherung ist dann eindeutig geregelt, wenn auch der Partner einen eigenen Pensionsanspruch aus eigener Berufstätigkeit erwerben konnte. Dann geht es lediglich um eine zusätzliche Witwer- oder Witwenpension, für die es entsprechende Voraussetzungen zu erfüllen gibt.

Wenn der Lebenspartner nicht berufstätig war und keine eigene Pensionsanwartschaft erworben hat, ist eine derartige Mitversicherungs-Leistung die einzige fixe Altersversorgung. Bei 60 Prozent von der früheren Pensionsleistung des Partners kann diese Versorgung womöglich eher gering sein. Und es sind für einen **unbefristeten Bezug** einer Witwer-/Witwenpension auch einige sehr konkrete Bedingungen zu erfüllen – andernfalls kommt die Versorgungsleistung nur befristet auf 30 Kalendermonate (also $2\frac{1}{2}$ Jahre) zur Auszahlung.

Eine **befristete Versorgungsleistung von 30 Kalendermonaten** gibt es dann:

- Wenn der hinterbliebene Partner noch nicht 35 Jahre alt ist.
- Wenn der verstorbene, versicherte Partner bei der Eheschließung bereits Pensionist war.
- Wenn der verstorbene, versicherte Partner bereits 65 Jahre alt war, aber noch nicht in Pension – und die Ehe noch nicht mindestens 2 Jahre bestanden hatte.

Ausnahmen:

Diese Befristung tritt nicht ein, wenn die hinterbliebene Person

- ein unterhaltsberechtigtes Kind des Verstorbenen versorgt
- oder schwanger ist
- oder wenn die Ehe mindestens 10 Jahre gedauert hat.

Sonderregelung:

Für den Fall, dass der verstorbene Versicherte bei der Eheschließung bereits in Pension war, gibt es noch eine Sonderregelung für auffallend große Altersunterschiede zwischen den Partnern, nämlich eine Mindestdauer für den Bestand der ehelichen Partnerschaft. Auf diese Weise sollen anscheinend reine Versorgungs-Ehen etwas hintangehalten werden. Je größer der Altersunterschied, umso länger muss die Ehe gedauert haben, um einen Anspruch auf Witwer-/Witwenpension zu begründen.

Altersunterschied	Mindestdauer der Ehe
bis 20 Jahre	3 Jahre
20 bis 25 Jahre	5 Jahre
mehr als 25 Jahre	10 Jahre

Besondere Bedingungen für die Anwartschaft auf eine Pensionsversorgung gibt es auch für die Zeit nach einer Scheidung: Die

Ehe muss mindestens zehn Jahre gedauert haben, maßgeblich ist die tatsächliche Höhe der bisherigen Alimente.

Pensionsleistungen kann es nach mehreren Scheidungen auch für mehrere Witwen/Witwer gleichzeitig geben, wobei aber diese nicht mehr bekommen dürfen als die eheliche Witwe.

Auch das Wohnrecht im gesetzlichen „Vorausvermächtnis" ist ein Stück Altersvorsorge

Das gesetzliche Vorausvermächtnis im Erbrecht sichert dem überlebenden Ehepartner ein uneingeschränktes Wohnrecht in der bisherigen gemeinsamen ehelichen Wohnung, auch dann, wenn beispielsweise ein Kind inzwischen das Eigentumsrecht am ganzen Haus über ein Testament erhalten hat. Der Erbe muss dieses Wohnrecht respektieren, selbst dann, wenn sich der überlebende Ehepartner inzwischen noch einmal verheiratet hat. Das Wohnrecht gilt bis zum endgültigen Ableben des überlebenden Partners, allerdings bei einem größeren Wohnhaus nur in den Räumen, die auch bisher bewohnt wurden. Ein Anspruch auf eine Tauschwohnung besteht nicht. Für das bestehende Wohnrecht muss keine Miete gezahlt werden, nur die Betriebskosten. Verlangt werden können vom Erben auch keine Zuschüsse zu den Tilgungsraten, wenn der Kredit für das Wohnobjekt noch nicht fertig ausbezahlt wurde.

Die „Pensionslücke" besteht auch für den Lebenspartner

Zwischen dem Familieneinkommen zur Zeit der Berufstätigkeit des einen oder der beiden Partner und dem tatsächlich noch verfügbaren Einkommen nach Eintritt ins Rentenalter besteht eine teilweise sogar recht deutliche Lücke, die „Pensionslücke" – sowohl bezogen auf die Versorgung des einzelnen Versicherten als auch – sogar noch vermehrt – bei Ansatz der gemeinsamen Altersvorsorge. Noch prekärer kann die Situation allerdings werden, wenn der überlebende Lebenspartner plötzlich auf eine Witwen-/Witwerrente reduziert wird. Der Weg zum Mindestpensionisten mit Zuweisung einer Ausgleichszulage ist dann schon vorgezeichnet. Hier müssten wie bei der Einzelbetrachtung über private Zusatzvorsorgen auch die Überlegungen für die Weiterversorgung eines überlebenden Partners bis an dessen Lebensende einsetzen.

Die Hinterbliebenen-Versorgung in der „Zweiten Säule"

Auch in der „Zweiten Säule" der Altersvorsorge, wo Arbeitgeber und Arbeitnehmer in private Vorsorgeeinrichtungen ihre Beiträge einzahlen, sind Möglichkeiten zur Versorgung der hinterbliebenen Partner – und allenfalls sogar etwaiger unterhaltsberechtigter Angehöriger – vorgesehen.

Bei der staatlich-prämiengeförderten Zukunftsvorsorge in Österreich gibt es bei Ableben des Anwartschaftsberechtigten auf eine Zusatzpension grundsätzlich zwei Möglichkeiten für den Partner:

Erfolgte der Tod vor Antritt der Pension, kann sich der überlebende Partner das bisher angesparte Kapital-Guthaben auszahlen lassen. Allerdings werden dann die staatlichen Prämien, die während der Ansparzeit in das Guthaben geflossen sind, wieder abgezogen. Außerdem müssen die Kapital- und Zinserträge, die das Guthaben in diesen Jahren vergrößert haben, versteuert werden. Mit dem Kapital-Rest, der zur Auszahlung gelangt, kann schließlich nach Belieben verfahren werden.

Möglich ist aber auch eine Übernahme des Guthabens durch die erbberechtigte Person in der Form, dass sie dadurch eine Pensionsanwartschaft erwerben kann. Wie die Entscheidung konkret aussehen wird – ob Bargeld oder Pensionsanspruch –, wird im Einzelfall vom Alter der Hinterbliebenen und von ihrer jeweiligen finanziellen Versorgungslage, also vom aktuellen Bargeldbedarf abhängen.

Wenn der Tod der anspruchsberechtigten Person erst nach Antritt der Pension eingetreten ist, kann die bisherige Versorgung auch vom hinterbliebenen Partner weiter beansprucht werden, allerdings auch hier nur in eingeschränktem Ausmaß – ähnlich wie bei der gesetzlichen Alterspension. Eine Auszahlung des nicht verbrauchten Rest-Kapitals ist allerdings nicht möglich. Übrigens: Falls es keinen anspruchsberechtigten Partner gibt, ist das Guthaben verfallen.

Die Partner-Hinterbliebenen-Versorgung bei den Pensionskassen

Ähnliche Modelle der Hinterbliebenen- und Partner-Weiterversorgung gibt es selbstverständlich auch bei den Bezügen aus einem Pensionskassen-Vertrag. Eine Bar-Ablöse des eingezahlten Pensions-Kapitals ist in der Regel nicht vorgesehen. Wer ohne anspruchsberechtigten Partner vor oder nach Antritt der Pensionsleistung stirbt, hat sein eingezahltes Geld der Allgemeinheit der Pensionskassen-Bezugsberechtigten hinterlassen.

Die Höhe der Partnerpension richtet sich im Falle des vorzeitigen Todes eines Anspruchsberechtigten nach dem bisher erworbenen Anspruch und wird auf etwa 60 Prozent des Betrages gekürzt, der dem anwartschaftsberechtigten Verstorbenen zu diesem Zeitpunkt schon zugestanden wäre.

Erfolgt das Ableben des Pensionskassen-Berechtigten bereits nach Antritt der regelmäßigen Pensionsleistungen, werden die Auszahlungen an den erb- und bezugsberechtigten Partner einfach auf 60 Prozent gekürzt und weiter ausgezahlt – wenn das bei Abschluss des Pensionskassen-Vertrages so vereinbart wurde. In manchen Verträgen kann eine Hinterbliebenen-Versorgung ausdrücklich abgelehnt werden, vor allem, wenn es keine Partner mehr geben wird. In diesem Fall sind allerdings die regelmäßigen Zusatzpensions-Auszahlungen entsprechend höher. Einige Pensionskassen-Verträge lassen dem Berechtigten auch die Wahl, an wen die Hinterbliebenen-Versorgung gehen soll – beziehungsweise eine Teilung derselben, wenn man mehrmals verheiratet war. Bei sehr hohen Eigenbezügen der verwitweten Partner werden diese vom Anspruch abgezogen, was zur gänzlichen Einstellung der Zahlungen führen kann.

Die Hinterbliebenen-Versorgung über die Lebensversicherung

In der Lebensversicherungsbranche gehörte der Umgang mit Er- und Ablebenswahrscheinlichkeiten und offiziellen Sterbetafeln schon immer zum ganz normalen Geschäft. So werden einerseits Prämien berechnet, andererseits die zu erwartenden Leistungen im Versicherungsfall. Die Lebensversicherungsgesellschaften bieten daher stets auch Polizzen-Modelle an, die mehrere verschiedene Formen der Hinterbliebenen-Versorgung vorsehen.

Die Lebensversicherung mit Auszahlung in Rentenform und Möglichkeit der Prämienrückgewähr bei Ableben des Versicherten

Hier wird garantiert, dass nach dem Ableben des Versicherten eine Auszahlung des restlichen Deckungskapitals erfolgt. Technisch passiert Folgendes: Während der Prämieneinzahldauer wird ein Kapitalstock angespart, der ab einem vereinbarten Alter zur Auszahlung gelangt – allerdings nicht als Kapitalbetrag, sondern als monatliche Rente, und zwar bis zum Ableben des Versicherten. Wenn dieser vorzeitig stirbt, also vor dem aus der amtlichen Sterbetafel abgeleiteten wahrscheinlichen Sterbealter, dann wurde der angesparte Kapitalstock noch nicht zur Gänze ausbezahlt. Was nach Abzug der bisher schon bezogenen Rentenleistung noch übrig ist, kann an die Hinterbliebenen ausgezahlt werden. Selbstverständlich vermindert sich bei einer derartigen Vereinbarung die Höhe der monatlichen Beträge, die bis zum Ableben des Versicherten als Rente auszuzahlen sind.

Genau genommen verzichtet der Versicherte damit eigentlich zu Lebzeiten auf einen Teil seines Geldes. Er teilt sein Geld mit seinem Partner – so wie er es ja auch schon zu Lebzeiten gemacht hat. Solche Vertragsklauseln wird nur derjenige vereinbaren, der auf seine Hinterbliebenen Rücksicht nehmen will oder muss – andernfalls wäre das Geld verloren. Wer allerdings bei Abschluss eines längerfristigen Versicherungsvertrages nicht ganz sicher ist, ob er nicht im fortgeschrittenen Alter doch noch eine Partnerschaft eingehen will, könnte eine solche Klausel im Zweifelsfall dennoch akzeptieren. Auch das könnte aber eine Fehlentscheidung sein: Wenn die versicherte Person später geschieden wird oder verwitwet stirbt, hat sie leider doch mit Zitronen gehandelt. Das Leben ist voller Überraschungen und nichts ist wirklich sicher zu planen.

Die Lebensversicherung mit Auszahlung als Rente auf Garantiedauer

Hier wird die Rente nach Erreichen des vereinbarten Lebensalters nicht bis ans Lebensende des Versicherten ausgezahlt, sondern nur für einen fix vereinbarten und von der Versicherungsgesellschaft garantierten Zeitraum. Das Risiko liegt hier ebenfalls teilweise beim Versicherten und seinen Hinterbliebenen.

Die versicherte Person wird in der Praxis die Garantiedauer nicht nur auf das eigene wahrscheinliche Sterbedatum kalkulieren, sondern nach Möglichkeit zusätzlich noch auf das vielleicht spätere Lebensende seines Partners. Die Folgen sind klar: Je länger die Garantiedauer gewählt wird, umso geringer fallen die regelmäßigen Rentenzahlungen aus. Aber die Folgen betreffen beide Partner, die von der Rente leben wollen. Und genau genommen teilen sie auch ihr Lebensrisiko: Wer früher stirbt, scheidet aus, wer länger lebt, hat dann alles für sich allein – aber nur bis zum Ende der Garantiedauer.

Die Lebensversicherung mit Auszahlung als Rente – aber als echte Witwen-/Witwerpension

Auch hier wird eine Lebensversicherung abgeschlossen, mit Auszahlung in Rentenform. Allerdings wird die Rente nicht nur bis zum Ableben der versicherten Person bezahlt, sondern darüber hinaus auch noch bis zum Ableben des solcherart praktisch mitversicherten Lebenspartners. Die Auszahlung an den überlebenden Partner wird jedoch entsprechend prozentuell gekürzt. Rein technisch ist das eine Versicherung auf zwei verbundene Leben: für die Berechnung der Prämien und der gewünschten Rente wird nicht nur die Lebenserwartung der versicherten Person, sondern auch die des Partners herangezogen. Auch hier muss ein Risiko getragen werden: Wenn der Partner vor dem Versicherten stirbt, spart sich die Versicherung hier einiges Geld. Aber vielleicht muss sie es woanders wieder ausgeben – wenn jemand besonders alt wird und besonders lang seine Rente beziehen kann. Des einen Freud, des andern Leid …

Wenn das Geld nicht bis zum Ende reicht …

Die Praxis zeigt, dass im wirklichen Leben die Dinge für viele von uns leider nicht ganz so ideal laufen. Gewiss, viele Menschen schlagen sich tatsächlich mit dem „Problem" herum, wie sie ihr manchmal sogar sehr großes Vermögen vor dem Verlust schützen und einigermaßen sinnvoll verwenden können. Etliche Menschen haben am Ende noch viel zu viel Geld und zu wenig Leben übrig, aber eine auch immer größer werdende Zahl von Menschen kämpft mit dem Gegenteil: Ihr Einkommen reicht schon während ihres gesamten Berufslebens nicht, um sich ein einigermaßen sorgenfreies Leben zu sichern – und das, obwohl sie tagaus, tagein fleißig arbeiten. Und obwohl sie sich keinen Luxus leisten können, reicht das hart verdiente Geld nicht einmal annähernd, um davon die wichtigsten Lebensausgaben zu bestreiten. Sie können von einem fetten Sparbuch als Ruhepolster für den Lebensabend zeitlebens nur träumen. Und wenn sie nicht schon vor dem Pensionsalter in ihren Schulden versunken und bankrott sind oder, nach zahlreichen Schicksalsschlägen zermürbt, Schiffbruch erleiden, sind sie am Ende mit Erreichen des Pensionsalters, oder eben schon früher, auf die solidarische Hilfe der Leistungs- und Wohlstandsgesellschaft angewiesen, auf die sogenannten Transferleistungen des Pensionssystems oder der Sozialhilfe.

Für sie, die dann vielleicht von einer Mindestrente aus der öffentlichen Pensionsversicherung leben müssen, stellt sich in Wahrheit auch nicht das Problem der auch hier so oft zitierten „Pensionslücke" – wer nie viel verdient hat, bekommt auch wenig Pension und braucht Extra-Hilfe aus den diversen Spezialfonds, die der moderne Sozialstaat seinen Bürgern bietet. Das karge Fortkommen dieser leider größer werdenden Volksgruppe wird aber dann zur Katastrophe, wenn sie im Alter krank und pflegebedürftig wird. Das neue Schlagwort heißt „Pflegelücke" – und sie wird sich angesichts ihrer schweren Finanzierbarkeit in den nächsten Jahrzehnten zu einer echten Herausforderung für die Gesellschaftsordnung auswachsen. Wie heißt es doch: Die Reife einer Gesellschaft erweist sich vor allem darin, wie sie mit ihren Kindern und mit ihren alten Menschen umgeht. Wer gemeint hat, dass die Finanzierung der Alterspensionen zum größten Problem der Zukunft werden könnte, der irrt: Das Problem mit der Bewältigung der Pflegekosten für die alten Menschen kann oder wird noch viel schlimmer werden!

Die „Pflegelücke"

Gehen wir davon aus, dass die Durchschnittspension in Österreich bei etwa 900 bis 1.000 Euro liegt. Weil die Entwicklung hin von der Großfamilie zum Kleinst- oder Single-Haushalt die Betreuung älterer Menschen im gewohnten Familienumfeld immer weniger ermöglicht, müssen immer mehr Senioren in ein Pensionistenheim abwandern. Die Vollkosten für einen betreuten Heimplatz liegen derzeit bei 1.500 Euro im Monat. Heime mit öffentlicher Trägerschaft und weniger Komfort sind nur wenig billiger. Also klafft auch hier schon eine beträchtliche Versorgungslücke, die weder aus den Ersparnissen noch aus dem Einkommen der nächsten Angehörigen nachhaltig gedeckt werden kann.

Die Lebenserwartung der Menschen in Europa steigt ständig. Die Menschen werden älter, aber sie sind deswegen nicht gesünder, weil sie auch nicht wirklich gesünder leben und daher immer mehr teure medizinische Betreuung brauchen. Und das treibt auch die Ausgaben der Krankenkassen in schwindelnde Höhen und belastet die Staatsfinanzen. Aber damit nicht genug: Immer mehr Menschen fallen der Demenz anheim und müssen rund um die Uhr gepflegt werden. Soweit es die Familienstruktur zulässt, kann die Pflege zumindest zu Hause von den Angehörigen übernommen werden, aber ihr Anteil sinkt. Auch die Beschäftigung – teilweise auch illegale Beschäftigung – von Pflegekräften aus Osteuropa kann den Bedarf nur teilweise decken. Die Alternative heißt dann für mehr und mehr Menschen: ab ins Pflegeheim. Und die Kosten für ein Pflegeheim liegen im Durchschnitt bei 3.000 Euro im Monat. Zwar gibt es in Österreich je nach Schwere der Erkrankung und des Pflegebedarfes Pflegegeld, doch das deckt vielleicht gerade noch die Zusatzkosten für angestellte Pflegekräfte im eigenen Haushalt, aber bei den Kosten für ein Pflegeheim ist die Finanzlücke, die sich da auftut, praktisch nicht mehr auf dem herkömmlichen Weg zu decken.

Die Sozialhilfe springt ein

Wenn das Alterseinkommen der Vollpflege-Patienten nicht mehr ausreicht, springt in Österreich auf Antrag die Sozialhilfe ein, die in jedem Bundesland einzeln geregelt ist und nach unterschiedlichen Konditionen arbeitet. Aber die Sozialhilfe-Verwaltung streckt das benötigte Geld zunächst nur vor – sie will es so weit wie möglich wieder zurückbekommen. Sozialhilfe-Empfänger müssen mit ihrem Antrag auch einen Offenbarungseid über ihr Einkommen und das vorhandene Vermögen leisten. Das funktioniert so ähnlich, wie auch die Kontrollen beim Hartz-IV-System in Deutschland organisiert sind. Schwindeln hat hier keine Chance und wird außerdem bestraft.

Zunächst wird das Einkommen der Sozialhilfe-Empfänger sichergestellt. 80 Prozent der Pension beziehungsweise des gesamten verfügbaren Einkommens sowie 80 Prozent des zuerkannten Pflegegeldes werden sofort kassiert, die restlichen 20 Prozent dürfen behalten werden, für kleine Ausgaben des Alltags. Behalten werden dürfen auch der 13. und 14. Pensionsbezug.

214

Kassiert wird in der Folge alles vorhandene Vermögen. Sparbücher und Wertpapiere müssen abgegeben werden – es darf nur ein Schonbetrag für Extra-Ausgaben zurückbehalten werden, wie etwa für das Begräbnis. Das sind Beträge von derzeit bis höchstens 7.300 Euro, meist aber weniger. Immobilienbesitz wird häufig auch bereits mit Hypotheken im Grundbuch abgesichert. Ein Verschweigen wäre auch hier sinnlos und strafbar. Wenig nützt es da auch, wenn ältere Menschen ihr Realvermögen noch rasch vor der Einweisung ins Alters- oder Pflegeheim an die Angehörigen verschenken wollen. Solche Schenkungen können von Amts wegen wieder rückgängig gemacht werden.

Bis zu einem gewissen Ausmaß und nach Maßgabe der Vermögens- und Einkommensverhältnisse können in der Folge auch die Angehörigen zumindest teilweise zur Ersatzpflicht für die aufgelaufenen Pflegekosten herangezogen werden. Von den nicht pflegebedürftigen Ehepartnern können im Durchschnitt 30 bis 40 Prozent der „Bemessungsgrundlage" als Ersatzpflicht gefordert werden. Die Bemessungsgrundlage wird vom Netto-Einkommen abgeleitet, von dem die gewöhnlichen Fixkosten und Unterhaltsverpflichtungen abgezogen werden. Von der Ersatzpflicht der Kinder wurde zuletzt in den meisten Bundesländern wieder abgesehen. Einerseits ist hier meist nicht viel zu holen, und andererseits würden dadurch in vielen Familien der Kinder mit eigenen Kindern neue Sozialprobleme geschaffen und Anwartschaften auf Zuschüsse an anderen Stellen ausgelöst. Schon bisher mussten übrigens nur Kinder mit österreichischer oder EU-Staatsbürgerschaft für ihre in Österreich lebenden Eltern zahlen.

Gelegentlich taucht bei der Diskussion über die Finanzierbarkeit der Alterspflege auch das Argument von der nötigen Eigenvorsorge auf. Man könne doch auch hier eine Art von Pflichtversicherung einführen und dafür extra Sozial-Versicherungsprämien verlangen, so könnten dann die Kosten praktisch auf die gesamte Gesellschaft verteilt werden. Dabei wird vernachlässigt, dass es egal ist, ob der Staat aus Steuermitteln, die alle zahlen müssen,

Geld zuschießt oder ob die „Pflege-Kassen" das Geld kassieren. Die Lobby der Versicherungen schlägt auch private Pflege-Versicherungs-Vorsorgeprogramme vor. So könne sich jeder die Pflegequalität sichern, die er sich eben leisten kann. Als Vorbild dienen hier die beliebten Kranken-Zusatzversicherungen, über die man sich die Pflege-Sonderklasse in der Klinik samt besserer ärztlicher Betreuung sichern kann. Im Klartext heißt das dann: Weg frei für die Zwei-Klassen-Alterspflege – nach dem Vorbild der Zwei-Klassen-Medizin, wie wir sie jetzt schon kennen. Es ist einleuchtend, dass Menschen, die Sozialhilfe in Anspruch nehmen, das nicht mutwillig tun. Tatsache ist aber, dass die Zahl derer, die davon Gebrauch machen müssen, weiter steigen wird. Die Erfahrung zeigt, dass zumindest bisher ein Gutteil der Menschen mit durchschnittlichen und höheren Einkommen für die Pensionslücke durch Eigenvorsorge einen Ersatz finden konnte. Für den Ausgleich der Pflegelücke – zusätzlich zur Pensionslücke – werden voraussichtlich auch die höheren Pensions-Einkommen nicht mehr reichen. Ausgleichsleistungen aus öffentlichen Mitteln werden dann vielleicht nicht mehr die Ausnahme, sondern die Regel sein.

Die Sozialhilfe bietet ein Leben nach dem Bankrott

Möglicherweise werden wir dann aber auch unsere Definition von der ausgeglichenen Lebens-Finanzplanung und vom Bankrott neu formulieren müssen: Vergessen wir nicht, dass all die Mittel, die für den Ausgleich der Gesundheits- und Pflegeversorgung, aber auch für die gesetzliche Alterspension für uns ausgegeben werden, ja auch von uns Staatsbürgern wieder in die Staatskassen eingezahlt werden müssen. Also haben wir per Saldo ja doch wieder die Lebensausgaben ausgeglichen. Die Schieflage dieser Rechnung müssen wir nur dort sehen, dass nicht die jetzige Leistungsgeneration, sondern praktisch ihre Enkelkinder für den Ausgleich werden sorgen müssen.

Wenn (trotzdem) etwas übrig bleibt

Den Rest mit Liebe verschenken – oder vererben

Irgendwann, nach sorgfältiger Berechnung und Abwägung unserer künftigen Bedürfnisse im Verhältnis zu den vorhandenen Finanzmitteln, kommt vielleicht die Erkenntnis, dass es uns nicht gelingen wird, den Rest unseres vorhandenen Vermögens und des angesparten Geldes bis zu unserem Lebensende auch wirklich sinnvoll zu verbrauchen. Spätestens dann ist der Zeitpunkt gekommen, all das wegzugeben, was wir in Wahrheit längst nicht mehr brauchen – was wir eigentlich schon bisher hätten weitergeben können an diejenigen, die es wirklich brauchen, zurück in den Wirtschaftskreislauf.

Was belastet mich?

Menschen, die ein Leben lang erfolgreich ein Unternehmen geführt haben und darin womöglich auch eine Lebensaufgabe gesehen haben, können sich meist nur schwer von dieser Aufgabenstellung trennen. Dennoch werden sie irgendwann spüren, dass die Aufrechterhaltung der täglichen Anspannung für die zufriedenstellende Leistung sie immer härter ankommt. Zwar gibt es staatliche Pensionen auch für Unternehmer und Land- und Forstwirte sowie eigene Steuererleichterung für die Übergabe an die Nachfolger, dennoch könnte es durchaus sein, dass der offizielle Termin nicht als richtig empfunden wird. In vielen Fällen fehlt das Vertrauen in die Tüchtigkeit der Nachfolger aus der eigenen Familie – und das Hereinnehmen von

Fremden stört zudem die Familienharmonie. Trotzdem sollte hier so bald wie möglich eine Rückzugslösung gesucht und gefunden werden – auch mit einem Verkauf des Unternehmens als letzter Konsequenz. Ein Verkauf des Unternehmens ist sogar vordringlich dort anzuraten, wo das Betriebsvermögen die ausschließliche Altersvorsorge darstellt und die voraussichtlichen Gewinne aus der Geschäftstätigkeit nicht groß genug sein werden, dass sowohl die Rückzugsgeneration als auch die Übernehmer des Betriebes ausreichend davon leben können. Ein Fruchtgenuss in Form einer vertraglichen Gewinnbeteiligung kann allenfalls steuerliche Vorteile haben – eine echte Sicherheit für einen ruhigen Lebensabend ist er in vielen Fällen nicht.

Eine Belastung stellen häufig auch die schönen Landsitze und Ferienhäuser dar, die zu Zeiten erworben wurden, als die Kinder noch im Hause waren oder mit den Eltern die Ferien dort verbracht haben. Diese Zweit- oder Drittwohnsitze werden im fortgeschrittenen Alter vielleicht kaum noch gebraucht und verursachen nur Kosten, weil für die Versorgung der Häuser fremde Arbeitskräfte nötig sind, die gut bezahlt werden müssen. Das kann auch für das Pferd gelten, das im nahen Reiterhof eingestellt wurde, das Segel- oder Motorboot oder das Kleinflugzeug, das seinerzeit gemeinsam mit Freunden erworben wurde, und die es jetzt auch nicht mehr benützen. Wenn genug Extra-Geld da ist, können diese Annehmlichkeiten von früher auch an die Nachkommen übergeben werden, oder sonstige liebe Menschen, die man mag. Sollte das Geld aus dem Verkauf dieser Luxusgüter aber für die Altersversorgung gebraucht werden, wird man sie wohl zu vernünftigen Preisen verkaufen müssen.

Häuser und Eigentumswohnungen, die auch künftig benützt werden, sollten weiterhin im Eigentum bleiben. Eine Übergabe gegen Leibrente bei verbleibendem Wohnrecht kann böse Folgen haben. Viele ältere Menschen wollen nämlich doch lieber in die

Stadt ziehen, wo es eine bessere Einkaufs-Infrastruktur gibt und sie nicht so weite Wege bis zum nächsten Arzt oder zur Apotheke haben. Und wenn sie ihr Haus auf dem Land gegen eine Wohnung in der Stadt tauschen wollen, dann scheitert das in der Regel an der vorherigen Schenkung an die Nachkommen. Schließlich kann ein Wohnrecht auch nicht verkauft und in Geld verwandelt werden, wenn zur Pensions-Zusatzversorgung größere Geldbeträge notwendig werden.

Geld- und Finanzvermögen:
Nur behalten, was wir noch brauchen werden

Was unser Leben belastet, sollte auf alle Fälle rechtzeitig abgegeben werden, sei es durch Verkauf oder Schenkung. Der allfällige Geldbedarf wird dazu den Ausschlag geben, Hauptsache, die Mühlsteine sind weg. Etwas anders ist es mit dem vorhandenen Finanzvermögen. Das schon vor dem Tode zu verschenken, war auch in Österreich früher nicht ratsam, weil dafür die volle Schenkungsteuer angefallen ist. Außerdem muss immer berücksichtigt werden, dass eine Schenkung nicht mehr rückgängig gemacht werden kann, es sei denn mit Zustimmung des Beschenkten. Bargeld und Finanzvermögen sollte grundsätzlich nur dann vor dem Ableben verschenkt werden, wenn wir ganz sicher sind, dass wir es sicher nicht mehr brauchen und auch sicher nicht mehr ausgeben werden. Wenn also sichergestellt ist, dass wir mit dem vorhandenen Vorsorge-Kapital bis zum Lebensende auskommen werden, kann theoretisch und praktisch wirklich der ganze Rest schon vorher mit vernünftigen Überlegungen den Besitzer wechseln. Wir müssen uns lediglich darüber klar werden, was wir tatsächlich brauchen und was nicht – und das ist oft schwer genug. Aber wenn wir nicht reich sterben wollen, sondern bankrott, dann wird uns diese Entscheidung nicht erspart bleiben.

Verschenken und Vererben – aber mit Verantwortung

Bankrott zu sterben bedeutet in letzter Konsequenz, dass wir unser Vermögen, unser Geld bis zum Zeitpunkt unseres Todes restlos aufgebraucht haben sollten. Das ist aber nur so lange als persönliches Ziel zu betrachten, als jemand wirklich allein in einem eigenen Haushalt lebt. Tatsächlich wird es viele Menschen geben, die freiwillig ihr Leben als Single organisiert haben. In den meisten Fällen aber leben Menschen doch in einer Partnerschaft oder in einem Familienverband. Und spätestens hier bedarf die Lebens-Finanzplanung des Einzelnen einer gewichtigen Einschränkung: Es wird fast immer so sein, dass einer der beiden Partner den anderen überlebt.

Erst der Partner stirbt echt bankrott

Und wenn Menschen über viele Jahre gemeinsam gelebt und auch gemeinsam ihr Leben gestaltet haben, werden sie natürlich auch ihre Vermögensplanung auf diese Gemeinsamkeit aufgebaut haben. Da wäre es freilich nicht sinnvoll und fair, wenn für den überlebenden Partner nicht in geeigneter Weise so vorgesorgt wird, dass dieser sich dann selbst noch bis an das eigene Lebensende auf eine gesicherte Existenz verlassen kann. Das Geld muss für beide reichen.

Das bedeutet in der Praxis dreierlei:

Erstens muss die Lebens-Finanzplanung so aufgebaut sein, dass nicht nur für den ausreichend gesorgt ist, der als Erster stirbt. Es muss auch für den Zweiten noch genug übrig bleiben.

Zweitens muss das Vermögen des Erstverstorbenen beziehungsweise sein Anteil am gemeinsamen Vermögen an den überlebenden Partner entweder schon früher verschenkt oder nach den gegebenen rechtlichen Regelungen vererbt werden. Dabei wird es in der Regel auch notwendig sein, die Erbrechte der Nachkommen oder übrigen Verwandten zu berücksichtigen. Eine restlose Übertragung an den Überlebenden ist zumeist auch mit einem Testament nicht möglich.

Drittens liegt die Verwendung des Restvermögens aus der Partnerschaft in der alleinigen Verantwortung des noch lebenden Menschen. Ihm obliegt es in freier Entscheidung, das noch vorhandene Geld und Vermögen bis zum eigenen Lebensende aufzubrauchen oder einer sinnvollen und nützlichen Verwendung zuzuführen.

Über das Verschenken und Vererben gibt es eine Vielzahl von Fachbüchern – in Österreich, aber auch in der Schweiz und in Deutschland –, daher sollen hier nur einige wesentliche Unterschiede angesprochen werden.

Wie wird man zum Erben in Österreich?

Zunächst natürlich kraft Abstammung laut Gesetz, wenn es keine letztwilligen Verfügungen gibt, wie beispielsweise einen Erbvertrag zwischen den Lebenspartnern oder mit Familienmitgliedern, und schließlich kraft eines Testaments. Von einem Testament zu unterscheiden ist ein Vermächtnis, das nur die Weitergabe eines bestimmten Teiles des Erbvermögens betrifft.

Das schon sehr alte österreichische Erbrecht ist eine Kombination aus dem römischen und dem germanischen Recht. Während im germanischen Recht immer der Grundsatz galt: „Gut fließt wie Blut" – das heißt also, dass alles Erbvermögen immer an die nächste Generation zu fließen hat –, konnte nach dem alten römischen Recht auch jeder andere, nicht zur Familie gehörige Mensch mit einem Erbe betraut werden. Das kann man auch nach dem österreichischen Erbrecht, beispielsweise per Testament. Aber es kann nicht alles an Familienfremde abgegeben werden. Es gibt im österreichischen Recht den Begriff des Pflichtteils. Über diesen Pflichtteil kann auch nicht per Testament verfügt werden – er bleibt laut Gesetz geschützt und unangreifbar. Einen Pflichtteil gibt es in Österreich aber nur für die Kinder, die Eltern und den Ehegatten eines Verstorbenen – nicht aber für die Geschwister.

Demnach sind folgende Erben-Kategorien zu unterscheiden: Universal-Erben, die per Testament dazu berufen sind, alles zu erben und nur Pflichtteile davon auszuzahlen, und dann eben die Pflichtteils-Erben, die nur einen Anspruch auf Auszahlung eines Geldbetrages haben. Die gesetzlichen Erben erhalten den ihnen kraft Abstammung und Erbfolge zustehenden Prozentanteil am Gesamt-Erbe. Schließlich gibt es noch als Ausnahme-Vermögen das Vorausvermächtnis für die überlebenden Ehegatten. Dazu zählen die eheliche Wohnung und alle dazugehörigen Ausstattungen – exklusive eventueller wertvoller Antiquitäten – und alle Fahrzeuge, die gemeinsam benützt wurden. Das Vorausvermächtnis zählt nicht zum Erbvermögen und kann sofort übernommen werden.

Das Vorausvermächtnis im deutschen Erbrecht

Im deutschen Erbrecht spricht man vom „Voraus". Darunter fallen alle Haushaltsgegenstände, die nicht Teil eines Grundstücks sind und dem gemeinsamen häuslichen Leben der Ehegatten dienten. Wertvolle Teppiche oder Antiquitäten sind ausgenommen, weil nicht lebenswichtig. Der Voraus gebührt nur den überlebenden Lebenspartnern, die auch zum gesetzlichen Erbe berufen sind. Bei Ausschlagung des Erbes oder Enterbung entfällt das Recht auf Voraus ebenfalls, auch dann, wenn der überlebende Partner durch Testament oder Erbvertrag zum Erben eingesetzt wurde. Der Voraus steht dem Ehegatten stets neben dem Erbteil zu.

Von Interesse im Gesetz ist sicher auch der „Dreißigste": Demnach ist der Erbe verpflichtet, allen Familienangehörigen, die mit dem Verstorbenen im selben Haushalt gelebt und von ihm Unterhalt bezogen haben, vom Erbanfall an 30 Tage lang in gleicher Weise wie bisher Unterhalt zu gewähren und die Benützung der ehelichen Wohnung zu gestatten. In die Kategorie der

Familienangehörigen fallen auch Pflegekinder oder Partner einer nicht ehelichen Partnerschaft.

Die Erbfolge

Geerbt wird in der Familie des Verstorbenen zunächst nach der fallenden und bei deren Erschöpfung nach der aufsteigenden Linie – nach sogenannten Stämmen.

Gibt es also bei einem Verstorbenen – in fallender Line – keine Kinder und damit auch keine Enkel, kommen in der aufsteigenden Linie die Eltern zum Zug. Sind diese nicht mehr am Leben, geht man in diesem Stamm wieder absteigend vor: Es erben dann also die übrigen Kinder der Eltern – die Geschwister des Verstorbenen oder deren Kinder, die Neffen und Nichten.

Sollte auch aus diesem Stamm niemand mehr am Leben sein, kommt wieder in aufsteigender Linie der nächsthöhere Stamm zum Erbrecht. Das wären zunächst die Großeltern, aber dann absteigend wieder deren Nachkommen: die Tanten und Onkel sowie deren Kinder, die Cousinen und Cousins.

Erst wenn auch dieser Stamm keine Erbberechtigten stellen kann, dürfen nicht verwandte und nicht eheliche Partner Ansprüche erheben.

Im Ernstfall, wenn niemand ein Erbrecht geltend macht, erbt Vater Staat.

Wer bekommt wie viel in Österreich?

Gibt es nur noch die überlebenden Kinder, erben diese alles – wenn nicht per Testament jemand anderer zum Erben eingesetzt wurde. Dann gibt es nur noch den Pflichtteil.

Völlig enterben ist nur unter Hinweis auf sehr schwerwiegende, meist kriminelle Verfehlungen möglich.

Ehegatten erben neben den Kindern ein Drittel, neben Eltern, Geschwistern oder Großeltern zwei Drittel.

Neben kinderlosen Witwen oder Witwern erben Nichten und Neffen nichts – wenn sie die nächsten erbberechtigten Verwandten sind.

Das Pflichtteilsrecht macht bei Kindern die Hälfte des gesetzlichen Erbrechts, also ein Drittel aus.

Das Pflichtteilsrecht des überlebenden Ehegatten macht die Hälfte des gesetzlichen Erbrechts, also ein Sechstel aus.

Bei den Eltern beträgt der Pflichtteil ein Drittel des gesetzlichen Erbes, also ein Neuntel.

Die Geschwister eines Verstorbenen haben kein Pflichtteilsrecht. Das gibt dem Erblasser die Möglichkeit, dass er per Testament beispielsweise einen späteren, womöglich nicht ehelichen Lebenspartner vor den Ansprüchen der erbwütigen Geschwister schützt, wenn es keine eigenen leiblichen Kinder gibt.

Nicht zum aufteilbaren Erbvermögen gehören Auszahlungen aus Lebensversicherungen, die bestimmten Personen durch Eintragung auf der Polizze als Bezugsberechtigte im Todesfall zuerkannt wurden. Wenn damit allerdings die gesetzlichen Erben um ihre Anteile gebracht wurden, weil mit der Einzahlung einer außergewöhnlich hohen Einmal-Prämie das Vermögen fast völlig verbraucht wurde, muss der Begünstigte aus der Lebensversicherung mit Ansprüchen der Erben unter dem Titel „Schenkungspflichtteil" rechnen.

Ein Schenkungspflichtteil wird gewöhnlich auch dann fällig, wenn einzelne Erbberechtigte schon zu Lebzeiten des Verstorbenen größere Geschenke erhalten haben, beispielsweise Grundstücke zum Hausbau oder großzügige Zuschüsse zu einem Wohnungskauf.

Uneheliche Lebenspartner hatten in Österreich bis zuletzt kein gesetzliches Erbrecht und auch keinen Anspruch auf das „Vorausvermächtnis". Das heißt, wenn der Partner ohne Testament – etwa bei einem Unfall – stirbt, geht alles Vermögen, auch das eventuell durch gemeinsame Arbeit geschaffene, an die womöglich erbwütige Verwandtschaft. Uneheliche Lebenspartner haben im Normalfall auch kein Anrecht auf eine Witwen-/Witwerpension.

Verloren geht das Erbrecht auch durch Scheidung – ein Recht auf eine spätere Pension gibt es nur auf der Basis eines Gerichtsurteils und der darin festgelegten Alimente.

Die Erbteilung im deutschen und schweizerischen Recht

Nicht ganz so einfach wie in Österreich gestaltet sich die Erbteilung in Deutschland und in der Schweiz.

In Deutschland

richten sich die Erbportionen zunächst einmal nach dem Güterstand, der in der Partnerschaft bestanden hat. Vor allem für die Zugewinn-Gemeinschaft gibt es eine Reihe von Ausnahmen, wie etwa den Zugewinn-Ausgleich, bei dem der Partner mit dem kleineren Zugewinn einen Ausgleichsbetrag vom anderen fordern kann.

Eine weitere Besonderheit besteht darin, dass es einen kleinen und einen großen Pflichtteil gibt – und etwas kompliziert muten auch die Bestimmungen an, die zur Erhöhung des Erbteils bei Aufteilung des Vermögens in einer Zugewinn-Gemeinschaft führen können.

Das gesetzliche Erbrecht eines Lebenspartners beträgt:

Neben den Abkömmlingen des Erblassers ein Viertel, Kinder und Enkelkinder erben drei Viertel.

Neben den Eltern des Verstorbenen und – nach deren Tod – den Geschwistern des Erblassers erbt der überlebende Partner die Hälfte.

Wenn es keine Kinder und Enkel, keine Eltern und Geschwister – oder deren Nachkommen – gibt und auch die Großeltern des Erblassers schon verstorben sind, dann erbt der überlebende Partner alles.

In der Schweiz

ist zunächst einmal das Aufeinandertreffen und Zusammenspiel von Güterrecht und Erbrecht zu beachten, denn erst wenn die Teilung des Vermögens nach dem Güterrecht erledigt wurde, kann man an die Aufteilung an die Erbberechtigten gehen. Generell kann man alles, drei Viertel oder die Hälfte erben, es kommt selbstverständlich darauf an, wer jeweils die Miterben sind.

Wo es keine Nachkommen und keine erbberechtigten Partner gibt, erben die beiden Elternteile des Erblassers je zur Hälfte.

Ist der zweite Elternteil gestorben, erbt er alles, die Verwandten des zweiten Elternteils nichts.

Gibt es neben dem überlebenden Elternteil auch Geschwister des Verstorbenen, teilt man je zur Hälfte.

Gibt es noch Onkel und Tanten von Mutter- und Vaterseite, erben beide Verwandtschaftslinien die Hälfte.

Gibt es Kinder, aber keinen Partner, erben die Kinder alles.

Wenn es neben dem überlebenden Partner auch Kinder gibt, dann wird je zur Hälfte geteilt.

Erbt der Partner zusammen mit einem Elternteil und den Geschwistern des Verstorbenen, bekommt er drei Viertel, die beiden anderen Linien je ein Achtel.

Lebt nur noch ein Elternteil und gab es keine Geschwister, dann erbt der Partner drei Viertel und der Elternteil ein Viertel.

Das gilt auch dann, wenn es nur Geschwister gibt: Die Aufteilung lautet drei Viertel zu einem Viertel.

Gibt es nur noch Onkel und Tanten oder Cousins und Cousinen des Verstorbenen, erbt der überlebende Partner alles allein.

Der Pflichtteil, der einem Erbberechtigten aufgrund einer letztwilligen Verfügung des Erblassers zugemutet wurde, beträgt grundsätzlich die Hälfte des gesetzlichen Erbteils.

Erbschaft und Schenkung in Österreich: Die Steuer ist weg – Rechtsprobleme bleiben

Seit dem 1. August 2008 gibt es in Österreich weder eine Steuer auf Erbschaften noch auf Schenkungen. Damit sind vor allem für die Erben viele aufwändige und auch emotional anstrengende Verwaltungsakte weggefallen – abgesehen natürlich von der Steuer, die auch für nahe Verwandte bis zu 15 Prozent ausmachen konnte und für entfernt oder gar nicht Verwandte bis zu 60 Prozent. Entfallen ist seit August 2008 auch die Steuer auf Schenkungen – allerdings gibt es hier noch eine Meldeverpflichtung, die mit einigen schwierigen Formalakten verbunden ist. Und: Es gibt die Grunderwerbsteuer für vererbte und geschenkte Immobilien, die wenigstens einen teilweisen Ausgleich für die weggefallenen Steuern schaffen sollte. Die Umgehungsmöglichkeiten wurden stark eingeschränkt. Vorsicht ist bei Schenkungen geboten, bei denen entweder der Beschenkte oder der Geschenkgeber einen Wohnsitz in Deutschland hat.

Schenkungen müssen nur dann gemeldet werden, wenn sie gewisse Wertgrenzen überschreiten

Schenkungen zwischen Angehörigen sind erst dann meldepflichtig, wenn sie in den letzten zwölf Monaten den Wert von 50.000 Euro überschritten haben. Werden also beispielsweise das Jahr über nur Geschenke um 45.000 Euro gemacht, so kann die Meldung unterbleiben – werden dann noch 5.500 Euro dazugeschenkt, müssen alle Geschenke lückenlos angeführt werden.

Eine Meldung der Geschenke ist auch dann nicht vorgesehen, wenn mehrere Familienmitglieder ein Kind beschenken: Beispielsweise erhält der Sohn vom Vater 25.000 Euro, vom Großvater 20.000 und von seiner Mutter 10.000, dann sind das zwar mehr als 50.000, aber sie kommen nicht von ein und derselben Person.

Bei Schenkungen zwischen Nichtangehörigen gilt eine Wertgrenze von 15.000 Euro, allerdings für alle Geschenke innerhalb von fünf Jahren. Alle Geschenke, die von einer Person beziehungsweise einem Unternehmen innerhalb dieses Zeitraums an eine andere Person gehen, müssen gemeldet werden, sobald die Freigrenze von 15.000 Euro überschritten ist.

Gemeldet werden muss der offenkundige Wert der Schenkung, was bei Bargeld, Sparbüchern oder Wertpapieren einigermaßen leicht zu erfassen ist, bei Bildern, Teppichen, Autos oder Firmenanteilen, wo das nicht so einfach ist, kann der Beschenkte selbst sagen, was ihm die Sache wert ist. Schätzgutachten sind nicht erforderlich. Wird der Wert des geschenkten Gutes allerdings erkennbar und absichtlich zu gering geschätzt, droht die Strafe von zehn Prozent des (echten) Wertes. Keine Meldepflicht besteht für die Schenkung von Grundstücken: Die Abwicklung über das Grundbuch ist mit einer Meldung beim Finanzamt verbunden.

Wer gehört zu den Angehörigen?

Angehörige sind die Ehegatten, Kinder und Stiefkinder, Eltern und Stiefeltern, Großeltern und Stiefgroßeltern, Enkel und Urenkel, Urgroßeltern, Onkel und Tanten, Stiefonkel und Stieftanten, Neffen und Nichten, Cousins und Cousinen, Verschwägerte, Schwiegereltern und Schwiegerkinder, Adoptiveltern und Adoptivkinder sowie (auch gleichgeschlechtliche) Lebensgefährten und deren Kinder. Der durch Heirat erworbene Angehörigenstatus gilt sogar nach einer Scheidung weiter. Die Auslegung der Angehörigen-Eigenschaft ist also extrem großzügig ausgefallen.

Was muss nicht gemeldet werden?

- Gelegenheitsgeschenke bis 1.000 Euro, wie sie zu Anlässen wie Weihnachten, Geburtstag, Hochzeitstag, Muttertag, Promotion oder Sponsion etc. üblich sind
- Hausrat einschließlich Wäsche und Kleidung
- Gewinne aus Preisausschreiben, für die kein Einsatz gezahlt werden musste
- Spenden für Beseitigung von Katastrophenschäden
- Spenden an gemeinnützige, mildtätige oder kirchliche Organisationen und anerkannte Religionsgemeinschaften
- Subventionen von der öffentlichen Hand
- Zuwendung echter Kunstgegenstände aus dem Familienbesitz
- Zuwendungen, die unter das Stiftungseingangssteuer-Gesetz fallen

Die Grunderwerbsteuer ist geblieben

Als wenigstens teilweiser Ersatz für die weggefallene Erbschaft- und Schenkungsteuer wurde die bei Erbschaft oder Schenkung von Grundstücken, Häusern oder Wohnungen vorgesehene Grunderwerbsteuer sehr wohl noch in Geltung belassen. Der Steuersatz beträgt 2 Prozent für Angehörige und 3,5 Prozent für alle anderen Personen, berechnet vom dreifachen Einheitswert der Immobilie. Eine Befreiung von der Grunderwerbsteuer gibt es dann, wenn ein Ehegatte als Miteigentümer in einem Haus oder einer Wohnung ins Grundbuch eingetragen werden soll – aber nur, wenn die gemeinsame Wohnung nicht größer ist als 150 Quadratmeter.

Wer sind die Hauptgewinner
der Neuregelung bei der Grunderwerb-, Erbschaft- und
Schenkungsteuer?

Echt begünstigt wurden sicher die (vor allem auch gleichge-schlechtlichen) Lebensgefährten. Diese Gruppe von Menschen befand sich auch dann in der höchsten Steuerklasse bei der Erb-schaft- und Schenkungsteuer, wenn sie praktisch als Lebenspart-ner mit dem Erblasser oder Geschenkgeber schon über viele Jahre in einer gemeinsamen Wohnung gelebt haben.

Am meisten gewonnen haben aber sicher die Jungunterneh-mer, die den Betrieb ihrer Angehörigen übernehmen, weil sie das künftig praktisch zum Nulltarif tun können. Bisher hatten die Betriebsübernehmer einen Freibetrag von 365.000 Euro bei Erb-schaft und Schenkung in Anspruch nehmen können. Der Frei-betrag gilt seit August 2008 aber auch noch für die Grunderwerb-steuer, soweit bei der Betriebsübernahme auch Grundstücke geschenkt wurden.

Allerdings sind auch hier einige Bedingungen an die Inan-spruchnahme des Freibetrages geknüpft: Der Übergeber muss mindestens 55 Jahre alt sein oder erwerbsunfähig, die Übergabe muss weitgehend ohne Gegenleistung erfolgen und es muss min-destens ein Viertel des Betriebes übergeben werden. Wenn der Übernehmer den Betrieb innerhalb von fünf Jahren nach der Schenkung wieder verkauft, muss er den Vorteil aus der Steuerbe-freiung wieder zurückzahlen.

Wenn der deutsche Fiskus miterben will

So erfreulich die Abschaffung der Schenkungsteuer in Österreich ist, so unangenehm wird es dann, wenn einer der Beteiligten an einer Schenkung seinen festen Wohnsitz in Deutschland hat. Kon-kret: Wenn die in Österreich lebenden Eltern ihr in Österreich befindliches Vermögen an den in Deutschland lebenden Sohn (einen österreichischen Staatsbürger) schenken wollen (oder vererben müssen), muss das ganz normal an die österreichischen Finanzbehörden gemeldet werden, aber der Sohn muss das Geschenk dann trotzdem in Deutschland zu den vollen Steuersätzen versteuern.

Ebenso schlägt die deutsche Steuerpflicht mit voller Härte zu, wenn ein in Deutschland lebender Onkel mit österreichischer Staatsbürgerschaft Teile seines in Österreich befindlichen Vermögens an seine in Österreich lebenden Nichten verschenkt oder vererbt. Auch hier greift der deutsche Fiskus unbarmherzig zu.

Schlecht dran sind auch alle Österreicher, die einen Zweitwohnsitz in Deutschland haben: Für sie gilt ebenfalls weiterhin das deutsche Erbschaft- und Schenkungsteuergesetz. Und es sei allen deutlich gemacht: In Deutschland sind auch Sparbücher und Wertpapiere steuerpflichtig! Das alles war sicher mit ein Grund, warum der deutsche Finanzminister das früher bestehende Doppelbesteuerungs-Abkommen mit Österreich gekündigt hat.

Die Stiftung nach österreichischem Recht: Die sichere Privatschatulle für das Erb-Vermögen

Wer sein Restvermögen nicht einfach widmungslos der Nachkommenschaft zum etwaigen Verprassen ausliefern will, sondern ganz im Gegenteil damit konkrete Absichten für die künftige sinnvolle Verwendung hat, sollte nicht zögern, das Vermögen in eine Privatstiftung nach österreichischem Recht zu überführen.

Eine Privatstiftung ist ein eigenes Rechtsgebilde, sie gehört sich selbst und niemandem persönlich. Das heißt, der Eigentümer des Vermögens schenkt dieses der Stiftung. Dafür muss er in Österreich 2,5 Prozent Eingangsteuer zahlen. Das Vermögen in der Stiftung wird dann in der Folge nicht mehr vom früheren Eigentümer, sondern von einem Stiftungsvorstand, der von ihm bestellt wurde, verwaltet. Dieser führt die Geschäfte und ist dabei nur dem Aufsichtsgremium der Stiftung verantwortlich, dem er allerdings regelmäßig berichten und vom Wirtschaftsprüfer testierte Bilanzen vorlegen muss. Das macht eine Stiftung auch relativ teuer. Wer also weniger als fünf bis sieben Millionen Euro in die Stiftung einbringen kann, wird nicht besonders große wirtschaftliche Effizienz erzielen, wenn er damit größere Projekte umsetzen will. Als Vorstände und Aufsichtsräte fungieren meist Anwälte, Notare, Manager und Wirtschaftsprüfer, und die arbeiten alle nicht für Almosen. Deshalb muss eine erfolgreiche Stiftung auch reichlich Gewinn abwerfen, wenn sie nicht in die Pleite rutschen soll. Wenn es sich beim Stiftungsvermögen um Geld und Geldwerte handelt, wird der Vorstand geeignete Bankmanager mit der Verwaltung beauftragen, wenn es sich um Unternehmen handelt, werden geeignete Manager und Fachleute unter Vertrag zu nehmen sein. Die anfallenden Kapitalerträge, die sich im Vermögen ansammeln, müssen nicht zu 25 Prozent, sondern nur zu 12,5 Prozent versteuert werden. Wird allerdings Geld an die Begünstigten aus der Stiftung ausbezahlt, dann werden unter gewissen Bedingungen 25 % Kapitalertragsteuer fällig.

Wozu braucht man Stiftungen?

Die Privatstiftung nach österreichischem Recht ist nach wie vor ein ganz hervorragendes Vehikel, um beispielsweise die Generationenfrage bei der Betriebsübergabe/-übernahme sauber und keimfrei zu lösen. Sie kann sicherstellen, dass nur der oder die Beste an die operative Spitze des Unternehmens kommen kann, die übrigen Erbanwärter aber wenigstens nicht um ihr Vermögen fürchten müssen.

Die Privatstiftung ist auch hervorragend geeignet, um materielle Arbeitnehmerinteressen in den Betrieben frei und zugriffssicher langfristig zu wahren – beispielsweise auch in Arbeitsstiftungen.

Neue Ansichten – neue Lösungen

Was am gegenwärtigen Wirtschaftssystem geändert werden sollte

Neue Worte – neue Werte

Es ist nie zu spät, Dinge zu tun in unserem Leben, die wir für wichtig halten und die unsere jetzige Situation verändern könnten, nach unseren Vorstellungen und unseren Wünschen. Und wer lebt, hat auch Wünsche. Möglicherweise ist es bei vielen Menschen auch nur der Wunsch, dass sich nichts verändern möge, dass der gegenwärtige Zustand in seinem – und damit auch in unser aller – Leben erhalten bleibe. Nur: Veränderung findet statt, mit und ohne unser Zutun. Wenn wir also an einem Zustand festhalten wollen, dann ist das auch nichts anderes, als dass wir eine Veränderung der Veränderung in ihrem Verlauf verändern wollen.

Das Einzige, was sicher ist in unserer Welt, das ist die Unsicherheit. Oder anders gedacht: Es ist auch nie ganz sicher, ob das, was wir als Unsicherheit wahrnehmen, wirklich unsicher ist. Der österreichische Philosoph Ludwig Wittgenstein hat uns das in seinem letzten Werk „On uncertainty", das er 1951, kurz vor seinem Tode, noch veröffentlicht hat, sehr eindrucksvoll vor Augen geführt. Also müssen wir uns auch auf diese Unsicherheit einstellen und ständig mit Veränderungen in unserem Verhalten und in unserer Lebensplanung reagieren. Auch Nassim N. Taleb machte vor Jahren in seiner „Black Swan Theory" auf diesen „Überraschungs-Faktor" aufmerksam. Und manche „Überraschungen" waren auch wirklich enorm und sehr schmerzhaft – oder beispielsweise peinlich für die „unfehlbare" katholische Kirche, die zur Kenntnis nehmen musste, dass die Erde keine Scheibe ist, und dass sich die Sonne doch nicht um die Erde dreht ...

Wer nicht bereit ist, die ständigen Unsicherheiten zu akzeptieren und mit eigenen Veränderungen darauf zu reagieren, wird letztlich immer Überraschungen erleben, egal, ob gut oder böse ...

Die Wildwasser-Regeln

Ich denke hier stets an meine ersten Erfahrungen im Wildwasser-kurs auf der Enns im Bundesland Steiermark, den ich dort als junger Mensch absolviert habe. Was uns damals unser Trainer mit auf den Weg im unruhigen Wasser gegeben hat, war sicher prägend für mein weiteres Leben.

- *Regel Nummer 1: Egal, ob Sie Ihre Paddel im Wildwasser gebrauchen und einsetzen oder nicht, Sie werden bestimmt am anderen Ende der Strecke ankommen, das ist sicher, die Frage ist nur, wie.*
- *Regel Nummer 2: Wenn es um Sie herum besonders kritisch wird und die Strömung Sie mitreißt – Sie können die Richtung Ihres Bootes nur dann selbst bestimmen, wenn Sie schneller rudern, als die Strömung Sie reißen kann. Nur so können Sie wieder in ruhigeres Fahrwasser kommen.*
- *Regel Nummer 3: Wenn vor Ihnen ein unausweichlich scheinendes Hindernis auftaucht – ein Felsen –, dann fahren Sie am besten geradeaus darauf zu und sehen Sie der Gefahr gefasst ins Auge. Die Strömung, die Sie dort hinträgt, sie wird vom Felsen gebrochen und zurückgeworfen – und sie schützt auch Sie im Boot. So kommen Sie ungefährdet am gefährlichen Felsen vorbei. Je mehr Sie sich daran vorbeidrücken wollen, umso eher werden Sie vom vorbeiströmenden Wasser Richtung Felsen abgedrängt – und können so erst recht daran Schaden nehmen.*

Am Anfang einer jeden Veränderung steht das Wort – eine Idee, die aber erst in Taten umgesetzt werden kann, wenn die Idee von vielen Menschen getragen wird. Noch nie hat ein einziger Mensch allein die Welt verändert – er hat dazu stets andere Menschen gebraucht, viele Menschen, meist weltweit. Allen neuen Worten und Ideen ist eines gemeinsam: Wenn sie auftauchen, sind sie scheinbar viel zu früh dran – werden als Utopien betrachtet, als etwas, was es (noch) nicht gibt und daher auch nicht geben wird. Sie erscheinen ver-rückt, weil ihrer echten Zeit ent-rückt. Erst im Nachhinein erweist sich dann – oft erst nach Jahrhunderten –, dass die Idee zur rechten Zeit kam, aber dass es einfach so lange gebraucht hat, bis auch die Menschheit – oder auch nur ein Teil von ihr – in der Lage war, die Idee in ihrer Bedeutung zu erkennen und sie sich letztlich zunutze zu machen. Erst wenn der Nutzen erkannt wird und den Menschen als Ziel vor Augen steht, kommt Bewegung in die Massen.

Die Honig-Theorie

Stellen wir uns die „öffentliche Meinung", das Bewusstsein der Menschen, das von ihren Erkenntnissen gesteuert wird, als eine Masse von halb-flüssigem Honig vor, der auf einer Tischplatte ausgeschüttet wurde. Die Honigmasse bewegt sich nur sehr zäh auf dem Tisch, sie strebt in die Breite, wenn die Masse immer größer wird – und manches rinnt vielleicht irgendwann über die Tischfläche hinaus, weil es sich zu weit von der Mitte weg bewegt. Gelenkte Bewegung kann Veränderungen der Masse bewirken, wenn Schieber oder Lineale dem Honig eine Bewegungsrichtung vorgeben. Setzt der Schieber von links an, wird die Masse am rechten Rand von der (Demokratie-)Tischplatte abgedrängt, setzt man zu stark von rechts an, passiert dasselbe mit dem linken Rand der Gesellschaft. Manchmal geschieht dabei zu viel des Guten, dann rinnt der Honig auf den Boden und wird verunreinigt. Besser für alle wäre es wohl, wenn die Tischränder von den kräftigen Schiebern abgesichert und frei gehalten werden.

Will man erreichen, dass sich die Masse von sich aus bewegt, muss eine schiefe Ebene geschaffen werden, ein Gefälle. Das hat leider von Natur aus den Nachteil, dass es dann grundsätzlich abwärts geht. Und das hat zur Folge, dass sich die Masse des guten

Honigs irgendwann plötzlich ein Niveau tiefer vorfindet, hier eben auf dem Fußboden – jedenfalls in nicht ganz sauberen Verhältnissen. Die Masse selbst wird die Entwicklung nach unten, wird die Schieflage nicht beheben können. Im Gegenteil, je mehr sich die Masse in eine Richtung bewegt, umso mehr gewinnt sie an Gewicht und wird die Neigung noch vergrößern. Erst wenn die Ausgangslage – die Tischneigung – wieder im Lot ist, bleiben die Chancen einer ruhigen Entwicklung gewahrt. Dazu bedarf es verantwortungsbewusster ordnender (politischer) Kräfte im System.

Eines ist allerdings – auch nach den Gesetzen der Physik – nicht zu übersehen: Es würde nicht helfen, bei der Neigung der Tischplatte die höhere Kante als die bessere anzupreisen – das würde das Gefälle nur verstärken, je nachdem, wie hoch die Kante gehoben wurde. Die Schwerkraft ist stärker, „gravity wins", heißt es im Lande von Sir Isaac Newton …

Was also am meisten der sozialen Entwicklung nützen könnte, wäre wohl der Ausgleich im Wert-Gefälle des gesellschaftlichen Bewusstseins, die Herstellung einer Gleich-Wertigkeit im System.

Qualität und Quantität

Das weltweit geltende System der Bewertung des sozialen und wirtschaftlichen Fortschritts ist auf Wachstum ausgerichtet – und am einfachsten geht das natürlich über quantitative Maßeinheiten. Anscheinend völlig objektiv werden also quantitative Entwicklungen gemessen und in Statistiken bewertet. Damit erspart man sich die Gewichtung der Nützlichkeit und Sinnhaftigkeit von Produktions- und Leistungseinheiten. Würde man auch Qualität in das Bewertungssystem mit einbeziehen wollen, müssten erst allgemein anerkannte Kriterien definiert werden, und weil das nur Streit und Verunsicherung auslösen würde, hat man sich das bisher tunlichst erspart.

Unsere volkswirtschaftliche Gesamtrechnung, mit der das Bruttoinlandsprodukt oder das Sozialprodukt ermittelt wird, kennt daher auch nur quantitative Einheiten, deren Wert jeweils in Geld ausgedrückt wird, weil das angeblich eine objektive Größe ist. Produktions- und Leistungseinheiten werden gezählt und bewertet, und das, was sich am Ende vergrößert oder vermehrt hat, gilt als Wachstum. Wenn also jemand sich eine Pistole und Patronen kauft, zählt das als Plus in der wirtschaftlichen Gesamtrechnung, denn die Herstellung und der Verkauf haben ja „Werte geschaffen". Wenn nun jemand mit dieser Pistole niedergeschossen wird und schwer verletzt ist, werden selbstverständlich die Ausgaben für Spital und Ärzte sowie das Verbandsmaterial als Plus in die Gesamtrechnung eingehen – wirtschaftlich gesehen war die Tat also ein Fortschritt, weil sie Wachstum erzeugt hat.

Freilich ist das ein sehr drastisches Beispiel, aber auch die Verhaltensweisen so mancher Industriezweige und Dienstleistungsgruppen würden einer objektiv-qualitativen Betrachtung nicht standhalten. Wenn etwa Produkte auf den Markt gebracht werden, deren Erzeugung nachhaltig umweltschädlich ist, Luft und Klima ruiniert und außerdem auch noch Menschen beschädigt, die davon Gebrauch machen, dann stellt sich die Frage nach der volkswirtschaftlichen Bewertung sehr intensiv. Aber solange es den Faktor Qualität und Nutzen in der Bewertung nicht gibt, wird auch eine noch so unvernünftige Wirtschaftsweise immer noch positiv sein. Und der Nutzen bleibt eben bei denen, die davon ihre Profite ableiten – auf Kosten der Menschen. Sie ruinieren bei ihrer Tätigkeit die Umwelt und vielfach auch die Gesundheit der Menschen, das bringt Profit. Und wenn sie Mittel und Leistungen erbringen, die den Schaden wieder gutmachen sollen, verdienen sie noch einmal daran, das bringt erneut Profit – und in Summe Wachstum und Fortschritt. „Geht es der Wirtschaft gut, geht es uns allen gut" – lautet die pervertierte Form dieser Wert- und Nutzen-Anmutung. Es gibt nur Plusfaktoren und Wachstum in der Wirtschaft, kein Minus als Abzug für negative Qualität. Und wenn plötzlich weniger konsumiert und erzeugt wird, dann gerät das System aus den Fugen. Es wird „Minus-Wachstum" angezeigt, und das führt automatisch zur „Rezession", zur Arbeitslosigkeit und zur Armut in der Bevölkerung.

Bedarfsdeckung – Gewinnerzielung

Der deutsche Sozialkritiker Max Weber hat schon vor langer Zeit einmal sinngemäß gemeint, dass es die moderne Unternehmerschaft nur einfach nicht verhindern kann, dass sie bei Verfolgung ihres Gewinnstrebens auch den Markt versorgt und die Bedürfnisse der Menschen versorgt. Das war nicht sehr freundlich, aber es trifft den Kern des Problems.

Im eng begrenzten Wirtschaftskreislauf eines Marktes oder einer Stadt im Mittelalter hatte jeder Bewohner seine bestimmten ihm zugewiesenen Aufgaben zu erfüllen. Da gab es den Bauern, der Lebensmittel anlieferte, den Müller und den Bäcker, den Schuhmacher und den Schneider, den Schmied und den Tischler, aber auch den Amtmann, den Nachtwächter und die vielen Hilfskräfte in den Häusern und Familien. Alle hatten ihre Aufgabe und alle hatten ihre – mehr oder weniger – gesicherte Versorgung. Der Bäcker hat aber täglich nur so viel Brot gebacken, wie er annehmen konnte, dass in seinem Umkreis gegessen wurde, und der Schneider hat auch nur Anzüge und Kleider auf Bestellung gemacht. Auch der Tischler hat ganz genau gewusst, für wen er den Schrank herstellt, an dem er gerade gearbeitet hat. Konkret: Es wurde nur für den praktischen Bedarf gearbeitet und erzeugt, und davon hat jeder sein Einkommen bezogen. Überproduktion war nicht im System vorgesehen.

In der modernen Konsumwelt ist das alles anders. Es werden auf Vorrat viele Produkte erzeugt und auf den Markt geworfen, viel mehr, als gebraucht werden. Das gilt nicht nur für das Brot, von dem täglich landaus, landein viele Tonnen im Müll landen. Es wird mehr erzeugt, weil man hofft, mehr verkaufen zu können. Und wenn Menschen nicht genug kaufen, weil sie vielfach auch gar nicht so viel brauchen, muss man ihnen eben über die Werbung einreden, dass sie diese – überzähligen und teilweise auch überflüssigen – Produkte und Leistungen unbedingt haben müssen. Nur dann, wenn genug Produkte aus der Produktion für Geld am Markt angenommen werden und die Herstellung billiger war als ihr Wert beim Verkauf, kann das Unternehmen einen Gewinn erzielen. Der Unterschied ist klar: Aus der Bedarfsdeckungswirtschaft wurde die Gewinnerzielungswirtschaft. Wir stellen Produkte nicht in erster Linie deshalb her, weil Menschen sie benötigen, sondern weil wir möglichst viel Gewinn erzielen wollen.

Lohnarbeit – Arbeitslohn

Zur Herstellung von Produkten und zur Erbringung von Leistungen brauchen die Unternehmen allerdings auch Menschen, die arbeiten – und Maschinen bedienen. Wer in einem dieser Betriebe arbeitet, weiß längst nicht mehr, für wen das Produkt gedacht ist, an dem er arbeitet, oder für den er immer auch nur eine ganz bestimmte Schraube am Fließband anzieht, den ganzen Tag lang. Hier wird der arbeitende Mensch nicht für die Herstellung des Produkts bezahlt, sondern für die Zeit, in der der einzelne Mitarbeiter seine Arbeitskraft dem Unternehmer zur Verfügung stellt – und verkauft. Und spätestens seit damals ist Arbeit nicht mehr die Herstellung eines Produkts oder einer Leistung, sondern sie ist selber zur Ware geworden.

Dieser Prozess war an sich ja noch nicht das Problem, weil er durch die moderne technische Entwicklung in der Industrie- und Konsumgesellschaft so vorgegeben wurde. Das Problem, das mit dieser Entwicklung entstanden ist, wirkt sich weniger auf die Produkte und Leistungen aus, sondern auf die Menschen, die solche Leistungen erbringen. Sie wurden vom Sinn ihrer Arbeit entfremdet, weil sie in zunehmendem Maße keinen Kontakt, keine Beziehung mehr zu den Menschen haben, für die sie arbeiten. Sie stehen mit ihrer Lohnarbeit eigentlich nur noch mit dem Arbeitgeber in Beziehung – und diese Beziehung ist von Natur aus meist nicht sehr menschlich, wenn man an die Kündigungen von tausenden Mitarbeitern denkt, sobald in einem Betrieb irgendwo ein Kostenproblem oder ein Rückgang beim „return on investment" auftaucht, um das böse Wort „Profit" zu vermeiden.

Zusammenfassend wollen wir also noch einmal festhalten, was unser Gesellschafts- und Wirtschaftssystem mehr ins Lot bringen und ein anderes Werte-Gleichgewicht schaffen könnte:

- Es geht um mehr Rücksicht auf die Qualität in den wirtschaftlichen Maßstäben – und um Minus- oder Plus-Korrekturen der rein qualitativen Bewertung.
- Es geht um ein korrektes Auseinanderhalten von Bedarfsdeckung und Gewinnerzielung – und damit auch um mehr Verteilungsgerechtigkeit im weltweiten Wohlstandsgefälle.
- Und es geht um die Rückkehr zu mehr Sinnhaftigkeit in der täglichen Arbeit des Einzelnen – um Arbeit, die eher aus Freude am Tundürfen und nicht wegen des dafür gebotenen Lohns verrichtet wird. Und es geht um Arbeit, die nicht nur Ware ist, um deren Preis gefeilscht werden muss.

Ein neues – anderes – Finanzsystem

Das Kapital ist „brunftig" wie ein Hirsch, aber scheu wie ein Reh – so heißt es in der manchmal etwas burschikosen – weil von Männern dominierten – Sprache der Kapitalmarkt-Menschen. Was damit gemeint ist, das ist einerseits das brutale Eindringen des nach Investitionsmöglichkeiten suchenden und nach Profit gierenden Kapitals in die reale Welt der arbeitenden und Werte schaffenden Wirtschaft und der Menschen, die darin leben und ihr tägliches Auskommen sichern müssen – andererseits sind es die hysterischen Flucht- und Absetzbewegungen der Kapital-eigentümer, wenn diese ihren Erfolg in einer Investition nicht mehr garantiert sehen und sich nach anderen, besseren Gewinn-möglichkeiten umsehen.

Das Kapital ist von seiner natürlichen Eigenschaft her extrem beweglich – auf Knopfdruck eines Computers können in Sekun-denbruchteilen Milliarden von einem Ort zum anderen, von einem Börsenterminal zum anderen, rund um die Welt gejagt wer-den. Aber es ist nicht real vorhanden, es besteht in Versprechun-gen von Menschen und Institutionen, die zu einem vereinbarten Zeitpunkt eine bestimmte in Geldwert ausgedrückte Summe zur Verfügung halten wollen. Und dieses virtuelle elektronische Geld, das Kapital, wird, so oft und so weit es geht, in die Realwirtschaft eingeschleust, damit es dort „arbeiten" kann. In Wahrheit kann das Kapital aber gar nicht arbeiten – arbeiten können nur Men-schen in den Betrieben, die dort Werte und Gewinne schaffen. Und von den Gewinnen aus dieser Arbeit lebt das Kapital. Und von den Aussichten auf Vermehrung werden Gewinn-Verspre-chen abgeleitet, die schließlich – mit Gewinn oder Verlust – ge-handelt werden.

Das Kapital kann wandern und flüchten – von einer unternehmerischen Chance zur anderen –, nur die Betriebe und ihre Mitarbeiter in der realen Wirtschaft nicht. Sie können nicht so einfach von einem Ort zum andern flüchten, so wie das investierte Kapital, das im Zeitalter der Globalisierung ständig unterwegs ist, hin zu den billigsten Löhnen, niedrigsten Sozialstandards und den nachsichtigsten Umweltauflagen anderer Staaten, mit Politikern, die den Wirtschaftslobbys mehr „zugänglich" sind. Soweit die Investitionen aus den schier unerschöpflichen Kapitalfonds tatsächlich dazu gebraucht werden, um Unternehmen aufzubauen, Erneuerungen zu ermöglichen und damit wirtschaftlichen Fortschritt zu schaffen, ist das eine normale und gesunde Verwendung solcher Geld- und Kapitalvorräte, aber in der Praxis der letzten Jahrzehnte wurden Kapital-Einheiten zum Ankauf und zur Übernahme von ganzen Unternehmenskonzernen eingesetzt, die in Wahrheit gar nicht durch direktes Kapital-Eigentum von Menschen, Institutionen oder Banken gedeckt waren, sondern einfach nur aus spekulativen Versprechungen abgeleitet werden konnten.

Gedachtes, versprochenes oder auch nur vorgetäuschtes Kapital – also praktisch Luft-Versprechen – drang in reale Wirtschaftseinheiten ein, durch sogenanntes „Leveraging" bei Fusionen und Übernahmen von Mega-Konzernen mit dem einfachen Ziel, Macht und Vorherrschaft über ganze Branchen zu gewinnen und die Marktkonkurrenz so gering wie möglich zu halten – und die Gewinne hochzuschrauben. So wurden mit minimalen „echten" Kapitaleinsätzen auch Übernahme-Deals in maximaler Größe finanziert – es wurden mit Luft-Versprechen reale Wirtschaftswerte übernommen. Dies geschah in der Erwartung, dass die Gewinn-Versprechen über kurz oder lang von den übernommenen Unternehmen und ihrer Belegschaft erfüllt werden müssen. Und jedes Mal, wenn solche Luft-Blasen platzen und das Vertrauen in die Einhaltung der Kapitalversprechen nicht mehr vorhanden ist, brechen auch die Finanzen der realen Betriebe zusammen, sobald sie auf die realen Gewinnerwartungen angewiesen und reduziert sind.

Genau so, wie einst schon Aristoteles zwischen Real- und Geldwirtschaft im Ansatz getrennt hat, sollte auch in unserer modernen Wirtschafts- und Finanzwelt diese Trennung im System aufrechterhalten bleiben können. Dort, wo es Geldvorräte in den privaten Händen gibt, vor allem solche, die aus der Erwerbswirtschaft stammen, ist deren Verwendung innerhalb der Realwirtschaft auch völlig organisch und erstrebenswert, weil damit der natürliche Geld- und Güterkreislauf erhalten und gesichert werden kann – und außerdem die Menge an verfügbarem Kapital eine natürliche Begrenzung als limitierender Faktor darstellt. Kapital, das so wie die virtuellen Geldmengen der Notenbanken nur auf dem Vertrauen in Versprechungen basiert und bei übertriebenem Einsatz zu ungesunden Aufblähungen führt, sollte in einem gesunden und fairen Weltwirtschafts- und Finanzsystem eigentlich deutlich von der Realwirtschaft getrennt bleiben. Und diese Trennung müsste auch kontrolliert und eingehalten werden.

Kapital, das nur noch mit sich selber Luft-Geschäfte machen kann, könnte dann auch nicht mehr ins Börsen-Casino geschickt werden. Wenn es nicht von den Gewinnen der Betriebe und der Arbeit von realen Menschen leben kann, dann wird es keiner wollen. Und nur auf die Chance eines Casino-Gewinns hin zu wetten, wird auch kaum noch Freude machen – sehr zum Leidwesen der Investmentbanken und reinen Futures- oder Luft-Fonds, die damit ihren Reichtum begründet haben.

Casino-Eintrittsverbot für die Banken

Schon als junger Student musste ich mir die wichtigsten Funktionen und Aufgaben einer Bank „einbläuen" lassen: die Fristentransformation, die Risikotransformation und die Herstellung der Kongruenz in der jeweiligen Kategorie. Was da gemeint war?

Eine Bank, die ordentlich geführt wird, nimmt die kleinen oder größeren Einlagen ihrer Sparer und Anleger entgegen, kann damit größere Summen zusammentragen und diese als Kredite an Firmen oder Privatpersonen vergeben – gegen Zinsen, von denen sie einen Teil an die Sparer und Einleger wieder zurückgeben muss. Aber, und das war die Bedingung, die Summe der vergebenen Kredite musste immer in einem ordentlichen Deckungsverhältnis zu den Einlagen stehen – es musste die Kongruenz gewahrt werden.

Eine Bank, die seriös geführt wird, so haben wir des Weiteren gelernt, übernimmt Einlagen für kurze Dauer und längere Dauer, und sie vergibt kürzer und länger laufende Kredite. Aber sie muss immer darauf achten, dass eine Übereinstimmung von kurz- und langfristigen Geschäften gewahrt bleibt – also auch hier in der Fristigkeit eine Kongruenz zwischen Einlagen und Krediten. Diese Grundsätze der Geschäftspolitik haben sicher auch noch die Manager lernen müssen, die zuletzt in den Vorstandsetagen der Banken gesessen sind. Nur: Sie haben sich anscheinend nicht daran gehalten, denn sonst hätte es nicht in den letzten Jahren so viele plötzliche Bilanz-Verluste und Kapital-Engpässe gegeben, die sogar die Nothilfe der Staatskassen erfordert haben.

Sie haben ganz offensichtlich mehr Kredite gegeben oder sich an internationalen Großgeschäften mit Anleihen beteiligt, als sie selber zur Verfügung gehabt hätten – und sie haben das nicht mit eigenem, sondern mit geliehenem Geld getan, das sie selber auf den Geld- und Kapitalmärkten aufgetrieben haben. Und was noch ruinöser war: Sie haben sich billiges kurzfristiges Geld ausgeborgt, um es langfristig und teuer weiterzuverleihen. Das ist lange gut gegangen und die Banken haben enorm dabei verdient – aber eben nur auf dem Papier, also Luft-Gewinne. Denn als plötzlich das kurzfristig geliehene Geld erheblich teurer war als das langfristig vergebene, brachen diese Geschäfte in sich zusammen. Und zu allem Unglück kam dann meist noch, dass die vergebenen Kredite auch noch teilweise nicht zurückgezahlt werden konnten und als Verlust abzuschreiben waren.

Zwar gibt es gesetzliche und marktübliche Auflagen für die Banken, wie viel mehr sie an Krediten vergeben dürfen, als ihrem eigenen realen Kapital entsprechen würde, doch sind diese Auflagen, die auch nur Mindesterfordernisse darstellen, anscheinend unzureichend – und die Kontrollen auch. Nach international üblicher Maßgröße sollte jede Bank ein Mindest-Haftungskapital von 8 Prozent ihrer Geschäfte haben, das heißt, sie könnte praktisch $12\frac{1}{2}$ Mal so viele Kredite vergeben, wie ihr Mindestkapital ausmacht. Gesetzlich gefordert sind aber nur 4 Prozent Mindest-Haftungskapital, das ist schon 25 Mal so viel an Krediten. Weil aber laut Vorschrift nur 20 Prozent der vergebenen Kredite durch Einlagen unterlegt sein müssen, konnten die Banken in der Praxis auf das 30-Fache gehen oder „hebeln", wie es in der Fachsprache der Banker heißt. Geschäfte dieser Art hatten jahrelang große Buchgewinne bei den Banken in ganz Europa eingetragen, die dann auch gleich wieder gehebelt und ins internationale Finanz-Casino getragen wurden. Aber als sich der Wind gedreht hatte, kam der große Windjammer auf und die Staatskassen, also die Bevölkerung, die für diese Misere keine Schuld trägt, müssen in den nächsten Jahren für die schlechten Betragensnoten der Bankmanager geradestehen. Der Gram und Ärger ist umso größer, als sich gerade diese Manager noch vor Jahren als Vorzugsschüler und „Wunder-Wuzzis" haben feiern lassen.

Es sei den Bank-Spezialisten für Luft-Geschäfte vergönnt, wenn sie mit ihren Fantasie-Konstruktionen virtuelle Gewinne im Kapitalmarkt-Casino erspielen – nur sollten sie das auch mit ihrem eigenen Spielgeld und nicht mit dem hart erarbeiteten Spargeld ihrer Einleger tun. Das ehrliche Geld der realen Menschen sollte nicht mit ins Casino genommen werden dürfen. Und der Unterschied zwischen reinen Investment-Banken und den mit Real-Geld arbeitenden Sparkassen und Kommerzbanken müsste auch künftig vom Staat sorgfältiger kontrolliert und gewahrt werden.

Leben, um zu arbeiten –
und nicht arbeiten, um zu leben:
Ist das Grundeinkommen die Lösung?

Es ist nicht mehr zu übersehen: Eine immer größer werdende Gruppe von Menschen kann mit dem, was sie für ihre tägliche Arbeit erhält, nicht mehr für ihren täglichen Unterhalt – und den ihrer Familien – aufkommen. Solche „working poor"-Menschen, die in unserem Konsum- und Leistungssystem nicht mehr mitkommen und an den Rand der Gesellschaft gespült werden, fallen in zunehmendem Maße in die Obhut karitativer Einrichtungen, die ihrerseits auch nur auf die Mildtätigkeit privater Spender und Beitragsleistender angewiesen sind. Damit kann in den schlimmsten Fällen ein gewisser Ausgleich geschaffen werden, aber als Dauerlösung wird man es auch nicht sehen können.

Wieder einmal wird dann der Ruf nach dem Staat laut, der als Problemlöser in letzter Instanz eine weitere und ebenfalls kaum finanzierbare Aufgabe – neben der Finanzierung des Gesundheitssystems, der Alterspensionen und der Demenz-Pflege – übernehmen soll. Dabei wird übersehen, dass der Staat, also wir alle, die Gesellschaft sind, die letztlich diese Aufgaben insgesamt für sich selbst tragen muss. Und in letzter Konsequenz ist das eigentlich eine reine Verteilungsfrage der modernen Wohlstandsgesellschaft, die vielleicht schon bald keine mehr ist.

Als eine der Lösungen wird in den letzten Jahren immer häufiger die Einführung einer **allgemeinen bedarfsabhängigen Grundsicherung** vorgeschlagen, die auch in Österreich kurz vor der Verwirklichung steht. Dabei soll jedem Staatsbürger ein gesetzlich definiertes Grundeinkommen garantiert werden, mit dem er seine dringendsten Bedürfnisse befriedigen und alles bezahlen kann, was er zum Leben braucht. Das ist ein soziales Netz für alle, die sich in der qualifizierten Leistungsgesellschaft nicht halten können.

Wer gesund ist und qualifizierte Leistungen in der Erwerbswirtschaft erbringen, daher leicht für sich selber sorgen kann, wird von der Gesellschaft als Leistungsträger anerkannt. Wer aufgrund von physischen und psychischen Leistungsschwächen dazu nicht imstande ist, wird schon aus humanen Erwägungen von den Hilfseinrichtungen der Gesellschaft versorgt, aber wer kümmert sich um die, die mit ihren Eignungen und Neigungen dazwischen liegen, die keine besonderen Bedürfnisse (früher Behinderungen genannt) vorweisen können? Sie, die weder zur einen noch zur anderen Gruppe gehören, genießen weder das Verständnis noch die Hilfe der Gesellschaft. Einen gerechten und humanitären Ausgleich könnte hier in jedem Fall die ebenfalls nicht mehr ganz neue Idee eines bedingungslosen Grundeinkommens schaffen. Die Verwirklichung des bisher noch eher als unkonventionell empfundenen Systems könnte in der Tat eine ganz neue Arbeitswelt schaffen, ein neues Finanz- und Steuersystem und insgesamt ein verändertes Arbeits- und Leistungsbewusstsein.

Das bedingungslose Grundeinkommen

Die Befürworter und Vertreter der Grundeinkommens-Idee verweisen unermüdlich darauf, dass es in unserer Gesellschaft so etwas wie ein Grundeinkommen auch jetzt schon gibt – schließlich müssen ja alle, die im Lande leben, das Geld, das sie ausgeben oder für sie ausgegeben wird, von irgendwo herbekommen. Und so sieht es die Statistik:

In Deutschland beziehen vier von zehn Menschen ihr Einkommen aus einer beruflichen Erwerbstätigkeit. Und mit diesem Einkommen leben auch drei weitere Personen mit: als Kinder und Unterhaltsberechtigte beziehen sie ein sogenanntes derivatives

Einkommen. Zwei von zehn Menschen beziehen ein Alterseinkommen von einer öffentlichen Rentenanstalt, und mindestens
einer von zehn lebt ohne Beschäftigung und ohne Arbeitseinkommen von den öffentlichen Sozialeinrichtungen, von einem staatlichen Transfer-Einkommen. Dieses Verhältnis dürfte auch in
Österreich und in der Schweiz nicht viel anders aussehen.

Tatsächlich ist es so, dass schon jetzt das Staatswesen von der
Wiege bis zur Bahre Transferzahlungen für die Menschen im
Lande leistet: von der Geburtenbeihilfe und dem Karenzgeld über
die Familienbeihilfe, die Schul- und Studienbeihilfe bis zum Ar-
beitslosen- und Sozialfürsorgegeld und schließlich der Alterspension. Allerdings werden diese Gelder mit hohem Verwaltungsauf-
wand von den unterschiedlichsten Stellen im Staate und ohne ein-
heitliche Erfassung ausgezahlt. Im Zeitalter der Zentralkarteien
und der elektronischen Finanzverwaltung sollte es ein Leichtes
sein, hier eine durchgehende Lebens-Versorgung mit einem Grundeinkommen zu sichern.

Die größte Skepsis in der Bevölkerung gipfelt zunächst in der
Befürchtung, dass niemand mehr freiwillig arbeiten würde, wenn
man auch so genug Geld zum Leben von der Gesellschaft zur Verfügung gestellt bekäme. Dem gegenüber stehen Aussagen bei Befragungen, wonach eigentlich 80 Prozent der Menschen meinen,
dass sie ihre Arbeit gern tun und lieber trotzdem arbeiten würden.
Einerseits vielleicht, weil sie das moralisch vertreten wollen, andererseits wahrscheinlich, weil sich die meisten Menschen lieber
doch nicht mit einem Grundeinkommen von etwa 1.500 Euro zu-
friedengeben wollen und lieber arbeiten, um mehr zu verdienen.

„Arbeiten, weil ich will – nicht aber, weil ich muss!"

Genau dieses Argument – arbeiten, um Geld zu verdienen – möchte
einer der ganz großen Befürworter der Grundeinkommens-Idee, der
deutsche Vorzeige- und Erfolgsunternehmer Professor Götz Werner,

der Gründer der auch in Österreich erfolgreichen dm-Markt-Kette, künftig nicht mehr als Hauptmotivation zur Arbeit sehen. „Das Grundeinkommen soll frei machen zur Arbeit – nicht von der Arbeit", betont er stets in seinen Vorträgen. „Ich soll nicht arbeiten müssen, damit ich lebe – und für meinen Unterhalt das Nötigste bezahlen kann, sondern ich will leben, damit ich arbeiten kann, und zwar das arbeiten, was ich gern und damit auch gut und erfolgreich tun kann", lautet auch das Credo seines langjährigen Finanzchefs und Beraters, Benediktus von Hardorp. Und er fügt ganz im Geiste seines Namenspatrons, des heiligen Benedikt, hinzu: „Wenn wir das, was wir mit Freude tun, auch gut tun, dann sollten wir uns auch nicht fragen müssen, wie viel wir dafür als Gegenleistung bekommen. Wir werden in jedem Fall genug bekommen!"

Mit dem System des bedingungslosen Grundeinkommens könnten auch die zentralen Zielvorstellungen der Französischen Revolution – „Freiheit, Gleichheit, Brüderlichkeit" – in einem ganz neuen und sicher auch ehrlicheren Sinn verwirklicht werden, meinte Professor Götz Werner in einem Vortrag im Frühling 2009 im Theresianum in Wien.

- Es sei einfach eine neue Qualität von Freiheit, wenn jeder von uns die Freiheit hat, die Arbeit zu tun, die er gerne tun will – oder auch einfach Nein zu sagen zur Arbeit. Das ist aber Freiheit zur Arbeit und nicht Freiheit von der Arbeit.
- Ein Sinnbild von Gleichheit sei es auch, wenn alle Arbeit grundsätzlich als gleichwertig angesehen wird, egal, was immer jemand arbeitet. Damit würde auch jene Arbeit bezahlt, die bisher unbelohnt verrichtet wurde, wie etwa die Hausarbeit, die Kindererziehung oder die private Kranken- und Alterspflege innerhalb der Familie – oder die vielen unbezahlten Tätigkeiten in der Gesellschaft im Feuerwehr- und Rettungsdienst sowie die Ehrenämter.
- Und ein echt menschliches Gebot der Brüderlichkeit sei es schließlich, wenn wir als Gesellschaft bedingungslos allen

jenen helfen, die aufgrund ihrer persönlichen Verhältnisse einfach nicht arbeiten können oder wollen.

Neue Wertmaßstäbe für die Arbeit

Das System des Grundeinkommens könnte in Zukunft auch die Bewertung der menschlichen Arbeit auf eine ganz neue Stufe stellen. Wir, die wir ja unsere Arbeit in der modernen Industrie- und Konsumgesellschaft hauptsächlich für andere Menschen tun, könnten ehrlicher mit der Bewertung unangenehmer Arbeiten umgehen, die wir nicht so gerne verrichten. Wenn wir wollen, dass jemand anderer für uns die Straßen kehrt, unseren Müll wegräumt und unsere Toiletten putzt, dann würden wir in Zukunft mehr dafür bezahlen müssen, wenn wir nicht wollen, dass wir es selber machen. Und die Unternehmer würden auch die Arbeitsplätze und die Arbeitsbedingungen attraktiver gestalten müssen, weil sie sonst nicht genügend gutes Personal für schlechten Lohn bekommen könnten. Die Arbeitswelt wäre jedenfalls eine andere.

Das andere, gerechtere Steuersystem

Die Einführung des Grundeinkommens würde natürlich auch eine Änderung unseres Steuersystems erfordern, das ja bisher nicht nur auf die Umsatzsteuer, sondern auch auf die Lohn- und Einkommensteuern als Haupteinnahmen des Staates aufgebaut ist. Und genug Steuern würde man ja auch in Zukunft brauchen, wenn das Grundeinkommen als solches auch finanziert werden soll. Hier schlagen die Gründer der Idee einen Übergang von der Einkommen- zur Umsatzsteuer vor, die ja stets am Ende der Besteuerungskette von Dienstleistungen und Konsumprodukten steht. Die Lohn- und Einkommensteuer, so lautet die Argumentation, wird praktisch auf jeder Stufe der Güterproduktion eingehoben und eingepreist, weil sie ja auch auf jeder Stufe Arbeit in der Leistung enthalten ist – von der Ur- und Grundstoffproduktion über die Produktion und Verwaltung bis zur Endstufe der Leistung im Handel. Überall wird Lohnsteuer kassiert und von Stufe zu Stufe im Preis weitergereicht – und zwar im Gegensatz zur Umsatzsteuer, die ja jeweils als Vorsteuer abgezogen werden darf.

Und eine Bevorzugung passiert bei der Leistung der Maschinen: Diese müssen keine Lohnsteuer bezahlen. Aber andererseits dürfen die Betriebe für den Einsatz der Maschinen Abschreibungen vom Gewinn ansetzen. Die Folge davon ist, dass die menschliche Arbeit insgesamt am meisten mit Steuern belastet ist, die Maschinen aber, die ja nichts anderes sind als eingesetztes Kapital, das die Arbeitskraft ersetzen soll, immer billiger im Produktionsprozess eingesetzt werden können. Und damit vergrößert sich auch der Anreiz, Menschen durch Maschinen zu ersetzen und Menschen von der Arbeit fernzuhalten. In jedem Falle aber drücken die günstigeren Maschinenkosten immer mehr die Lohnquoten, die die Unternehmer für die Arbeit auszugeben bereit sind.

Würden nun alle Produkte und Leistungen von der Umsatzsteuer erst im Endprozess erfasst, käme man auch bei einem höheren Steuersatz zu einer gerechteren, weil niedrigeren Steuerbelastung der menschlichen Arbeit. Andererseits, und das ist völlig klar, würden die Maschinen und damit das Kapital stärker mit Steuern belastet. Menschliche Arbeit wäre dann wieder viel billiger, weil auf diese Weise ein gerechter Ausgleich bei der Besteuerung geschaffen werden könnte. Auch der Druck zur Auslagerung von Fabriken in die Entwicklungsländer wäre dann deutlich geringer. Selbstverständlich werden sich die Vertreter der Unternehmer und Kapitaleigner weiterhin massiv gegen derartige Pläne zur Wehr setzen und die Idee vom Grundeinkommen zu verteufeln wissen. Sie wissen, warum.

Vom Wort zur Tat – von der Utopie zur Realität

Wie meistens bei neuen Ideen werden sie zunächst als Wunschvorstellungen formuliert und von der geistigen und sozialen Umgebung als Utopie eingestuft, was sprachlich so viel heißt wie „das gibt es nicht". Die Übersetzung von Utopia lautet schließlich „Kein-Land".

Oft dauert es Jahrzehnte oder gar Jahrhunderte, bis eine Idee zum Durchbruch kommen kann, und meistens haben die Schöpfer solcher Ideen das Gefühl, dass sie viel zu früh dran sind – einfach der Zeit zu weit voraus. Dabei muss jedem von uns klar sein, dass wir aus dieser Welt keine neue machen können. Wir können sie nur verändern – indem wir uns selber ändern.

Trotzdem: Es hat zu allen Zeiten neuer Ideen bedurft. Und vieles, was so lange Zeit als nicht durchführbar oder gar sinnlos gegolten hat, ist eines Tages doch in Wirklichkeit erstanden. Denken wir nur an den Stephansdom zu Wien – es hat ein paar Jahrhunderte gedauert, bis er gebaut war, und er ist noch immer nicht ganz fertig. Noch immer fehlt ein Turm, der anfangs geplant war, aber was macht das denn schon aus? Hätten die Menschen damals vor ein paar hundert Jahren nur gesagt, dass aus den Plänen für so einen Dom niemals etwas werden könne, und hätten einzelne Menschen nicht an ihre Pläne und ihre Ideen geglaubt, dann könnte uns sein Anblick heute nicht erfreuen – auch wenn seine Existenz für uns jetzt einfach selbstverständlich ist.

Vom Sinn des Lebens

Wenn wir uns gelegentlich nach dem Sinn des Lebens fragen, sollte das jedes Mal ein Warnsignal für uns sein: Dann läuft irgendetwas schief bei uns und mit uns. Wem es gut geht und wer mit sich zufrieden ist, fragt nicht nach dem Sinn des Lebens – der ist glücklich mit dem, was er tut. Menschen, die so leben, müssen nicht Ausschau halten nach einem Ziel, das ihr Leben bestimmen soll und nach dem sie sich ausrichten wollen. Ihnen genügt die Freude am Weg, den sie gerade gehen. Und damit zurück zu meinem, vielleicht bald auch zu Ihrem und dann eben unserem Lebens-Finanzmodell:

- Sie sollten in Ihrem Leben, wenn es geht, nie mehr arbeiten als nötig. Nehmen Sie sich auch Zeit zum Leben und zum Geldausgeben.
- Sie sollten auch nie mehr ansparen als nötig – aber genug.
- Wenn Ihnen das gelingt, dann haben Sie hoffentlich genug gehabt – genug von Ihrem Geld, genug von Ihrem Leben – und sind zufrieden.
- Auch wenn Sie das nicht ganz schaffen – wenn es nicht immer ganz gereicht hat –, dann ist das auch nicht so wichtig: Hauptsache, Sie waren wenigstens hin und wieder glücklich im Leben. Es ist wie im Casino: Man muss nicht immer gewinnen – man muss nur öfter gewinnen als verlieren. Dann stimmt die Rechnung am Ende …
- Sie wissen ja: Die Welt gehört schon lange nicht mehr den Tüchtigen – sondern den Glücklichen.
- Also: Werden Sie alt – zufrieden – und glücklich!

Bücher und Schriften zum Thema

Akerlof, George A./Shiller, Robert J.: Animal Spirits – How Human Psychology Drives the Economy and Why it Matters for Global Capitalism, Princeton University Press, Princeton, New Jersey, 2009.

Bertl/Mandl/Mandl/Ruppe: Unternehmensnachfolge durch Erben und Vererben, Verlag Orac, Wien 1996.

Deixler-Hübner, A.: Scheidung, Ehe und Lebensgemeinschaft, 3. Aufl., Verlag Orac, Wien 1996.

Fucik, Robert: Das neue Verlassenschaftsverfahren, Verlag Manz, Wien 2005.

Greisinger, Manfred: all.ent.steig – Das Hingabe-Training für Ihr Leben, 2. Aufl., Edition Stoareich, Allentsteig 2009.

Häni, Daniel/Schmidt, Enno: Grundeinkommen, Buch und Film (DVD), Initiative Grundeinkommen, SUISA, Basel 2008.

IQAM – Wissenschaftliches Team des Instituts für quantitatives Asset-Management: Dynamic Risk Control, Eigenverlag, Wien 2009.

Koziol – Welser: Bürgerliches Recht, Bd. I–II, 12. Aufl., Verlag Manz, Wien 2002.

Kollmann, Karl/Kautsch, Irene: Kaufsucht in Österreich, Bericht zur vierten österreichischen Kaufsuchtgefährdungsstudie 2007, AK-Materialien zur Konsumentenpolitik, Wien 2007.

Leipold, Dieter: Erbrecht, 17. Aufl., Verlag Mohr Siebeck, Tübingen 2009.

Schmölders, Günter: Einführung in die Geld- und Finanzpsychologie, Wissenschaftliche Buchgemeinschaft, Darmstadt 1975.

Sloterdijk, Peter: Du musst dein Leben ändern, Verlag Suhrkamp, Frankfurt am Main 2009.

Studer, Benno: Testament – Erbschaft, 14. Aufl., Verlag Axel Springer Schweiz AG, Zürich 2008.

Taleb, Nassim Nicholas: The Black Swan theory on uncertainty, Verlag Random House, New York 2007.

Umfahrer, Michael: 10 Jahre Privatstiftungsrecht in Österreich, Verlag Manz, Wien 2004.

Winkler, Stefan/Obergantschnig, Josef: Inflationsanleihen, Studie der Security – Kapitalanlage Aktiengesellschaft, Eigenverlag, Graz 2009.

Zechner, Josef: Die neue Generation der Alpha-Erzeuger, IQAM-Eigenverlag (Institut für quantitatives Asset-Management), Wien 2008.